Aline Hoffmann
Mutter

SE**V**ERUS

Hoffmann, Aline: Mutter
Hamburg, SEVERUS Verlag 2013
Nachdruck der Originalausgabe von 1909

ISBN: 978-3-86347-366-2
Druck: SEVERUS Verlag, Hamburg, 2013
Umschlagbild: © lynea - Fotolia.com

Der SEVERUS Verlag ist ein Imprint der Diplomica Verlag GmbH.

Bibliografische Information der Deutschen Nationalbibliothek:
Die Deutsche Nationalbibliothek verzeichnet diese Publikation in der Deutschen Nationalbibliografie; detaillierte bibliografische Daten sind im Internet über http://dnb.d-nb.de abrufbar.

© **SEVERUS Verlag**
http://www.severus-verlag.de, Hamburg 2013
Printed in Germany
Alle Rechte vorbehalten.

Der SEVERUS Verlag übernimmt keine juristische Verantwortung oder irgendeine Haftung für evtl. fehlerhafte Angaben und deren Folgen.

seVerus

Mutter

Allen mütterlichen Herzen gewidmet

Von

Frau Adolf Hoffmann-Genf

Meiner Mutter

Anna Rossier-de Visme

und meiner Großmutter

Louise de Visme-de Félice,

den Vorangegangenen,

in

heißer Dankbarkeit und Verehrung

Inhaltsverzeichnis.

Vorwort 1
Einleitung 3
1. Vorbedingungen 5
2. Die Umgebung im Hause 15
3. Mutterliebe 20
4. Gute Erblichkeit 24
5. Du und dein Kind 29
6. Wie leitest du dein Kind? 32
7. Verstehst du es? 34
8. Sei nicht hart 36
9. Nicht ungeduldig 37
10. Zeige deine Liebe 38
11. Versäume die Stunde nicht 40
12. Das Lachen unserer Kinder 42
13. Dein Kreuz, deine Krone 49
14. Geduld 52
15. Wenn uns die Kinder richten 63
16. Respekt vor ihrer Gedankenwelt 64
17. Kindesvertrauen 69
18. Das Warum unserer Kinder 71
19. Die Mission der Puppen. 77
20. Takt und Höflichkeit 83
21. Religiöse Erziehung 89
22. Vom Gehorchenmüssen zum Gehorchenwollen 98
23. Strafen 108
24. Wahrheitsliebe 117
25. Erziehung des Willens .. 122
26. Bildung des Verstandes . 127
27. Geistige Arbeit 143
28. Schulleben 144
29. Die Hygiene des Schülers 152
30. Der Wert guter Gewohnheiten 154
31. Das Gleichgewicht zwischen Leib, Geist und Gemüt .. 159
32. Soziale Erziehung 162
33. Affenliebe 175
34. Die Geschwister 181
35. Das Kind wird älter 191
36. Die Berufswahl 198
37. Von der Zukunft unserer Töchter 201
38. Söhne und Töchter 206
39. Frühreife 211
40. Erziehung zur Reinheit .. 214
41. Krankheit 227
42. Die Liebe ist stärker als der Tod 240
43. Zusammenfassung 245

Sachregister.

Affenliebe 175, 178.
Alkohol 11.
Arbeit 143, 160, 179, 203.
Autorität 106, 109, 191, 198.
Äußerlichkeit 138.
Baby 18, 22, 90, 129.
Begabung 25, 127, 150, 169, 198.
Christentum 7, 12, 15, 33, 89, 115, 167, 205, 239, 243.
Ehre 208.
Empfindlichkeit 51.
Familie 3, 13, 44.
Flegeljahre 199.
Freiheit 98—102.
Friede 7, 15.
Fröhlichkeit 15, 19, 29, 41, 49—53, 56.
Gebet 14, 20, 22, 42, 44, 71, 95, 97, 115.
Gehorsam 95—102, 105.
Gewohnheit 154.
Göttlichkeit 5, 7, 11, 13, 18, 81, 89, 187.
Härte 36.
Heiligung 5, 7, 24, 31, 65, 115, 221, 226.
Höflichkeit 83, 85.
Kinderlos 21, 34.
Kinderseele 12, 35, 70—79, 82, 90, 145, 209.
Kindertränen 37, 45, 52, 189.
Körper 110, 128, 139—142, 152, 213.
Kraft 138, 172, 197.
Krankheit 228, 239.
Liebe 1, 4, 7, 10, 15, 21, 33, 4,4 70, 96, 126, 130, 165, 183, 233.
Lüge 68, 108, 121.

Mitleid 79, 112, 167.
Mutterschaft 3, 5, 8, 13, 21, 31, 41, 54—58, 65, 92, 126, 164, 170, 192, 195, 204, 233.
Neuzeit 3, 102, 195, 203.
Opfer 15, 54—65, 105, 126, 152, 159, 183, 196, 201, 273.
Pädagogik 84, 94, 98—101, 109, 116, 123, 129, 132, 138, 215, 218.
Pietät 76, 83.
Puppe 20, 77.
Reue 45.
Schule 136, 144, 146, 151.
Schwierigkeiten 2, 29, 102, 123, 193.
Sittlichkeit 8—11, 146, 213, 218, 222.
Sozial 2, 162, 204.
Spiel 130—133.
Strafe 36, 109, 116, 147, 149.
Tochter 201, 206.
Tod 36, 241.
Ungeduld 7, 18, 36, 41, 48, 58, 132.
Vater 5, 9—11.
Verantwortlichkeit 4—10, 13, 31, 46, 65, 127, 135, 155, 187, 195, 237.
Vererbung 5, 25, 127, 155, 169.
Verstand 126.
Vertrauen 32, 69, 73—77, 82, 118, 122, 135, 145, 149, 192.
Vorbild 18, 58, 86, 90, 97, 118, 172.
Wissen 3, 8, 11, 22, 24, 28, 126, 143, 191, 193, 218.
Warum? 71.
Wille 98, 100, 122—126.
Wahrhaftigkeit 73, 107, 117, 119, 216.
Zärtlichkeit 39, 79, 96.

Vorwort.

Die Abendstunde ist gekommen, sie, die keiner anderen gleicht, der Augenblick, wo sich nach des Tages lärmender Unruhe ein stiller Friede über das Heim gesenkt hat.

Die Kleinen schlafen, jedes auf seinem weißen Lager. Sie sehen süß aus, fast weihevoll; — wer würde glauben, daß noch vor wenigen Minuten es schien, als ob sie niemals stille werden könnten?

Ihre Mutter setzt sich auf den niedrigen Sessel, den sie allen anderen vorzieht. Zuerst atmet sie ein paarmal tief auf; denn sie ist müde, nach Art der Mütter. Ihr Herz durchzittert eine eigene Empfindung, aus Wonne, Wehmut und Erschöpfung gemischt, ein Gefühl, das nur Mütter kennen.

Dann öffnet sie dies Buch und liest...... Was wird sie davon denken?

Ich weiß es nicht, will ihr auch keineswegs die darin ausgesprochenen Gedanken aufdrängen, obwohl ich sie alle vor Gott durchdacht und für mich als richtig erkannt habe. Nein, jede Mutter soll solche zarten, wichtigen Fragen selber prüfen, betritt man doch das Gebiet des Annähernden und des Wandelbaren, sobald es sich für den einzelnen darum handelt, die Gesetze der Moral in Lebensregeln um=
zubilden.

Wiederholungen vermied ich nicht gänzlich, denn manche Gebiete gewinnen an Klarheit, wenn sie von überall her beleuchtet werden.

Ich sprach wie eine Mutter zu Müttern spricht; es gibt aber andere Seiten der Erziehung, welche von der markigen, kraftvollen Art eines rechten Vaters eingehender zu behandeln gewesen wären.

Und nun bitte ich dich, die Ratschläge, welche diese Blätter bringen, in der Tiefe deines persönlichen Gewissens vor Gott zu prüfen und dich dann furchtlos für das Beste zu entscheiden.

Dies ist der aus treuester Liebe entsprungene Wunsch derjenigen, die gerade so wie du gelebt, gelitten und gekämpft hat.

Deine Schwester.

Einleitung.

> Nichts anderes sage ich, als was jeder
> Christ an sich selbst erlebt.   Calvin.
>
> Ich würde meine Lebensaufgabe für er-
> füllt halten, wenn ich beim Fortgang von
> dieser Erde ein wenig mehr Liebe für die
> Kleinen, verständige Teilnahme für die
> Schwachen, Mitleid mit den Leidenden zu
> rückließe.

Ein neuer Tag bricht an für Eltern und Kinder. Zumal die Mütter werden sich ihrer Pflichten bewußter. Sie erkennen deutlicher die Gefahren, die denen drohen, für die sie beten.

In der Tat, dieselben sind größer geworden und sie wachsen immer mehr. Das fieberhafte, moderne Leben berauscht und betäubt die moderne Jugend, es bringt sie ins Schwanken und stellt sie vor schwierigere Konflikte als die ruhige Existenz früherer Tage. Mütter sollen das wissen und sich zum Kampfe rüsten.

Ausgezeichnete Mütter haben in vergangenen Zeiten, auch ohne Kenntnis der Abgründe, ihre Söhne und Töchter prächtig erzogen. Dies dürfte ihnen heute schwerer wer= den. Es bedarf jetzt offener Augen. Der Feind vervoll= kommnet seine Methoden, er legt immer neue, feinere Schlingen; wir müssen sie sehen, damit wir mit ganzer Sachkenntnis die Unsrigen davor warnen.

Jede gute Mutter muß heute die Welt kennen, und

muß — um ihres Kindes willen — sich darüber unterrichten, wie es im Leben zugeht. Niemand darf im Unklaren bleiben, denn jeder ist verantwortlich. Die Verpflichtung zur Gemeinschaft ist heute größer denn jemals; haben doch die Fortschritte der Wissenschaft, die Elektrizität, der Dampf und die schnelleren Verbindungsmittel die Menschen näher aneinander gebracht, so daß sie zusammenhalten müssen wie nie zuvor.

Als Archimedes den Hebel erfunden hatte, rief er aus: „Gebt mir einen Stützpunkt, und ich hebe die Welt aus ihren Angeln." Dieser von Gott zum Segen für die Menschengeschlechter geschenkte Stützpunkt ist die Familie, und der Hebel darin ist die Mutterliebe.

Vorbedingungen.

I.

*Da Gott nicht alles allein machen wollte
schuf er Mütter.   Sprichwort.*

Die Vererbung ist eine Tatsache; trotzdem ist jedes zum Licht geborene Menschenkind eine von neuem in das göttliche Wesen eingetauchte Persönlichkeit. Man gleicht seinem Vater, man hat Züge von seiner Mutter, man teilt die Familienähnlichkeit, aber jedes Kind kommt mit einer himmlischen Mitgift, mit einem geheimnisvollen Geschenk seines Schöpfers an.

Die Mutterliebe, die in dem Herzen jeder ihres Namens würdigen Frau lebt, muß von unschätzbarem Preise sein, da der Allmächtige selber Seine göttliche Liebe mit ihr vergleicht. In der Tat, eine geheiligte Mutterschaft ist ein enges Bündnis mit Gott zum Kommen Seines Reiches auf Erden.

Wenn Eltern ihr Neugeborenes anschauen, müssen sie verstehen, daß jedes Menschenleben die gemeinsame Kraftäußerung einer auf das Gute gerichteten Weihetat sein sollte. Wir haben nicht das Recht, einem Geschöpf, das uns nicht bat, in die Welt zu kommen, ein Dasein aufzunötigen, welches nicht möglichst gut wäre.

Davon haben wir alle ein dunkles Gefühl. Die Frauen zumal ahnen es von jeher, — spielte nicht jede einzelne einst mit ihren Puppen wie mit lebendigen Kindern? — Aber auch die Männer wissen es. Obgleich ein Vater niemals mit derselben glühenden Kraft Vater ist, wie wir Mütter sind, — Gottlob! wir besitzen das Schmerzenskreuz des Kindergebärens, ein unschätzbares Vorrecht — so empfindet er doch die Ankunft des Kindes wie eine Offenbarung von oben, die ihn neben der Wiege auf die Knie und zum Gebet treibt, die ihn besser macht, ihm mehr Achtung vor der Schwachheit und mehr Mitgefühl mit dem Leiden einflößt.

Man behauptet, daß ein Vater, der allein auf seinen Instinkt angewiesen wäre, in der Regel nur langsam das herausfinden würde, was für das erwartete Kind gut ist. Das mag wahr sein; und doch, wenn er in die Tiefe seines Herzens hinabsteigt, wird er, wie alle, die ein Gewissen haben, sich darüber klar sein, daß ein Kind nur im Schoße einer harmonischen, rechtmäßig geschlossenen Ehe geboren werden dürfte. Unser Heim muß nicht reich, aber es soll glücklich sein. Gott hat die Blume des Glückes gepflanzt, als Er die Familie gründete, — wir haben sie zu pflegen.

Bedenken wir es: die beste und wichtigste Zeit unseres Lebens ist die, wo wir kleine Kinder besitzen. Umgeben von ihnen sind wir wie in der Mitte eines zarten Blütenfeldes, das noch den Duft des Gartens Gottes ausatmet. Unser Herz ist niemals einfältiger, vertrauensvoller, liebeswärmer und mutiger, als wenn wir Kinder auf unseren Armen tragen. Ihre Engel sind uns nahe, unser Herd hat teil an dieser himmlischen Gegenwart.

II.

Um Kinder zu verstehen, ist es notwendig sie lieb zu haben, denn nur durch das Herz kann man sie begreifen.

Zweierlei müssen sich die Mütter immer wieder von neuem einprägen, weil dies ihnen zur besseren Erfüllung ihres Berufes helfen wird: 1. Kinder kommen vom Himmel; 2. sie sind für die Ewigkeit bestimmt.

1. Sie kommen vom Himmel.

Wer könnte daran zweifeln angesichts der fast himmlischen Freude, welche sie auf die Erde bringen, wenn ihre Ankunft so ist, wie sie sein soll, wenn sie willkommen sind in Heimstätten, wo man sie mit Entzücken, mit einer ihrer Geburt vorauseilenden Zärtlichkeit und mit einer Fürsorge erwartet hat, die derjenigen Gottes ähnlich ist. Denn nach dem schönen Berichte der Bibel hat Er auf die langsam bereitete und für unsere staunenden Augen herrlich gemachte Erde, erst nachdem Er gesehen, „daß alles gut war", den ersten Menschen gestellt. Darum muß „alles gut sein", um den kleinen Himmelsboten zu empfangen, der als „Himmelsbürger" das Anrecht auf unsere Achtung und auf unsere ganze Liebe hat.

2. Sie sind für den Himmel bestimmt.

Nicht, daß wir ihnen den Eintritt in denselben erwirken könnten, aber wir sollen sie auf den Weg stellen, der zum Himmel führt. Wie viele Eltern jedoch versperren ihn ihren Kindern durch Irrtümer, Uneinigkeit, Unglauben oder Ungerechtigkeit.

Ach, dies laute Zanken, diese bittern, beleidigenden, groben oder, was noch schlimmer ist, ironischen Worte, unter denen das Herz erfriert! Kann in solcher Atmosphäre das Kind vom Himmel träumen und für den Himmel leben? Es müßte dies mit einem Wunder zugehen!

Darum sollen wir ihm den Himmel zeigen und mit ihm auf der engen Straße nach oben wandern.

Wenn die ganze Familie weiß, daß ihr Ziel droben ist, dann kommt sie auf dem dorthin führenden Wege vorwärts. Der Widerschein der göttlichen Herrlichkeit strahlt auf sie hernieder, er erleuchtet, bereichert und heiligt sie. Hand in Hand steigen sie dem Lichte entgegen.

III.

Sie ist gottlob vorüber, die blinde Zeit, in welcher die Bekämpfung des Lasters für unschicklicher galt, als das tatenlose Zusehen bei seiner bequemen Ausbreitung, oder wo man kühnlich behauptete, daß die Frage der Sittlichkeit Frauen überhaupt nichts anginge. Ich bitte euch, wen soll sie denn angehen, wenn nicht die Frauen, die Mütter des Menschengeschlechts? Prägen wir unseren Töchtern ein, daß sie nicht das Recht haben, als Vermittlerinnen des Lebens zu dienen, wenn die Bedingungen fehlen, durch die dasselbe so gut, so gesund und so heilig als möglich werden kann. Denn Gott hat das Kind zuerst der Frau anvertraut, dafür bedarf es keines weiteren Beweises. Zu unserer Mitgift gehören die Gefahren, die Schmerzen, die Freuden der Mutterschaft. Und ihre vornehmsten Verpflichtungen sollten nicht dazu gehören? Jede Mutter weiß und fühlt das im Grunde ihrer Seele. Darum, Mütter, die ihr zuvörderst das Glück des Heims schafft, sorgt dafür, daß die Umgebung des Kindes, welches geboren werden soll, günstig sei. Es kommt vom Himmel. — Führt es nicht in eine Hölle.

IV.

Kinder sind kleine Majestäten.
Christoph Blumhardt.

Es ist etwas Wahres an der Scherzrede, daß, wenn die Eheleute abwechselnd ihre Kinder zur Welt bringen müßten, es niemals mehr als drei in jeder Ehe gäbe. Das erste käme von der Mutter, das zweite vom Vater, dann wieder eins von der Mutter. Aber nie wieder würde ein Vater darauf eingehen, sich noch einmal denselben Leiden, Aufregungen und Kümmernissen zu unterziehen — er hätte genug!

Wie dem auch sei, soviel steht fest, — und alle guten Mütter werden mir zustimmen — es ist ein großes Vorrecht, neue Menschenkinder, welche der Unsterblichkeit teilhaftig werden sollen, zur Welt zu bringen und dadurch auf die Geschicke der Gesamtheit einzuwirken. Sonderbar, man unterrichtet sich sorgfältigst im Hinblick auf den zukünftigen Beruf, man geht stets in eine Lehre, auch für das geringste Handwerk; aber für die größte und wichtigste aller Aufgaben, für den Mutterberuf, bereitet man sich oft nicht vor. Alle Tage verheiraten sich junge Mädchen leichtfertig und werden oberflächliche Mütter, zum größten Schaden der Menschheit. Sie geben sich hin, ohne auch nur im geringsten an das Wort zu denken, nach welchem der Leib zur Ehre Gottes bestimmt ist, 1. Kor. 6, 19. 20: Wißt ihr nicht, daß euer Leib ein Tempel des heiligen Geistes ist, der in euch ist, welchen ihr habt von Gott und gehört euch nicht selbst, denn ihr seid teuer erkauft, darum preiset Gott an eurem Leibe und in eurem Geiste, welche Gott gehören.

Jawohl, alle Tage willigen Frauen in Verbindungen mit herabgekommenen, befleckten und bis ins Mark verdorbenen Männern ein, woraus doch nur arme, zu allerlei Elend verurteilte Wesen entstehen können.

Ein wenig mehr Liebe zu dem Kinde, und so etwas würde nicht geschehen. Frauen müssen so mütterlich werden, daß die Weigerung, Kinder zum Bösen und zum Verderben zu empfangen, für sie zur heiligen Pflicht wird.

V.

Eines Abends erzählte eine Mutter ihrem achtjährigen Knaben die Geschichte des großen schwedischen Botanikers Linné, dessen Kindheit durch die Härte eines überstrengen Vaters verdunkelt wurde. Als sie zu Ende war, schwieg der Junge einen Augenblick und dachte nach. Endlich hob er den Kopf und fragte kindlich: „Gibt es noch heute solche Papas?" „Ja gewiß," erwiderte die Mutter, ohne weiter zu überlegen. Worauf das Kind, mit glänzenden Augen, energisch ausrief: „Aber Du hast gut gewählt, Mama!"

Im ersten Augenblick wurde die verdutzte Mutter von einer so unwiderstehlichen Lachlust ergriffen, daß sie ihre Heiterkeit kaum zurückhalten konnte. Die plötzliche Bemerkung war mit so bestimmtem und lobendem Tone herausgekommen, sie war so unerwartet, so urkomisch ....

Aber nach einem Augenblick besann sie sich eines Besseren. Und nun erschien ihr das Kinderwort in ganz neuem Licht. Ihr Sohn hatte ihr seinen Beifall zu der Wahl ihres Gatten, zu dem Vater, den sie ihm gegeben, ausgedrückt. Wie viele hätten so wie er sprechen können? Alle? Oder nur einige? Sollte es nirgends einen geben, welcher im gleichen Falle umgekehrt gesagt hätte: „Du, Mama, du hast schlecht gewählt, du hast uns einen Vater gegeben, der nicht der beste für uns ist. Und wir leiden darunter......."

Mit welch tiefer Bewegung bewahrte diese Mutter in ihrem Herzen das goldene Wort, das ihrem Knaben entschlüpft war. „Du hast gut gewählt." Nie war ihr eine Anerkennung irgend welcher Art so kostbar erschienen oder so teuer geworden. Niemals dankte sie Gott mit so überströmendem Herzen wie an jenem Abend, als sie, an ihrem Bette knieend, sich all der Segnungen erinnerte, mit denen sie während ihres Lebens begnadet worden war, weil sie mit Gott gut gewählt hatte.

VI.

Man gibt heute im allgemeinen zu, daß die Frau zu denken vermöge. Man fängt auch an zu verstehen, daß sie ohne männliche Hilfe und ohne selber unweiblich zu werden, laut müsse sagen können, was sie zu sagen hat. Aber man glaubt noch, daß jede Frau schon genug wisse, um Mutter zu werden, und hält es für überflüssig oder unnütz, daß die Mütter von den Fragen, welche sich auf das gesunde Werden neuer Wesen beziehen, etwas verstehen, oder sie gar untereinander besprechen möchten. Das sei, sagt man, die höchste Unschicklichkeit.

Ob das Kind schlecht, mißgestaltet, entartet in die Welt kommt, was tut's? „Das ist ein unglücklicher Zufall, oder es ist Gottes Wille gewesen." Glaubt ihr wirklich, daß Gott so viele Wesen von vornherein zum Leiden verurteilt sehen will?

Du hast einen „Lebemann", einen Alkoholiker, einen an die Sinnlichkeit Verlorenen geheiratet, darfst du dann auf gesunde Nachkommen rechnen? Und wenn dein unglückliches Kind da ist, darfst du ihm offen ins Angesicht schauen mit dem Bewußtsein dessen, was du für sein irdisches und vielleicht für sein ewiges Leben verschuldet hast?

Gibt es nicht vielleicht ebensoviele Eltern, die ihre Kinder um Verzeihung bitten müßten, daß sie ihnen das

Leben gegeben, als es Kinder gibt, die den Eltern dafür zu danken haben?

Vergessen wir es nicht: unsittliche, unwürdige Eltern, oder solche, die, in kleinliche Sorge um das rein Äußerliche sich verlierend, nur auf den irdischen Erwerb bedacht sind, mögen sich auf mittelmäßige Kinder gefaßt machen.

Um ein besseres Geschlecht hervorzubringen, bedarf es der Durchdringung von Liebe und Heiligkeit.

VII.

Es liegt ein großer Gedanke in der göttlichen Anordnung, welche die Fortpflanzung der Menschheit an die Verbindung beider Geschlechter geknüpft hat. Werden wir je das, was der Allmächtige damit gewollt hat, und was Er von uns fordert, ganz begreifen?

Wir geheimnisvoll und wunderbar zum Schöpfungswerke mit herangezogenen Väter und Mütter sind nach dem Ebenbilde Gottes geschaffen worden, damit wir unserseits gottebenbildlichen Wesen das Leben schenken möchten.

Was haben wir aus dieser wunderbaren Fähigkeit gemacht? Was machen wir heute noch daraus?

Und doch hängt es von uns, von unserem Willen, von unserer Weihe und unserer Heiligung ab, daß wir im Vertrauen auf einen vollkommenen Erlöser gottgefällige, durch Jesum Christum von der Sklaverei der Sünde erkaufte Geschlechter hervorbringen. Denn alle menschlichen Geschöpfe sind ja nach dem Gedanken der göttlichen Erlöserliebe für das ewige Heil bestimmt.

Mütter werden ihr Interesse an jenen Fragen nicht zu bereuen haben, denn die Erneuerung des Lebens fängt am besten bei der Jugend an, und die Lösung dieser herrlichen Aufgabe liegt wesentlich in ihren Händen. Um ein Kind, zumal einen Sohn, zu erziehen, bedarf es nicht nur einer, guten, sondern auch einer tapferen Mutter. Sie muß die Tugenden besitzen, welche sie für ihre Kinder wünscht. Kinder sind meistens, was ihre Mütter aus ihnen machen. Kinder von heute werden Menschen von morgen sein, welche die Welt regieren, wenn wir von hinnen gegangen sind. Man wird von uns Rechenschaft fordern für die armen kleinen Arbeiter der Zukunft, denen wir nicht mitgaben, was wir für uns selbst gewünscht hätten.

Will Gott, daß gewisse Kinder taubstumm, blödsinnig, minderwertig, schon von frühester Jugend an zum Elend verurteilt sein sollen? Will Er dies Übel und dies Leiden?

Oder, wenn Er den Schmerz nicht will, ihn aber als Folge der Sünde vor sich sieht, geht Sein Wirken darauf hinaus, ihn mit den Kräften des Guten zu überdecken, um ihn Seinem Erlösungsplane dienstbar zu machen?

Ich suche nicht, dies Problem hier zu lösen, sage aber, daß die törichte Lehre von Gottes Gleichgültigkeit gegenüber von guten oder bösen Zeugungen viele Menschen ermutigt hat, alle Verantwortung abzulehnen, oder gar wie Tiere zu leben. „Paart euch blindlings darauf los, allen euren auch noch so verdorbenen Trieben folgend; was daraus hervorgeht, ist ja von oben gewollt!" So lautet die gedankenlose Auffassung des großen Haufens.

Glücklich die, welche wissen, daß der Zeugungsakt eine gemeine Tat ist, wenn er gegen die göttlichen Gesetze ausgeführt wird. Glücklich die, welche hierin wie überall das Gebot zu erfüllen suchen: „Alles, was ihr tut, tut zur Ehre Gottes."

VIII.

Es gilt in unserem Familienleben, in unserer Ehe, dem höchsten Ideale immer näher zu kommen.

Die Verbindung zwischen Mann und Frau — sagte ein Diener Gottes — ist das Allerheiligste.

Ach, wenn der Herr des Himmels und der Erde mitten unter uns, an unserem Herd alles regierte, regelte, segnete!

Das Kind derer, welche in Gott leben, hat ohne Unterlaß das Herrlichste, was es auf Erden gibt, vor Augen. Es ist ein Mitglied der von Gott geschaffenen königlichen Einrichtung der christlichen Familie. Dreimal gesegnet solch ein Kind; denn es hat, in Erwartung der ewigen Seligkeit, das Köstlichste, was die Welt ihm bieten kann, ein Stück Paradies bereits hienieden, zu dessen Bürger es durch seine Eltern wurde, als diese es, schon vor seiner Geburt, dem Heiland weihten.

Und wenn es unter den unaufhörlichen Gebeten der Eltern, von ihrem Beispiel und Glauben sich ziehen läßt zu dem, der gesagt hat, daß man die Kleinen zu Ihm kommen lassen solle, dann wird ihm auch ganz gewiß im Hause des himmlischen Vaters, in welchem viele Wohnungen sind, die Bürgerschaft und damit die ewige Seligkeit zuteil werden.

Die Umgebung im Hause.

1. Der Friede.

O selig Haus, wo man Dich aufgenommen,
Du wahrer Seelenfreund, Herr Jesus Christ.
Spitta.

„Friede sei mit euch." Mit diesen Worten sollten die Apostel nach dem Auftrage Jesu jedes Heim grüßen, das sie betreten würden. Der Friede, welchen der Herr Christus gibt, ist ein Friede voll Gnade und Seligkeit, ein vollkommenes Glück, und nicht jener Notbehelfsfriede, der, auf Zugeständnissen beruhend, um den Preis des geopferten guten Rechts und oft genug der versäumten Pflicht gemacht wird, bloß, damit man Ruhe im Hause habe. Trügerischer und des Namens unwürdiger Friede!

Die Tatsache, daß Christus Seinen Jüngern diesen Auftrag gibt, zeigt, wie sehr Er Seinen Frieden auch für uns wünscht.

Doch gibt es Häuser, die dem Herrn und Seinen Boten zwar offen stehen, in denen aber „Sein Friede" noch unbekannt ist. Man ist darin nicht glücklich, weil man die dargebotenen Elemente des Glückes nicht verwertet. Zufriedenheit ist eben unmöglich, wo man sich nicht darüber klar wird, daß das Glück eine göttliche Gabe ist, wo man nicht jeden Abend von neuem in herzlichem Gebete Gott dafür dankt.

Das Kind muß von Liebe, Ruhe und Eintracht umgeben sein. Es leidet unter dem Rückschlag all der Stöße, die neben ihm geschehen. In einer unglücklichen Ehe wird es, wenn nicht physisch, so doch moralisch gestoßen, gepufft und in seiner inneren Entwicklung gehemmt. Wie wäre es möglich, daß ein Sohn entzweiter Eltern sich in gesundem Gleichgewichte entfalten könnte! Durch die Erschütterungen die ihn umgeben wird er ja unaufhörlich in demselben gestört.

Wie leiden die Kinder, wenn Vater und Mutter sich nicht recht lieben! —

Mangelndes Familienglück ist naturwidrig. Gewiß, ich sage nicht, daß es immer leicht sei, ein friedliches, ganz von zärtlicher Liebe erfülltes Heim zu haben. Dergleichen Schätze sind nicht wohlfeil, selbst wo man den Mann seiner Träume gefunden hat. Glück will teuer erkauft sein. Es kostet Tränen, heldenmäßige Opfer, heiße Gebete.

Unser Egoismus, unsere Lieblingsneigungen, unser elendes Ich, dieser widerwärtige Feind jedes siegreichen Aufschwunges, alles das muß auf dem Altar des häuslichen Glücks geopfert werden. Dann quellen aus solchem, um der Liebe zu Jesu willen gebrachten Opfer Freude und Seligkeit, und immer vollere Harmonien ergießen sich über den häuslichen Herd, ihn verschönernd und heiligend, so daß die Verheißung des Herrn zur Wirklichkeit wird: „Wo zwei oder drei versammelt sind in Meinem Namen, da bin Ich mitten unter ihnen."

Wenn der Herr bei uns ist, wenn unser Leben von Ihm regiert, in Ihm geführt wird und in Ihm geborgen ist, — das ist vollkommener Friede. „Der Herr ist mit mir, was können mir Menschen tun? Weicht ihr Ängste! Er hat alles in Seiner Hand." Und ob die Wolken sich zusammenballten, ob — o allerschwerste Herzensangst — es ausfähe, als wenn unsere Kinder sich vom rechten Wege zu verirren schienen, auch dann noch dürfen wir vertrauensvoll und getrost rufen: „Herr, ich lasse Dich nicht, Du segnest sie denn."

Er, der Vater der Barmherzigkeit, hört das Geschrei der Seinen. Zweifelt nicht daran! Vielleicht, daß viele Jahre vergehen, ehe die Unsrigen die Seinigen werden, vielleicht, daß unser Mund schon lange verstummt, daß von uns nichts als eine blasse, fast erloschene Erinnerung geblieben ist. — Er aber hat nicht vergessen, — unsere Gebete bleiben. Er wird darauf antworten. Er erhört allezeit.

2. Die Fröhlichkeit.

„Freuet euch in dem Herrn allewege."
Philipper IV, 4.

„Sich allewege freuen", ja, wer das könnte! Ist es nicht eine unmögliche Forderung, gegenüber all den Sorgen, Nöten und Schmerzen, die unseren Erdenweg erschweren? Und wenn man auch stets fröhlich, freundlich und glücklich sein könnte, wozu denn? Sollte das für unsere Lebensaufgabe notwendig sein? Kann man nicht eine gute, ja eine vortreffliche Mutter sein, auch ohne das?

Liebe Freundin, nutzlose Gebote stehen nicht in der Bibel und unmögliche Forderungen auch nicht. Wenn von uns verlangt wird, daß wir uns allewege freuen möchten, so muß wohl von einer treuen Erfüllung dieses göttlichen Befehls Segen zu erwarten sein für uns und für die, die wir zu erziehen haben, und für die wir verantwortlich sind.

Aus der Hand Gottes, als ein Geschenk Seiner Liebe, sollen wir die Kinder annehmen, die uns christlichen Eltern geboren werden. Gesandte des Himmels sind sie, und sie kommen zu uns mit einer himmlischen Botschaft. Dürfen wir sie von vornherein in ein freudloses Haus einführen, wo Unzufriedenheit, Unfrieden oder gar Zank und Streit herrschen? Ist solch elende Stätte das rechte Heim für einen Himmelsboten?

Sie kommen an, unsere Kleinen, so rührend in ihrer Hilflosigkeit, sie liegen so still und vertrauensvoll in unseren Armen, sie schmiegen sich an unsere Brust, ihres Willkommens so sicher. Manchmal freilich lassen sie ihre Flügel herunterhängen wie zarte Wesen, aus der oberen Welt in einen rauheren Boden verpflanzt, und es bedarf der treusten, aufopferndsten Mutterliebe, um sie bei uns, auf der harten Erde, wirklich heimisch zu machen.

Dann aber, welch ein Aufblühen! Welch süßes, erstes Lächeln! Und die Mutter drückt in unsäglicher Wonne den kleinen Gottesboten an ihr klopfendes Herz und macht sich daran, seine Botschaft zu lernen, eine heilige, wichtige Aufgabe für ihr ganzes Erdenleben und noch darüber hinaus.

Die Kinder brauchen den vollen Sonnenschein eines Familienlebens, wie es sein soll, sie, die uns selber ein so volles Maß von Freude bringen.

Die allerersten Empfindungen sind von tiefer Bedeutung für den ganzen irdischen Lebenslauf. Wie viele sind nur deshalb aufgeregte, weinerliche, mürrische, sogenannte böse Kinder — die später ebensolche Erwachsene werden! — weil sie zuerst von nervösen, ungeduldigen oder gar jähzornigen Menschen umgeben wurden, deren Stimmen, Gebärden und Handlungen lieblos waren. Das Kind lag in seiner Wiege. „Es braucht ja keine Rücksicht, warum sich zusammennehmen," sagt man, „es achtet nicht darauf, es ist doch noch so klein." — Unheilvoller Irrtum! Junge Erdenbürger sind so zart besaitete Instrumente, daß schon die sie umgebende Atmosphäre genügt, um sie gut oder böse zu stimmen. Wir sollten es wissen, denn oft konnten wir beobachten, daß sogar nur das Erblicken eines unfreundlichen Gesichtes Baby bitter aufschluchzen ließ. —

In ebenso großem Maße wie die Blumen unter dem weiten, blauen Himmel belebende Sonnenstrahlen nötig haben, ebenso brauchen die menschlichen Blumen den Sonnenschein des Glückes. —

In der Dunkelheit wuchern die unheilvollen Mikroben, haust der schwarze Tod: in einem jungen Herzen, in welches das Licht der Liebe nicht hineinscheint, sprießen schlimme Keime auf. Wenn Mütterchen freundlich lacht, so ist alles gut in ihres Kindes Augen. Die Mutter — o, daß sie es verstünde! — ist sein Hort, sein Trost, seine Freude, seine Hoffnung, seine Welt, sein Alles. Über alles Schwere hilft ihm ihr Lächeln hinweg; wenn es fehlt, so wird es dunkel, und das kleine Wesen tappt umher, hilflos und traurig, wie ein auf schwerem, finsteren Wege Verirrter, in ernster Gefahr, elend zugrunde zu gehen.

Glück und Fröhlichkeit sind eine Hauptbedingung für das Gedeihen eines Kindes. Merk dir's, du junge Mutter, dein ärgerliches, ungeduldiges oder gar böses Gesicht wirft einen finsteren Schatten, und im Schatten gewachsene Pflanzen können bekanntlich niemals reiche Früchte tragen. Lerne doch einsehen, welchen unermeßlichen Reichtum du in deinem Kinde hast und zeige es ihm auch. Jetzt, wo es noch ganz dein eigen ist, blüht deines Lebens schönste Zeit.

Viele Mütter werden zunächst anderer Meinung sein. „Wie? Die schönste Zeit sei die der kleinen Kinder?" „nein, die schwerste, die arbeitreichste, die ermüdendste, die aufreibendste!" — Und doch, ich wiederhole es, sie umgeben uns mit einem Hauche, der uns zum Leben und zur Wahrheit treibt. Gerade in der Zeit, wo sie noch klein sind, hebt man am Morgen vor der rauhen Tagesarbeit die Augen auf zum Himmel und fühlt sich geborgen in der Hand dessen, der allein uns vor den vielen drohenden Gefahren beschützen kann. In solchen Tagen hat man keine Muße, andere mit Übelwollen zu betrachten, man ist weniger unfreundlich, weniger mürrisch, weniger geizig, weniger kleinlich ...

Die Mutterliebe.

1. Ihre Weite.

Der häusliche Herd ruht auf der Mutter.
Japanisches Sprichwort.

Die Mutterliebe ist unter den natürlichen Liebestrieben der stärkste; sie ist von der Wiege bis zum Grabe in uns. Sie ist von Anfang an da und dauert bis zum Ende. Sie ist da vor der Überlegung und vor dem vernunftgemäßen Denken. Ein kleines Mädchen kann kaum laufen, und doch wie zärtlich liebt es schon seine Puppe!

Bis ins hohe Greisenalter hinein bleiben die Frauen mütterlich und zu den höchsten Opfern fähig, dafür mag jene, von aller Welt mit Liebe und Verehrung umgebene reiche Dame zeugen, die, als sie achtzig Jahre geworden war, ausrief: „Ich habe keine Kinder gehabt, werde ich mich jemals darüber trösten können?"

Und jene Sterbende, die, schon seit Tagen in schwerem Todeskampfe seufzend, stille ward, sich überwand, schweigend leiden und ihr Leben aushauchen konnte, als sie bemerkte, daß ihr einziger Sohn unter ihrem Todesstöhnen litt. Man könnte sie ins Unendliche vermehren, all diese herrlichen Beispiele der Mutterliebe.

Die Mütter lieben ihre Kinder, ehe sie sie geboren, nachdem sie sie verloren, — fragt alle die Mütter im Trauerkleide, — und selbst, wenn sie sie niemals besessen haben! Sie lieben in anderen die Kinder, die sie hätten haben können.

Und wenn solche mit leeren Armen, seien es unverheiratete Mädchen, seien es ihrer Kinder beraubte Mütter, oder Ehefrauen, die nie geboren haben, wenn alle diese Großes schaffen, so daß sie gar auf den dürren Wegen der Hingebung und Selbstverleugnung uns manchmal weit übertreffen, war es nicht wiederum die Mutterliebe, die sie zu wirken trieb?

Sind denn nicht alle wahren Frauen Mütter?

Aber alle diese Schätze, werden sie auch zur Genüge ausgenützt im Kampf gegen das Böse? Verstehen wir ihre Rolle recht, im Kreuzzuge gegen die Sünde?

2. Ihre Weisheit.

Nur eine Mutter weiß allein,
Was lieben heißt und glücklich sein.
Chamisso.

Endlich ruht in deinen Armen das so lange erwartete Wesen, dies Unterpfand der Liebe deines Gatten und der Liebe des Vaters, der dich für würdig achtete, es unter deinem Herzen zu tragen, ihm das Leben zu geben und ein für die Ewigkeit bestimmtes Geschöpf zu erziehen, — da zerschmilzt dein ganzes Herz in deinem Busen.

Ist es wirklich dein Eigentum, dies lebendige Wunder, das an deiner Seite ruht, diese Blume der Zukunft, die unter den wärmenden Strahlen einer neuen, aber dich schon fast erstickenden Liebe sich erschließen soll? Und du rufst mit Tränen in den Augen aus: „Ach Gott, mache aus mir eine gute Mutter, damit aus diesem Kinde das Allerbeste werde."

Nun gehen die Tage dahin, jeder eine bisher unbekannte Erfahrung bringend. Es ist in deinem Dasein etwas umgewandelt worden. Und wenn du langsam das alltägliche Leben wieder aufzunehmen anfängst, dann gibst du dir mit jedem Morgen immer mehr Rechenschaft darüber, daß jetzt ein anderes Geschick von dem deinigen abhängt. Es ist eine zugleich schwerwiegende und herrliche, erdrückende und erhebende Verantwortlichkeit für einen uns sehr eng verbundenen und ganz auf unsere Hilfe angewiesenen Nächsten.

Je reizender, süßer, köstlicher das Kindlein wird, je mehr aus ihm der unaussprechliche Zauber der ganz Kleinen strahlt, desto inniger umfängt es deine fürsorgende Liebe, und schon bei seinem ersten Lächeln denkt deine Seele an die Mittel, es für alle Zeit glücklich zu machen.

Wenn das Glück der menschlichen Geschöpfe der Liebe ihrer Mütter entspräche, würde es weniger Leiden um uns geben. Niemand auf Erden hat mehr Glücksdurst als eine Mutter für ihr Kind. Das Allerbeste ist ihr nur gerade gut genug, um sein Los zu verschönern; wolkenlos sollte es sein!

Gewiß, wenn die menschlichen Geschicke von der mütterlichen Zärtlichkeit geordnet werden könnten, sie würden überall günstige sein. Denn Mutterliebe zieht gleich

einem Strome, der in seinen Fluten das Reinste, das Wohl=
tuendste und Heiligste trägt, durch diese Welt und bringt
darin Freude zur Reife.

Und doch ist so viel Elend da, in grausiger, schreck=
licher Gestalt! Geht in die Hospitäler und schaut die klei=
nen Märtyrer mit ihren unheilbaren Wunden an. Macht
eure Augen auf, sucht die siechen Kinder, von denen am
Abend die schmutzigen, kleinen Gassen unserer großen Städte
wimmeln. Oder deckt einmal die mit feinen Spitzen be=
setzten, vergoldeten Kinderwagen auf; auch da liegen oft
kleine Körper mit verzogenen, erdfahlen Mienen, unschul=
dige Opfer der für solche Gebilde verantwortlichen Wüst=
linge.

Kann so etwas mit der Mutterliebe zusammenstimmen?

Das bloße Liebhaben allein tut es eben nicht. Um
die uns anvertrauten Kinder zum wirklich hohen Ziele zu
führen, bedarf es einer wirksamen und gesegneten müt=
terlichen Wissenschaft und Weisheit.

Es kostet Kampf. Es kostet eine ernste und anhaltende
Arbeit, es bedarf des täglichen Opfers unseres Herzblutes.
Mutter sein heißt, ohne Rast und Ruh das Böse bekämpfen,
heißt, sich selbst heiligen, um sein Kind zu heiligen.

Unsere Unterhaltungen, die Melodien, mit denen wir
sie in den Schlaf singen, unser Betragen, unsere Gedanken
sogar, sind von Bedeutung. Alles beeinflußt sie in diesem
Alter.

So sollte also schon, ehe das zur Verbreitung des
Guten bestimmte neue Wesen in die Welt gesetzt wird, die
Vater= und Mutterschaft durch einen Bund mit dem All=
mächtigen besiegelt werden.

Gute Erblichkeit.

Alle Menschen vererben Gutes und Böses. In die Vollkommenheit kommt man nur durch den, der gesagt hat: Siehe, Ich mache alles neu.

Vor einiger Zeit besuchten wir eine Künstlerfamilie, in der Vater und Mutter bedeutende Musiker sind. Die frühere Generation hatte sich in ähnlicher Weise ausgezeichnet; dazu waren sie gute Christen und prächtige Menschen.

Nach der Mahlzeit öffnete das vorletzte Kind des Hauses, ein hübscher kleiner Knabe von sechs Jahren, ungeheißen, fast wie träumend, den Flügel, der im Nebenzimmer stand, hob mutig den schweren Deckel auf, drehte den Klaviersessel zurecht und schob sich, als er ihn so hoch wie möglich geschraubt hatte, hinauf. Nun begannen die dünnen Fingerchen die Tasten leise, langsam und ohne Aufhören zu liebkosen. In dem hohen Salon ertönte die Melodie seltsam und zart, manchmal zögernd, aber stets richtig, innig und warm.

Die Gäste hatten einer nach dem andern ihre Plätze verlassen, sie horchten alle auf die hübsche, wunderliche Musik. Einige Ausrufe des Erstaunens wollten laut werden, doch man unterdrückte sie, aus Furcht, den kleinen Spieler zu unterbrechen. Man hatte sich auf der Schwelle der großen Tür dicht zusammengedrängt, um ihn besser beobachten zu können. Er merkte nichts, hörte nichts;

ganz in sein Spiel vertieft, saß er da, das feine Gesicht nach oben gerichtet, die Augen halb geschlossen, eine Künstlerseele, in eine gebrechliche kindliche Hülle gebannt!

„Wir dürfen laut sprechen," sagte lächelnd die Mutter, welche, ihr Jüngstes im Arm, sich uns näherte. „Wenn er sich so versenkt, achtet er auf nichts mehr; ließen wir ihn gewähren, so bliebe er da bis zum Abend. Und wir haben ihn nicht einmal die Noten gelehrt. Sie können sich kaum vorstellen, was die Musik für ihn bedeutet; sie ist eine mit ihm geborene Leidenschaft, die ihn sehr glücklich macht."

In diesem Augenblick trat der Vater ein, sah sein Kind am Flügel, nahm einen Band mit ziemlich schwierigen Etüden, stellte ihn offen auf das Pult vor seinen Sohn und deutete darauf. Der Knabe unterbrach sich, seine tiefen Augen schauten das Buch an, als ob sie eine Frage stellen wollten, die die Lippen nicht aussprachen. Der Vater nickte zustimmend, und da fingen die rosigen Händchen das schwere Stück an.

„Er spielt vom Blatt," flüsterte stolz und wie ehrfurchtsvoll der Herr des Hauses.

Mit zurückgeworfenem Kopf sah auch er nach oben; sein begeisterter Künstlerblick war genau derselbe wie der des kleinen Blondkopfs, der beharrlich, wie ein alter, erfahrener Musiker, seiner harten Aufgabe gegenüber saß und immer und immer wieder richtig die klangvollen Melodien ertönen ließ.

Dieses Erlebnis gab mir zu denken. Ich hatte niemals etwas Ähnliches gesehen. Hatte der Zufall dieses so besondere Kind geschaffen? Nein, das Blut bedeutender Musiker fließt in seinen Adern, besitzt er doch dieselbe Natur wie seine Erzeuger.

Die geheimnisvolle Vererbung, welche das Messer des

Anatomen niemals ans Licht brachte, und die die Wissenschaft, trotz unermüdlichen Forschens und rastlosen Suchens in den tausend Fältchen des Gehirns, in den verborgensten Geweben und den zartesten Nerven des herrlichen menschlichen Körpers niemals entdecken wird, diese unerklärliche Vererbung kam hier im vollsten Lichte zur Erscheinung. Ihre Wirkung war in diesem hoffnungsvollen Knaben, in dessen Seele sich die Seelen seiner Vorväter erneuerten, aufs deutlichste zu erkennen. Scheint doch sein Leben dazu bestimmt, jene in vollkommenerer Gestalt auferstehen zu lassen, vielleicht als die endgültige und vollendetste Zusammenfassung ihrer Existenzen.

Wahrlich, wenn es unheilvolle Vererbungen gibt, so gibt es auch gute und edle, ja, sogar solche, die sich auf das Allerhöchste und Göttliche beziehen. Wieviel vollwertige Persönlichkeiten gibt es, welche die Frucht einer Reihe von Ahnen sind, die ihr Leben dem Guten geweiht hatten! Ihr gesegnetes Dasein ist das Resultat schwerer, weit hinter uns im Dunkel liegender und darum längst vergessener Opfer. Man hat behauptet, daß das Gute das Einzige sei, das wirkliche Werte schafft. Und man hat recht damit. In der Tat, das Böse und die Bösen vernichten sich und verlieren sich in der Verneinung!

Das Gute aber wirkt über das Böse hinaus, es wiederholt sich, unbegreiflich denen, die an die Wahrheit nicht glauben wollen, oder die die Tatsächlichkeit der göttlichen Verheißungen nicht verstehen. Und doch sind diese so klar, so gewaltig, so unabänderlich: „Für dich und deine Nachkommen — —" sagt der Herr, der als der Vater der Liebe wohl weiß, wieviel ein irdischer Vater leiden würde, wenn er den Seinigen nicht alle die Güter, die er selber genossen, sondern nur einen armseligen Teil davon als Erbe hinterließe. Die göttliche Barmherzigkeit sichert unseren Kindern die Ernte all unserer treuen Saat geradeso zu, wie die menschliche Gerechtigkeit ihnen das von uns mühsam erworbene Vermögen zuerkennt. Edle Saat reift bis in die Ewigkeit hinein.

Ach, wüßten wir alles dies recht genau, wieviel kräftiger, vertrauensvoller, treuer, besonders wieviel stärker und williger würden wir gegen das Böse in uns kämpfen, weil wir uns klar wären, daß dies der Mühe wert ist, da alle unsere Anstrengungen, ausnahmlos, ihre reichen Früchte bringen werden! Wie sehr würden unsere jungen Männer und jungen Mädchen, ihre Verantwortung erkennend, sich zum Guten angestachelt fühlen! Handelt es sich doch um ewige Seelen, um Leben, die, wenn wir bereits geschieden sind, hier unten gelebt werden und dann oben fortfahren sollen.

Eine solche Hoffnung, die zur Gewißheit werden darf, ist wohl geeignet, zu dem edelsten Kampfe zu begeistern. Ist sie nicht auch ihr bester Preis?

Mit dem Kinde zugleich bildet die Mutter ihr heiligeres Ich.   Jean Paul.

„Ich bin mit meiner Kraft und mit meinem Mute fertig, alles bedrückt mich, wozu all dieses Mühen!" sagte mir eine Mutter, die doch eine Christin war.

Über ihre bleichen Wangen rollten die Tränen der Trostlosigkeit. Ihre Last erschien ihr zu schwer, sie trug ihr neuntes Kind unter dem Herzen.

„Sie tun nicht recht daran, sich so Ihren Frieden rauben zu lassen," antwortete ich ihr, „zumal jetzt, wo eben ein neues Leben in Jhnen keimt. Haben Sie nicht darüber nachgedacht, was Sie ihm mitgeben wollen? Schwäche, Sorge? Oder wollen Sie nicht aus Ehrfurcht vor dieser menschlichen, für den Dienst Gottes bestimmten Seele all Jhre Kraft zusammennehmen? Es ist doch eine Ehre für Sie, dazu berufen zu sein, ein Menschenleben erblühen zu lassen, ein Leben, in welchem Sie nach Jhrem Tode für den Herrn und für die Nächsten weiterleben sollen. Klagen Sie nicht angesichts der großen, Jhnen anvertrauten Aufgabe! Schauen Sie hinauf zum Himmel, von wo Jhr Kind hergekommen. Es soll den Stempel seiner göttlichen Herkunft an sich tragen. Jhr Mangel an Vertrauen ist nur ein Mangel an Liebe für denjenigen, der Jhre Mutterschaft zuließ, sowie auch für das gebrechliche Wesen, welches das von Jhnen erstrebte und verdiente Gute ererben und von Jhren Kämpfen und Siegen den Gewinn haben wird. Möchten Sie ein im voraus beschädigtes Geschöpf zur Welt bringen, das von der erdrückenden Wirkung Jhrer unwürdigen Schwäche belastet wäre?

Nein, der Beruf einer Mutter muß trostvoll und freudig sein, sie darf sich nicht niederdrücken lassen; sie muß sich unaufhörlich daran erinnern, daß es einen Gott der Mütter gibt, der die Erfüllung Seiner ewigen Verheißungen denen zusichert, die Jhn lieben und Seine Gebote halten bis ins tausendste Glied."

Wer von uns wäre jemals fähig, sich die Erfüllung einer solchen Weissagung ganz vorzustellen? Und doch ist sie wirklich wahr und bestätigt durch die menschliche Wissenschaft, noch mehr aber durch die heiße Dankbarkeit all derer, die treu, wenn auch vielleicht mit Tränen, gesät haben, und die nun mit Jubel und Lobgesängen ernten.

Gott ist ein gnädiger Vater, reich an unermeßlichen

Gütern. Wenn wir unsere Herzen aufrichtig zu Ihm erheben, dann segnet Er sie, selbst wenn sie schwach und furchtsam sind; ja, Er segnet über Bitten und Verstehen, weit über das hinaus, was der kühnste Traum uns hoffen ließ. Meßt Ihn nicht nach eurem armseligen Maße. Vertraut hoffnungsmutig auf die unaussprechlichen Gnaden, die für uns und unsere Kinder bereit stehen, wenn wir dem guten Herrn und Meister gedient haben.

Vorwärts also! Immer höher, dem Ziele zu, das uns und unsere Kinder erwartet, der ewigen Seligkeit entgegen, die uns durch das Blut unseres Heilandes erworben wurde, in dessen Dienst wir unsre demütig dankbaren Herzen stellen.

Ihr werdet, wenn ihr dereinst mit vielen Müttern dort oben ankommt, erfahren, wie eure Werke euch nachfolgen, und wie Er, in Seiner unendlichen Liebe, alle Tränen von euren Augen trocknen wird. —

Du und dein Kind,
verbunden für die Ewigkeit.

Bei der Mutter soll eines Kindes Seele ebenso wie sein Leib sich geborgen, beschützt und vollkommen glücklich fühlen.

Wie könnte es für uns eine ewige Seligkeit geben, wenn einst, am großen Abrechnungstage, unsere Kinder durch unsere Schuld vor dem Throne der Gnade fehlen würden?

Wir haben ja den glühenden Wunsch, und unser Mutterherz schreit danach, daß sie das Paradiesesglück erlangen. Darum fragen wir uns von der Schwelle ihres Lebens an, wie wir ihnen zu diesem höchsten Segen verhelfen können.

Das Seelenheil unserer Kinder hängt wesentlich von drei Bedingungen ab: von Gott, von ihrer eigenen Bekehrung und von unserem Verhalten zu ihnen.

Zuerst von Gott: da können wir nur beten und danken, denn Er will sie ja alle an Sein Herz ziehen. Hat Er denn nicht deshalb Seinen einzigen Sohn für unsere Kinder dahingegeben? Wie sollten wir an Seinen Plänen der Barmherzigkeit zweifeln? Ist nicht die heilige Schrift voll von herrlichen Verheißungen für die, welche ihr Vertrauen auf Ihn setzen, und von Versprechungen für ihre Nachkommenschaft?

„Unsere Kinder — — Seine Kinder!" An dem Gedanken, an der Gewißheit sollen wir festhalten, dies wird uns über die Stunden der Schwachheit erheben.

Gott, der Herr, sorgt für die Seinen. Ich kann nicht glauben, daß ein Kind verloren gehen kann, dessen Eltern die Frucht ihres Bundes schon von vornherein Gott geweiht haben, indem sie Ihn baten, ihm nur dann das Leben zu geben, wenn Sein Ruhm dadurch gemehrt würde, und die es nachher für den Herrn erzogen haben.

Ich kann es nicht glauben! Das entspräche nicht, dünkt mich, den göttlichen Verheißungen und wäre der Liebe nicht würdig, deren Wert unser Elend so hoch übersteigt, wie der Himmel über der Erde ist.

Wir haben nicht das Recht, auch nur einen Augenblick an der göttlichen Treue zu zweifeln.

Und selbst, wenn wir keine Erhörung sähen, wenn

unsere Bitten hier unten umsonst zu sein schienen, — —
was tut es? Was wissen wir armen, blinden und be=
schränkten Eintagswesen denn im Grunde von der Ewig=
keit? Vielleicht hat der Allmächtige Sich für andere Ent=
wicklungsstufen in seinem unendlichen Reiche die ruhm=
reiche Erfüllung Seiner ewigen Gedanken vorbehalten? Er
widersteht unseren Gebeten nicht, wenn sie durchtränkt sind
von dem Glauben, der Berge versetzt.

Laßt uns davon überzeugt sein, daß Gott uns alles
gibt, was Er verspricht. Laßt uns Ihn nicht erniedrigen
durch Zweifel an Seiner Aufrichtigkeit. Wie müssen in
den Augen des Königs der Könige, der ebenso liebevoll wie
groß in Seiner Weisheit und Barmherzigkeit nur immer
auf unser und unserer Vielgeliebten Heil bedacht ist, solche
Beleidigungen verbrecherisch erscheinen! Er verlangt unsere
Kinder, Er segnet sie, Er hat sie erkauft, — — gelobt sei
Sein Name!

Aber ihr Heil hängt auch von unseren Kindern selber
ab. Können wir sie zur Bekehrung zwingen? Können wir
ihnen die Früchte unserer langen Lebenserfahrungen auf=
nötigen? Können wir ihnen den unbedingten Willen, Die=
ner Christi, ihres Heilandes, zu werden, abringen? Ach,
leider nein! Da muß jede einzelne Menschenseele selber in
freier Entscheidung sich zu den Füßen ihres Meisters werfen,
und, wie einst Thomas, der Jünger mit dem spät aus=
gereiften Glauben, ausrufen lernen: „Mein Herr und
mein Gott!"

Wir haben nicht das Recht, unseren Willen einem
menschlichen Geschöpf unterzuschieben.

Man hat gesagt, daß Gott diesen freien Willen so weit
achtet, daß Er uns sogar die Wahl des Verlorengehens läßt,
wenn wir das ewige Leben verwerfen wollen.

Darum müssen wir warten. Wenn die Stunde ge=

kommen ist, wenn die Paradiesesglocke tönt, dann werden unsere Kinder mit klarem Auge die Horizonte erkennen, deren Anblick die ganz dem Herrn Geweihten schon hier auf Erden mit unaussprechlicher Seligkeit erfüllt.

Um so viel größer ist aber darum der Anteil an Arbeit, der uns Eltern, zumal uns Müttern, für das Seelenheil derer, die wir ins Leben einführen, zukommt.

Zu diesem Zweck will dies kleine Buch gerade auf einige Punkte hinweisen, bei denen wir unsere Anstrengungen einzusetzen haben.

Wie leitest du dein Kind?

> Man würde die ganze Erziehung und damit die Kinder, die jungen Leute und die Männer bessern, man würde unser Jahrhundert aus der furchtbaren, religiösen Krisis, durch die es jetzt hindurchgeht, befreien, wenn es gelänge, die Mütter umzuwandeln. Und was gehört dazu? Etwas Einfaches und doch Seltenes, was fast allen, selbst der besten Mutter fehlt. Ich meine, das Bewußtsein ihrer göttlichen Kräfte und der Mut, bis zum Ende auszuhalten, wenn es sich um die Seele ihrer Kinder handelt.
>
> Bischof Bougaud.

Ach, wenn wir verständen, unseren Kindern recht zu dienen! Wenn wir sie recht zu lieben wüßten! Aber wir wissen es nicht. Wir sollten leiten, statt bitter, scharf und grob zu schelten. Wir haben nicht genug Geduld, Mut und Hingebung. Wir vergessen, daß der, welcher uns dies Kind gegeben hat, — vorausgesetzt, daß wir es unserer obersten Pflicht gemäß aus Seiner Hand zu empfangen verstanden, — niemals Sein Eigentum verlassen wird. Er wird die für das Wachstum und Erblühen der zarten Blume nötigen Sonnenstrahlen, Wärme und Regen senden.

Wir aber haben darüber zu wachen, daß diese Gaben Seiner väterlichen Fürsorge durch nichts beeinträchtigt werden. Tun wir das? Das große Heer der Mütter, der leiblichen, welche gelitten haben, um Leben zu schaffen, oder der geistigen, welche leiden, um das Leben zu veredeln, vereinigen sie wirklich alle ihre Hände und Herzen, damit die Kinder unseres Geschlechts so behütet, geleitet und geliebt werden, wie sie es bedürfen?

Ach, wieviel Gleichgültigkeit! Wieviel steinharte Herzen! Und doch braucht die Menschheit gute Mütter so dringend, denn von denen, welche keine Mutter haben, von den Verlorenen, steigt ein herzzerreißender Schrei zum Himmel empor.

Es kann nicht besser werden, es kann nicht vorwärts gehen, wenn die Mütter sich nicht auf ihre Pflichten besinnen. Sie sind mehr als alle andern Menschenwesen für das Erdenwohl und Erdenglück verantwortlich. Da liegt ihr Vorrecht, ihre Krone, ja ihre Existenzberechtigung.

Gott helfe ihnen, das zu verstehen!

Verstehst du es?

Das Leben ist so kurz: ein wenig mehr Liebe!

Wie viele Mütter, die in tiefer Trauer mit leeren Armen vor der leeren Wiege sitzen, würden heute die ganze Welt hingeben, um das Kind wieder zu haben, dem sie so oft zuriefen: „Laß mich in Ruh! Ich habe keine Zeit, du störst mich!"

Das Kind brachte eine Botschaft der Geduld, der Freude, der Liebe und des Glaubens. Nun ist es fortgegangen. Seine kleinen Füßchen in den roten Schuhen machen nicht mehr tapp, tapp auf der Treppe, zweimal auf jeder Stufe, noch in den Stuben, die uns nun so öde, so leer und traurig erscheinen. Man hört nicht mehr das herzige, so fröhlich klingende Lachen, das selbst die bittersten Lippen zum freundlichen Lächeln nötigte. Und niemals mehr zeichnet die Morgensonne uns gegenüber an die Wand den kleinen schwarzen, komischen und malerischen Schatten unter dem großen Hute, der wie eine unermüdliche Fliege auf und nieder flatterte.

Das Kindlein ist nicht mehr. Du suchst es vergeblich auf Erden. Deine Tränen rinnen heiß auf das gebrauchte Spielzeug, das du soeben zufällig im Winkel eines Schrankes entdecktest, den du seit deinem Leid nicht mehr geöffnet hattest. Nun fallen dir plötzlich Schuppen von den Augen. Du verstehst, daß du hinfort an der Aufgabe zu lernen hast, die dir das Kind vom Himmel ge=

bracht hatte. Sie wird schwer sein, schwerer als bisher, aber sie muß gelernt werden. Die lieben kleinen Hände strecken sich nicht mehr nach dir aus, aber sie ziehen dich hinauf zum Himmel.

Gar manche von uns Müttern hat in einem Augenblicke, wo sie den müden Nerven oder dem Zorne nachgab, plötzlich die braunen oder die blauen Augen ihres Kindes voll schmerzlichen Erstaunens auf sich gerichtet gesehen! Traf dieser Blick der stummen, wie ein scharfes Schwert dich durchdringenden Mißbilligung, nicht dein tiefstes Herz? Wohl dir, Mutter, wenn es so war, wohl dir, wenn du es nie vergißt! Wohl dir, wenn du an das Wort des Heilands denkst: „Wer dieser Geringsten einen ärgert, dem wäre es besser, daß ein Mühlstein an seinen Hals gehängt werde, und er ersäufet würde im Meere, da es am tiefsten ist!"

Wer könnte es leugnen? Zu den dunkelsten Flecken, zu den beschämendsten Vorgängen des Menschengeschlechts gehört die Geschichte der unglücklichen Kinder. Wird je eine verständnisvolle Seele und eine gewandte Feder sich finden, um die Leiden dieser Kleinen gehörig zu beschreiben? Man hat es oft versucht, aber es ist ein Kapitel ohne Ende.

Bei kleinen Kindern, die in allem übrigen noch zurück sind, ist das Empfindungsvermögen völlig entfaltet. Sie empfinden alles, was ein Wesen fühlen kann. Sie ziehen keine Schlüsse, sie wissen nichts, aber ihre Fähigkeit zu leiden kann nicht groß genug gedacht werden. Darum habt Mitleid mit ihnen. Denkt doch an das Übermaß von Schmerz, das ihr schafft, wenn ihr euer Kind nicht recht versteht.

Was für einen Erwachsenen schon eine hinreichende Strafe wäre, wirkt für die Kleinen wie eine Folterqual.

Wir verſetzen uns nicht in ihre Lage. Wir ergründen
dieſe äußerſt zerbrechlichen Gebilde nicht genug. Rauhes
Anfaſſen wirkt tödlich in ſolchem Alter. Wie viele Kinder
werden jung ins Grab gebettet, welche die Opfer ſchlechter
Behandlung waren, — ich rede nicht nur von Schlägen,
ſondern von dem Mangel an dem Verſtändnis, das ſie zu
ihrem Gedeihen notwendig haben. — — —

Sei nicht hart.

Schilt dein Kind nicht bös oder unartig
wenn du es gut und artig haben willſt.

Darum ja keine Härten bei unſerer Erziehungsarbeit;
jede Heftigkeit, ſo verderblich, weil ſie alles umreißt, ſei
verbannt! Eine gewiſſe Strenge — wenn man will —
und auch da noch Vorſicht, denn Strenge iſt weder die
Einfachheit, welche wohl tut, noch die Kraft, welche wapp=
net — vor allen Dingen aber zeigt Fröhlichkeit, Freudig=
keit und Glück, wenn das kleine Weſen, das freundliches
Lächeln braucht, gedeihen ſoll.

Niemand wird je die Schmerzen der kleinen Opfer
unſerer Leidenſchaften beſchreiben, niemand wird je die
Folgen ſchildern können, die aus unſeren Zornesausbrüchen
entſtehen, welche für Kinder wahre Roheiten bedeuten.
Worte fehlen ihnen ja, um ihre Klagen auszudrücken!
Höchſtens ahnen wir von Zeit zu Zeit aus ihren blaſſen
Mienen, an ihrem ſchmerzlich zuſammengezogenen Munde,
daß das Unglück ſie berührt oder gar unter ſeinem dunklen
Schatten erſtickt hat.

Darf eine Mutter zu ihres Kindes Unglück beitragen? Es steht geschrieben: „Tue dem anderen nicht, was du nicht willst, daß man dir tue!" Dreimal von vieren strafen wir aus Nervenerregung. Solche Strafen darf es in der Erziehung sicherlich nicht geben.

Man versetze sich nur in die Lage dieser Kleinen. Ihre Schmerzen sind tatsächlich groß. Sie leiden unter dem Zusammenbruche eines Kartenhauses geradeso, wie wir unter dem Verluste eines Vermögens. Darum, wenn's uns an Zeit gebricht, um uns zu ihnen zu setzen und ihren Schmerz zu teilen, sollten wir zum mindesten mit einem Lächeln ihnen ein freundliches, mitleidiges Wort zurufen.

Nicht ungeduldig.

Ist dein Kind gerne bei dir? Sucht es dich immerfort? Verlangt es nach deiner Nähe? Wenn nicht, so frage dich, warum? Es handelt sich um seine Zukunft.

Eine der wichtigsten mütterlichen Aufgaben ist die, stets liebenswürdig zu sein. Das menschliche Muttersein beginnt im Sich=selbst=vergessen. Eine Mutter, die das nicht verstünde, würde von manchem Tier beschämt. Denn der wirkliche Wert einer Mutter wird an dem Maße, wie sie zu leiden versteht, gemessen. Niemand hat eine schwerere Aufgabe, niemand müdere Hände, niemand ein leidbelasteteres Herz wie sie. Gott sei gedankt dafür, denn gerade dadurch wird sie befähigt, ihren Beruf zu erfüllen. Sie braucht un=

begrenzte Geduld, Nachsicht, Milde, Liebe und Erbarmen; wie sollte sie, gequält und reizbar, ihr Bestes leisten können!

Die Kinder haben für diese überaus hohe Aufgabe der Mutter ein Verständnis. Ein kleines Kind von vier Jahren, das seine Mutter ungeduldig werden sah, stellte sich vor sie hin, guckte ihr gerade ins Gesicht und sagte: „Jetzt bist du keine Mama mehr, du bist bloß eine Frau!"

Die Zukunft des Kindes ist Sache der Mutter, darum muß ihre Seele die Herrin ihres Körpers sein. Ihre Nerven sollen ruhig, ihr Antlitz wohlwollend, ihre Hand sanft und ihr Herz voll Zärtlichkeit sein. Gottlob, es gibt eine Quelle, aus welcher die christliche Mutter jeden Morgen vor Beginn des Kampfes in langen Zügen trinken kann. Und wenn dir dennoch einige jener scharfen Ausdrücke entschlüpfen, die man, kaum über die Lippen gelassen, bitter bereut, dann einen Blick, einen Schrei hinauf zum Himmel, wo das Kreuz des Herrn dir winkt — und der Sieg ist dein.

Zeige deine Liebe.

Bete für deine Kinder, bete auch täglich mit ihnen. Sagt miteinander Jesu, was euch quält. Bringt vor Ihn alles, was euch beunruhigt und beängstigt. Laß deine Kinder deine Liebe zu dem Herrn ebenso wie Seine Liebe für sie verstehen. Laß sie zu gleicher Zeit an der Fülle deiner mütterlichen Liebe teilnehmen. Wie viele Kinder, die nicht gewußt haben, daß sie geliebt wurden!

„Das ist doch unmöglich," ruft hier jemand, „Kinder fühlen Liebe."

Ach, daß es stets so wäre! Ganz zu schweigen von jenen kleinen Wesen, die niemals einen Kuß erhielten und bei dieser unbekannten, ihnen unverständlichen Berührung völlig teilnahmlos blieben, wie viele Kinder, die sich in ihren eigenen Familien nicht geliebt wissen! Vielleicht sind sie es doch, aber sie ahnen es nicht, weil man versäumte, es ihnen zu zeigen. Vielleicht sind sie es wirklich nicht. In beiden Fällen ist der Schaden unberechenbar.

Die Liebe einer Mutter muß im Gegenteil sich kundgeben, sie muß überströmen, damit das Leben ihrer Kinder ganz davon durchdrungen werde. Darum soll die Mutter nicht mit ihrem Lächeln und mit ihren Küssen kargen. Sie muß liebkosen und liebe Worte aussprechen. Ein Kind muß sich „Liebling, Schatz, Gottesgabe" nennen hören. Nicht allein für kleine Kinder ist dergleichen von ungeheurem Werte, nein, wie viele große Söhne sind vor Versuchungen, wie viele Töchter sind vor den heuchlerischen Worten eines infamen Verführers, vielleicht im letzten Augenblicke, durch die Erinnerung an die warme Zärtlichkeit ihrer Mutter bewahrt worden!

Unsere Kinder müssen eben zwischen den echten Kleinodien und ihren unedlen Nachahmungen unterscheiden lernen. Sie müssen lernen, den Fälschungen der Liebe den Rücken zu kehren. Solange ein kleines Kind oder auch ein großer Sohn sich in den heißen Strahlen der mütterlichen Zärtlichkeit entfaltet, geht alles gut für sie. Denn wie zu einer Rettungsstätte werden sie in den Stunden der Gefahr sich zum heimatlichen Herde flüchten. —

Versäume die Stunde nicht.

Wir müssen unsere Kinder um jeden Preis glücklich zu machen suchen, auch während des sogenannten „undankbaren Alters", wo sie wenig Anziehendes an sich haben. Gerade dann, erst recht dann, bedürfen sie des Glücklichseins.

Der erste Gedanke einer christlichen Mutter am frühen Morgen und ihr letzter, ehe sich die Augen schließen, muß der sein: „Was kann ich für meinen Gott und für meine Familie tun? Wie diene ich meinem himmlischen Vater, und wie mache ich die Meinigen glücklich?"

Wohlverstanden, ich denke da nicht an Vergnügungen, an äußerliche Genüsse, sondern an all die tausend kleinen Zeichen der Fürsorge, an die aus dem Herzen kommenden Aufmerksamkeiten, die zum Glücke des Heims so sehr beitragen. Wir sollten uns geloben, keinen der Unsrigen von uns gehen zu lassen, ohne daß wir ihm ein letztes Liebeswort gesagt haben. Die Welt ist voll von Schlammpfützen, in denen er sich beschmutzen könnte! Unsere Liebe soll durch Gottes Hilfe sein bestes Schutzmittel bedeuten. In jedem Abschiedskusse sollte etwas von der Innigkeit eines allerletzten Lebewohls liegen. Denn ach, wie manche Ehemänner, Söhne, Heißgeliebte, gingen früh fort und überschritten niemals wieder die Schwelle des verlassenen Heimes!

Wissen wir denn, ob wir sie heute abend noch alle besitzen werden? O, daß wir all die unliebsamen und unfreundlichen Worte, die wir am Morgen ihnen sagten, zurücknehmen könnten! Ich sehe noch immer vor mir die Verzweiflung einer Näherin, der man am Mittag ihren achtjährigen Knaben zurückbrachte. Er war durch den Sturz einer Tanne getötet worden. Sie warf sich über seinen Leib und blieb dort liegen, unfähig zu Worten und Tränen. Wir versuchten, sie zu trösten, sie zu entfernen, ihr Worte der Teilnahme zu sagen. Umsonst. Sie war stumm wie der härteste Stein. Endlich, als die andern fortgegangen, blieb ich allein bei ihr. Die Stunden vergingen. Es wurde dunkel.

Da, plötzlich, als ich's am allerwenigsten erwartete, richtete sie sich auf. Ihre Augen glühten, ihr Gesicht sah um zwanzig Jahre gealtert aus, es war aschfahl. Dann sagte sie mit hohler, ganz veränderter Stimme: „Ich hatte ihn, ehe er zur Schule ging, wegen einer Kleinigkeit geschlagen, ich war zornig und sagte, daß er mir eine Qual sei. Seine Lippen zitterten, er hob seine Hände bittend zu mir empor. Aber ich wandte mich ab; da verließ er das Zimmer und weinte. Er hat nicht gewußt, daß ich gleich darauf meinen Ärger bereute, daß ich ihn am liebsten zurückgerufen hätte. Warum habe ich es nicht getan? Er wird mich niemals wieder anschauen, und ich liebte ihn doch so sehr, meinen Sohn, meinen Sohn!"

Ich preßte ihre armen Hände, ich weinte mit ihr. Was hätte ich für einen anderen Trost geben können! Der Herr Christus allein kann solche Wunden verbinden!

Der Tag wird kommen, wo die Unseren abgerufen werden, oder wir von ihnen gehen — und was dann?

Was werden wir empfinden? Wie werden wir von ihnen Abschied nehmen? Werden wir getrost sprechen können: „Himmlischer Vater, alles ist gut. Dein Wille geschehe?" Oder werden wir uns anzuklagen haben: „Ach, daß ich sie doch mehr geliebt hätte, während ich es noch vermochte! Daß ich mein Leben noch einmal leben, es reinigen und heiligen könnte! Daß ich all die Fehler, all die Irrtümer, alle die Ungeduld wieder gutmachen könnte!"

Und später, nach diesem ersten Tage der Abrechnung, wird ein anderer kommen; dort im Jenseits, wo wir mit unseren Kindern, die wir geboren haben, und für die wir verantwortlich waren, vor dem Throne dessen erscheinen werden, der die Wahrheit ist. Vor Seinen Augen werden alle unsre Sünden offenbar werden, wie in einem kristallenen Spiegel. Werden wir alsdann die Worte, die uns die goldenen Tore der Ewigkeit auftun, vernehmen dürfen? „Gehe ein, du fromme und getreue Magd, zu deines Herrn Freude, du bist in wenigem getreu gewesen, Ich will dich über viel setzen!"

Diese Verheißung ist ein Licht auf unserem oft so schweren Wege. Wenn wir auf sie bauen, werden wir fähig sein, das göttliche, an Segnungen reiche Gebot zu erfüllen, das zu uns sagt: „Freut euch in dem Herrn allewege."

Das Lachen unserer Kinder.

<small>Wo sichs um Kinder handelt, ist nur das schlecht zu nennen, was im Schatten geschieht.</small>

Braucht man in der Familie Lachen und Fröhlichsein? Ohne Zögern antworte ich: ja, man braucht es, und zwar recht viel von der besten Sorte, unser aller Wohl verlangt es.

Zunächst das körperliche Wohl, denn unsere Kinder haben das Lachen nötig. Machen wir uns das endlich klar! Lachen ist gesund, heilsam und für die Tätigkeit gewisser Organe unerläßlich. Wie manche geschwollene Milz würde erleichtert werden, wenn ihr Besitzer sie etwas mehr schütteln wollte. Herzhaftes Lachen bewahrt vor Gelbsucht, vor Gallenfieber, vor Magenverstimmung und vor wer weiß sonst noch was . . .

Es ist ein großer Verlust im Leben, wenn man nicht mehr lachen kann. Verlernt es nicht allzu früh und laßt die Jugend um euch herum lachen, soviel sie will. Lacht sogar mit ihr, so oft wie möglich, natürlich unter der Bedingung, daß es ein gutes und schönes Lachen sei, ohne Spottsucht und Unnatur.

Denn — diesen Vorbehalt vorausgeschickt — es gibt ein Lachen, das in keinem christlichen und glücklichen Heim geduldet werden sollte.

Ich meine nicht jene etwas nervösen Lachkrämpfe, die bei jeder Gelegenheit, besonders da, wo junge Mädchen zusammen sind, anfallartig losbrechen; wir kennen unsere Töchterchen, wir wissen, daß nicht viel dazu gehört, um sie bis zum Ersticken lachen zu machen. Eine Gebärde, ein kaum merkliches Verziehen des Gesichtes, ein Nichts, und die Lacherinnen platzen los. Das geht wie eine Tonleiter — wann werden sie aufhören? Niemand weiß es, und sie selbst am wenigsten. Sie lachen — lachen — sie schwelgen in ihrer Lustigkeit.

Das hat einen physischen Hintergrund. Denn diese Lachkrämpfe, wie ich sie eben nannte, finden sich fast nur bei jungen, in der Entwicklung begriffenen, eben zur Reife gekommenen oder kommenden Mädchen. Wir Mütter ärgern uns über diese übertriebene Lustigkeit und tadeln sie streng: „Ach, schon wieder dein dummes Lachen! Nimm dich etwas mehr zusammen!"

Unsere Mißbilligung verwundert die armen Kinder. Sie sehen uns erstaunt an und hören plötzlich auf. Und diese zurückgedrängte Fröhlichkeit taugt nicht für sie.

Laßt sie doch lachen! Es sei denn, daß ihr Lachen wirkliches Unrecht sei, wie ich es vorhin andeutete.

Unsre Kinder, besonders unsre Töchter, sind geneigt, alles Mögliche lächerlich zu finden. Sie haben eine besondere Art, die Dinge von der komischen Seite zu erfassen. An sich ist so etwas nicht schlimm. Es ist sogar eine gute Gabe, doch nur so lange, als sie nicht dazu dient, in Spottsucht auszuarten. Der Spott ist abscheulich, er ist auch gefährlich, denn er hat weder Maß noch Ziel. Er ist ein Abhang, auf dem man weiter gleitet als man ursprünglich wollte. Er wird zur Grausamkeit.

„Das jugendliche Alter ist ohne Erbarmen", sagt der alte Lafontaine. — Ich höre den Einspruch vieler Mütter. Sie sind oft genug bewegten Herzens Zeugen von Äußerungen rührenden Mitleids gewesen. Sie haben gesehen, wie ihre Kinder angesichts eines Leidens in Tränen ausbrachen, wie sie beim Anblick eines kleinen toten Tierchens erbleichen konnten. Sie bewahren in ihrem Herzen die

Erinnerungen an kindliche, der höchsten Selbstverleugnung an Wert gleichkommende Opfer.

Und dennoch verlieren diese selben jugendlichen Wesen, wenn der Spott sie fortreißt, oft jedes Gefühl der Barmherzigkeit. Wie manche gehänselte und gequälte Lehrer und Lehrerinnen könnten ihre Stimme erheben und laut bezeugen, daß vom boshaften Gelächter das Mitleid getötet wird!

Es gibt auch eine Art von Späßen, deren besonders gefährliche Tragweite man nicht hinreichend ahnt. Ganz natürliche Dinge, von denen man mit Achtung sprechen sollte, werden von den Kindern und unglücklicherweise auch oft von den Eltern ins Lächerliche gezogen. — Duldet keine unpassenden Scherze, hütet euch selbst vor dem leisesten Lächeln, wenn es sich um die Erfüllung kleiner kindlicher Verrichtungen handelt. Man macht sich keine Vorstellung von der schädlichen Wirkung, welche dadurch auf die noch reine Phantasie der ersten Jugend ausgeübt wird.

Gerade weil es ein häßliches Spottlachen gibt, müssen wir in unserem Heime um so mehr eine gesunde Heiterkeit pflegen. Die lachenden und glücklichen Kinder sind es gewöhnlich nicht, die Freude daran haben, eine arme Person lächerlich zu machen, einen Unglücklichen zu verspotten oder eine Untergebene zu verhöhnen. Sie denken nicht daran, sich über die Seufzer anderer lustig zu machen oder die Gebote eines Lehrers zur Zielscheibe ihres Witzes zu wählen. Sie werden selten an gewöhnlichen oder geschmacklosen Scherzen Gefallen finden. Nein, solche zweideutigen Vergnügungen werden besonders von solchen Kindern gesucht, denen es ein zwingendes Bedürfnis ist, sich um jeden Preis die Aufheiterung zu verschaffen, um die man sie in ihrem zartesten Alter betrogen hat. —

Also lache und laß lachen! Wenn alle Mütter wüßten, welch kostbares Hilfsmittel ihnen das Lachen für die Erziehung bietet, ihre Aufgabe würde ihnen erleichtert.

Wie das Gestirn des Tages den Boden mit seinen belebenden Strahlen durchdringt, so senkt sich die Heiterkeit bis tief in den Grund der kleinen Menschenseelen, und dort, in diesem geheimen Gebiete, übt sie einen mächtigen Einfluß auf die verborgenen Keime aus. Säet den köstlichsten Samen, er wird nicht aufgehen, es sei denn, daß der Boden von den warmen Liebkosungen des fruchtschaffenden Lichtes erwärmt werde. Prägt einem Kinde die besten Grundsätze ein und versäumt nachher, es mit freundlicher Heiterkeit zu umgeben, — euer Werk wird umsonst sein. Ihr erwartet eine Ernte; sie wird nicht reif. Nun wundert ihr euch, ihr jammert, ihr ergeht euch in bitteren Klagen, denn ihr meint, daß eure Arbeit einen besseren Lohn verdient hätte. Ja, sie hätte ihn verdient — ihr habt aber eben nur einen Teil eurer Pflicht getan. Ihr habt gesät, gewiß, aber dann? Habt ihr das kleine, nach Fröhlichkeit hungrige Herz, unfähig, von selbst Fortschritte zu machen, zu schwach, um aus eigner Kraft zu wachsen, habt ihr es belebt, angeregt, erfreut und begeistert?

Die Ursache mancher verfehlten Erziehung, selbst in christlichen Häusern, war einfach der Mangel an Heiterkeit.

Da ist z. B. eine Mutter, so aufopfernd, wie sie nur sein kann, ganz dem Wohl ihrer Kinder sich widmend. Sie lebt nur für sie. Sie umgibt sie mit der treuesten Fürsorge. Aber sie tut es seufzend, oft sogar verdrießlich. Welch Herzeleid für sie, wenn sie plötzlich entdeckt, daß ihre Kleinen ihr wenig Dank für ihre Mühe wissen! Sie nehmen ihr sogar in einem stillen und unbewußten Groll jeden ihrer Seufzer übel.

Es ist eine Tatsache, daß unsere Kinder geringes Mitgefühl für unseren Kummer haben, wenn sie uns oft verstimmt und verärgert sahen. Es liegt in der Jugend etwas, was den Anspruch auf Glück wie auf ein ihr zukommendes Recht erhebt. In diesem Lebensalter erscheint das Leiden wie eine Ungerechtigkeit, gegen die man sich aufbäumt. Ein junges Wesen, dem ihr alles außer der Fröhlichkeit und dem Lachen gewährt habt, wird die Dankbarkeit gegen euch vergessen. Es wird an die reichen Mahlzeiten, die ihr ihm gespendet, an die warmen Kleider, die ihr ihm besorgt habt, sich nicht erinnern, und wenn es überhaupt darüber nachdächte, so würde seine jugendliche kühle Vernunft ihm sagen, daß es ein Recht auf all das hatte, da ihr ihm ja einst ein von ihm selber nicht erbetenes Dasein aufzwangt.

Mit welcher Rührung hingegen wird euer Kind sich eure liebevolle Heiterkeit, die ihm gewährten Freuden, jeden ihm verschafften Genuß, euer frohsinniges Lachen, eure Scherzworte ins Gedächtnis rufen. Eure Söhne, eure Töchter werden diese Erinnerung wie einen Schatz in ihrer Seele bewahren.

Es gibt viele entscheidende Siege, die nur der heitere Sinn der Mutter möglich macht. Das Kind wird hingegen uns das geringste verdrießliche oder erzürnte Wort nachtragen, besonders wenn es selbst schlecht aufgelegt ist.

Mit gerunzelter Stirn fordert ihr von ihm etwas Schweres, da verweigert es den Gehorsam, es schmollt, oder es widersetzt sich. Dieselbe Anstrengung, mit einem heiteren Blick verlangt, wäre willig und ohne Maulen geleistet worden.

Unsere Kinder wissen unsere Liebenswürdigkeit, unsere Freundlichkeit, die kleinen Dienste, die wir ihnen gerne und freudig leisten, mehr zu schätzen, als wir es ahnen. Sie stellen sie viel höher als unsre Besorgnis und alle unsre mütterlichen Tugenden. Sie haben eben einen anderen Maßstab als wir. Bemühen wir uns, dem Rechnung zu tragen?

Wir sagten, daß die im Schatten wachsenden Blumen schwer zur vollen Entwicklung kommen; nehmen wir uns jeden Morgen vor, den Weg der Unsrigen zu erhellen?

Gewiß, Tage des Kummers und bitterer Prüfung gibt es in jedem Hause. Auch unsere Kinder müssen daran teilhaben, das ist gerecht, und Gott wird ihre und unsre Tränen segnen, — freilich unter einer Bedingung: der Himmel über uns muß klar und blau bleiben.

Wie viele Mütter dagegen werden um einiger kleiner Lachanfälle zur Rechten und zur Linken ärgerlich und nervös. Solche krankhafte Schwäche ist unrecht und töricht. Hüten wir uns, unser Heim zu verdunkeln. Eine Familienmutter muß es hören können, daß ihre Kinder anhaltend und laut lachen. Sie muß von vornherein mit den ihrigen auf einen fröhlichen Ton gestimmt sein. Ein Frühling ohne Sonne, ein Kind ohne Lachen ist unnatürlich, es liegt etwas Widersinniges darin. Wir würden keinem jungen Obstbaum zumuten, ohne Sonne gedeihen zu sollen, aber düstere Eltern wagen es, eine junge Menschenpflanze ohne Fröhlichkeit aufziehen zu wollen? Verdienen sie es dann überhaupt, sie zu besitzen?

Der Vater oder die Mutter, welche zu scherzen verstehen, haben für ihr Erziehungswerk eine köstliche Mitgift von Gott empfangen. Der in ihrer Nähe weilenden Jugend entsprießt daraus ein wirklicher Gewinn.

Die Fröhlichkeit ist sittlich, ist tugendhaft — diese große Wahrheit haben selbst manche Christen sich nicht immer zu Herzen genommen. Und doch sehen unsere entzückten

Augen das Blau des Himmels und das strahlende Licht, das mit seinem Leuchten einem Lächeln von oben gleicht. Rings um uns herum erfüllen süße Düfte die Luft, frisch und rein entfalten sich die Blumen. Die Perlen des Taus glänzen wie Diamanten auf jedem Grashalme. Freude herrscht in dem weiten Hause unseres Gottes, in der mütterlichen Natur. Diese Freude umgibt und durchdringt uns.

Und wir sollten den Menschenblumen, die uns anvertraut sind, nicht die Freude und die Fröhlichkeit gönnen, die sie zu ihrem vollkommenen Erblühen brauchen?

Diejenigen unter uns, welche sich bewußt sind und mit Seufzen spüren, daß ihr Lachen nach und nach eingerostet ist, erinnere ich an das Wort des Apostels Paulus: „Seid fröhlich mit den Fröhlichen!"

Dein Kreuz, deine Krone.

Das Geheimnis der Menschenleitung ist die Selbstbeherrschung.

Selten tun, was man möchte, im Gegenteil, fast stets das machen müssen, was einem unangenehm ist, — sich von früh an zu beeilen haben, und sich doch abends beim Zurückschauen nicht sagen können: „ich habe heute ein wirkliches Werk vollbracht" — sechsmal, achtmal, vielleicht zwan-

zigmal unterbrochen werden, während man einen einzigen
kurzen Brief schreibt — seine Zeit damit verbringen,
anderer Leute Mißgriffe wieder gut zu machen oder ihren
Fehlern vorzubeugen — niemals die Herrin seiner Stun=
den sein, weil die Umgebung darüber mit der friedsam=
sten und der bewußtlosesten Grausamkeit verfügt, — sehr
früh aufstehen müssen, gerade wenn man gern nach einer
schlechten Nacht noch etwas ruhen möchte, überhaupt an
einem chronischen Schlafmangel leiden — mehr geben als
man empfängt, — essen, was die anderen übrig lassen oder
nicht mögen, — sehen, wie sie besser gekleidet, besser ge=
pflegt, weniger ausgenützt sind, als man es selber ist, —
weit über seine Kräfte arbeiten müssen, stets für alles
verantwortlich gemacht werden, zittern und lieben, lei=
den und sich gedulden, manchmal auch gezwungen sein, mit
einer einzigen Mark das anzuschaffen, wozu zwei erfor=
derlich wären, — kurz, ein ewig aufopferndes Leben füh=
ren, das ist dein Kreuz und auch dein Vorrecht, o Fa=
milienmutter!

Vorrecht — ja und tausendmal ja. Denn da, wo im
Heim sich nicht wenigstens eine demütige Hingebung un=
aufhörlich für die anderen opfert, können weder Glück noch
aufrichtige Bekehrungen, noch andere wunderbare und ge=
heimnisvolle, herrliche und göttliche Segnungen der ganzen
Familie zuteil werden.

Solltest du meinen, daß dies Bild übertrieben ist, dann
tust du mir leid. Denn du beweisest damit, daß du deine
schmerzlichsten und darum höchsten, kostbarsten mütterlichen
Aufgaben noch nicht ganz erfaßt hast.

> Was tun mir die bitteren, ungerechten, un-
> liebenswürdigen Worte anderer, wenn ich
> auf die Stimme meines Heilands lausche?

Man hat dich tief verwundet, du gehst auf dein Zimmer, du schließest dich ein und weinst bittere Tränen. Das ist ganz verkehrt.

Man hat dich grob und ungerecht behandelt. Nun denkst du stundenlang darüber nach, statt deine Gedanken davon abzuwenden. Glaubst du, daß du damit auch nur das Mindeste besserst? Hast du das aufrichtige Verlangen, deinem Beleidiger zu helfen, daß er nicht wieder in dieselben Fehler verfällt, willst du nicht abermals durch ähnliche Unbill Schmerz erfahren, so denke lieber darüber nach, wie du ihm dienen kannst. Hast du die Mittel gefunden, so bemühe dich, sie anzuwenden. Und du wirst sehen, es dauert gar nicht lange, so hast du seine Feindschaft überwunden.

Das ist die einzige Weise, die etwas taugt. Auf die Dauer angewendet, wirkt sie fast unfehlbar. Wir können das Böse durch das Gute überwinden.

Und sollten wir wirklich merken, daß wir trotz allen Dienens das Böse bei den anderen nicht niederschlagen können, so gibt es ein zweites erprobtes Mittel: wir sollen bei uns selbst anfangen und an unserer eigenen Besserung angestrengt arbeiten.

Dann kommt der Sieg, wenn auch langsam, so doch sicher.

Bleibe also heiter und gelassen, selbst wenn's um dich her stürmt. Gott hat von vornherein jedes unsrer Tagewerke zu unsrem Besten richtig abgemessen. Was getan werden muß, ist genau die Aufgabe, welche Er mir gestellt hat. Er wird mir auch die nötige Zeit, Kraft und Fähigkeit zu ihrer Erfüllung geben. Und wenn es mir Leiden schafft, so kommt das auch von Ihm, damit ich meine Knie beuge, damit ich meine Nächsten besser verstehe, damit ich, losgelöst vom Irdischen, mich nach der ewigen Ruhe sehne.

Wenn Er von den heranstürmenden Versuchungen mich nicht befreit hat, so geschieht es deshalb, daß ich mich in Seine Arme werfe, um Seine große Liebe zu ermessen.

Er hat die Schwierigkeiten zugelassen, die sich auf meinem Wege anhäufen, damit ich an Demut wachse und bei Seiner Kraft die Hilfe suche. Ich muß um meiner Eitelkeit willen durch solche Schule gehen. Ohne sie würde ich nur auf meinen eigenen Wert vertrauen, und bald müßte der schmerzlichste moralische Bankrott über mich hereinbrechen.

Wie bekommt das Leben wirklichen Gehalt, wenn es auf diese, einer christlichen, charaktervollen und ergebenen Mutter allein möglichen Weise angesehen wird!

Wie gewinnt dann die ihrer Erlösung gewiß und in sich still gewordene Seele für die gegenwärtigen und zukünftigen Kämpfe Kraft, Weisheit, Liebe, Hoffnung und vollkommenen Frieden!

Geduld.

<small>Daß sie sich ganz vergißt und leben
mag nur in den andern. Goethe.</small>

Ihrer sieben, große und kleine, sitzen um den Abend=
tisch herum; alle sind hungrig und besonders sehr ungeduldig.
Man hat schon zweimal geläutet. Die Hausfrau ist aber
noch nicht da und keiner mag anfangen, wenn sie fehlt,
denn ohne ihre Anwesenheit und ohne ihr Gebet würde
das Essen nur halb so gut schmecken.

„Warum kommt sie nicht?" fragt der zweite Sohn
unzufrieden. „Sie weiß doch, daß wir auf sie warten."

„Und der Reis wird ganz kalt werden," fügt Luischen
naserümpfend hinzu, eine Gewohnheit, die sie stets hat,
wenn ihr etwas nicht nach Wunsch geht.

Die Mutter steht indessen vor dem Bade des Kleinsten.
Den ganzen Nachmittag hat er im Sande gespielt und sich
so viel davon in die rosigen Ohren und zwischen die kleinen
Zehen gestopft, daß kaltes Wasser nicht genügt hätte, ihn
zu reinigen. Man hat durchaus ein warmes Bad bereiten
müssen, und diese unvorhergesehene Mehrarbeit hat die
Zeit der Hausfrau so belastet, daß sie sich verspätete.

„Mach schnell, mach schnell, Märchen," wiederholt sie
alle Minuten.

Er aber besteht darauf, seine Abwaschung gewissenhaft
zu beenden und weist jede Hilfe zurück. Ihren Rock mit
einer großen Sicherheitsnadel hochgeschürzt, hat Mama

mehrmals versucht einzugreifen. Alles umsonst. Der Kleine
setzt sich lautlachend auf den großen Schwamm und ver=
jagt sie durch furchtbares Geplantsche.

Sie ist mit diesem Betragen nicht sehr zufrieden, denn
sie weiß aus Erfahrung, daß wenn sie während der Mahl=
zeit, vom Tische, wo sie alle zu bedienen hat, auch noch
hinaufspringen muß, um dem Kleinen sein Süppchen zu
reichen, diese Aufgabe über ihre Kräfte geht. „Wenn nur
die Großen warten könnten!" Aber darauf ist nicht zu
rechnen.

Durch zärtliche Ermutigungen, deren Geheimnis nur
Müttern bekannt ist, gelingt es ihr endlich, die Wasch=
operation ein klein wenig zu beschleunigen, und nun sitzt
Märchen, glänzend vor Sauberkeit, in seinem Bett. In
einer Hand hält er den Löffel, in der anderen ein Brötchen.
Mit hoffnungsvollem Lächeln schaut er auf seinen einladen=
den, bereitgehaltenen Teller.

Jetzt kommt Frau N. endlich die Treppe herunter=
gesprungen, und bei ihrem Anblick glätten sich die Gesichter.

Sie gießt den Tee und die Milch ein, läßt Fleisch
und Reis herumgehen, ermutigt jeden, sich zu bedienen,
beaufsichtigt alle Teller und vergißt niemand! Es ist
sehr angenehm für alle. Die jüngsten Kinder essen gekochte
Eier, eins der Töchterchen wirft dabei regelmäßig seinen
Eierbecher um. Die Mutter hält ihn deshalb mit der
linken Hand fest, während sie mit der rechten den Tee
einschenkt. Die Teekanne verbrennt sie ein wenig, doch
was schadet's!

Auch sie ist hungrig. Die Kinder haben um vier Uhr
ihren Kaffee getrunken, aber sie selber hatte nicht Zeit,
etwas zu genießen. Es war Wäschetag, und bis alles
durchgesehen, gezählt und in Ordnung gebracht wurde,
war die Kaffeestunde längst vorüber. „Ich werde um so

besseren Appetit heute abend haben," hatte sie sich gleich=
mütig gesagt. Richtig, ihr Magen knurrt, sie hat ein
Schwindelgefühl.

Und doch darf sie nicht daran denken, ihren Teller
zu füllen. Es ist noch zuviel zu tun.

Die Fleischschüssel ist im Nu leer geworden, sie muß
dem Dienstmädchen klingeln, um den gestrigen großen Bra=
ten wieder hereinzubringen, der ihr als ein mächtiger Vor=
rat vorschwebte, der aber seitdem ganz erstaunlich abge=
nommen hat. Das Tranchiermesser ist stumpf, dünne hübsche
Scheiben, wie Vater und Kinder sie gerne mögen, lassen sich
schwer damit schneiden. Die Mutter tut ihr Bestes, aber
ein kleiner Seufzer entschlüpft ihr doch, und ihre Stirne
bewölkt sich.

„Willst du mir das Brot streichen?" bittet Georg, der
neunjährige, „es schmeckt viel besser, wenn du's tust, liebe
Mama, du legst immer mehr Butter darauf wie die andern."

Mama versucht zu lächeln, doch es gelingt ihr nicht
mehr ganz. In diesem Augenblick wird sie von zwei Sei=
ten zugleich gerufen. Aus der ersten Etage erklingt Mär=
chens schrille Stimme, die nach einem neuen Teller Suppe
verlangt, und vom oberen Ende des Tisches wird sie von
ihrem Manne angeredet. Dieser ist soeben erst erschienen,
hat Platz genommen und wirft forschende Blicke um sich.
„Wo ist mein Salat?" fragt er mit gerunzelter Stirn.

Das Auge der Hausfrau überblickt rasch alle vor
ihr stehenden Schüsseln. Wirklich, der gewohnte Salat ist
leider vergessen worden. Schnell drückt sie auf den Glocken=
knopf und befiehlt, ihn sofort zu bringen. Gleich ist er
da, und das Dienstmädchen will ihn ihr überreichen.

„Nein, bitte, stellen Sie die Schüssel vor den Herrn,"
sagt die Hausfrau.

Aber dieser protestiert: „Mach ihn mir zurecht, ich

kann ihn doch nicht als bloßes grünes Kraut essen!" Sein
Ton ist etwas kurz angebunden, und das Dienstmädchen
wird stutzig. Das Porzellangefäß in der Hand, schaut sie,
unschlüssig, wem sie gehorchen soll, zuerst die eine, dann die
andere Herrschaft an.

„Aber, Mama, mein Butterbrot," wiederholt Georg
dringend!

Und von oben herab hört man eine kleine klagende
Stimme. „Ich möchte meine Suppe, bringt sie mir schnell,
bitte, bitte!"

Dies „Bitte, bitte" trägt den Sieg davon mitten in
diesem Pflichtengewirre. Frau N. legt ihre Serviette hin
und steht auf.

„Wenn du heute deinen Salat selber machen wolltest,
lieber Mann," sagt sie ermutigend. „Essig und Öl stehen
vor dir und du verstehst so gut, ihn zu mischen."

Aber der Gatte wehrt ungeduldig ab. „Warum soll
ich das tun?" Er sieht müde aus, ganz gewiß ist auf
seinem Bureau heute nachmittag nicht alles glatt gegangen.

Trotz ihrer eigenen Erschöpfung bemitleidet ihn die
Mutter; fast würde sie sich selber daran machen und also
den strittigen Punkt schlichten. Sie weiß aber, daß es un=
möglich ist, alles zu vereinigen und verzichtet darauf. Des=
halb sagt sie im Vorbeigehen ihrem Manne ins Ohr: „Bitte,
mische ihn doch selber, ich habe ja hunderterlei zu tun."

Aber als sie drei Minuten später wieder herunter=
kommt, bereut sie ihr Ansinnen, denn sie sieht auf der
Stirne ihres Gemahls die Anzeichen einer herannahenden
Wolke. Herr N. liebt nicht den Widerspruch, er mischt
mit zusammengekniffenen Lippen und etwas hastigen Ge=
bärden seinen Salat.

Glücklicherweise ist aber der Reis gut gelungen und
das Fleisch zart; seine Frau reicht ihm einen Teller mit

ganz dünn geschnittenen Scheiben, gerade wie er sie gerne mag. Der Nebel verteilt sich also etwas, während er ißt, und als der große, dampfende, goldbraune Pudding erscheint, fühlt sich Herr N. wohl geneigt, zu vergeben —, wenigstens zu dreiviertel.

Er bedient sich reichlich, während seine Frau, die noch nicht einen einzigen Bissen an die Lippen gebracht hat, fortfährt, den Tee zu servieren, den Zucker zu verteilen, das Brot zu schneiden, die Kleinen zu versorgen und ihre Anordnungen für alles und für alle zu treffen.

Seltsam, sie ist nicht mehr hungrig. Seit der Salataffäre ist es, als ob eine harte Kugel ihr im Halse säße, die es ihr unmöglich macht, etwas Festes herunterzuschlucken. Leise und mit einem bitteren Anfluge sagt sie zu sich selber: „Du hattest eben vergessen, daß, wenn die andern zum Essen sich zu Tische setzen, du nur Platz zu nehmen hast, um sie zu bedienen."

„Milch! gibt's denn keine Milch mehr," tönt plötzlich die laute Stimme des Hausherren. Frau N. beeilt sich, zu klingeln und der große dickbäuchige Topf, zum zweitenmal bis an den Rand gefüllt, geht von Hand zu Hand um den Tisch herum. — „Gern tränke ich auch ein bißchen, wenn sie mir etwas übrig lassen," denkt sie bei sich, glücklich immerhin über den guten Appetit ihres Volkes.

Die älteste Tochter hat es erraten, und als die Reihe an sie kommt, bedient sie sie mit liebendem Blick.

Frau N. hatte sich soeben den Tränen nahe gefühlt, mit einer schnellen Anstrengung drängt sie sie zurück: „Wie dumm, so nervös zu sein, das kommt von der Müdigkeit." Und sie schluckt tapfer den Inhalt ihrer Tasse hinunter, in welche sie das von Märchen zerbröckelte Brötchen getan hat, darf doch eine rechte Hausmutter niemals etwas umkommen lassen.

„Ist man endlich fertig?" fragt Herr N., der, wohlgesättigt, seine gewöhnliche gute Laune wieder erlangt hat. Die Kinder, von der Lust zum Spiele gedrängt, rufen eifrig: ja. Nur die eine Tochter bemerkt nachdenklich: „Wir sind alle fertig, mit Ausnahme von Mama, die soeben erst anfängt!"

Doch niemand hört darauf, und im Augenblick sind alle aufgestanden.

„Laß uns hier noch ein wenig zusammenbleiben, liebe Mutter," sagt Lotte zärtlich. „Wir werden miteinander essen; ich bin auch noch nicht fertig. Und es wird so nett sein."

Aber Frau N. ist nicht so freundlich gesinnt wie sonst. Allerhand trübe und unzusammenhängende Gedanken kreuzen sich in ihrem Hirn. „Auch das noch! Kaum sind sie fertig, da laufen sie alle fort, und keiner fragt danach, ob ich hungrig bin, ob ich überhaupt etwas gegessen habe. Und dabei nennt man mich — o höchste Ironie —: Herrin des Hauses! Die Sklavin sollte es heißen, für die das Schlechteste gut genug ist, und an welche die wenigsten denken."

Arme Frau N.! Sie ist heute entschieden melancholisch. Wo ist denn ihr frischer Mut geblieben? Und warum hat ihr Mann nicht zu erraten vermocht, daß gerade jetzt ein kleines, zärtliches, teilnehmendes Wörtchen ihr unendlich gut getan haben würde? Männer sind im allgemeinen nicht besonders scharfsichtig gegenüber den dunklen Momenten im Leben ihrer Frau, und Herr N., der doch keiner von den schlechtesten ist, bildet keine Ausnahme von der Regel. Die Hände in den Taschen, nunmehr mit zufriedenem Blick, nähert er sich ihr und faßt sie mit etwas herablassender Miene am Kinn.

„Warum waren wir denn vorhin so übellaunisch, kleines Weibchen?"

Frau N. schaut ihm starr ins Gesicht. Sie möchte laut aufschluchzen oder in bitteren Vorwürfen sich ergehen. Gern würfe sie ihm an den Kopf, was sie leise und heimlich, „die unbegreifliche männliche Selbstsucht" nennt. Aber die Vernunft siegt, und sie begnügt sich damit, in ein Lachen auszubrechen, das freilich erzwungen und trauriger als Tränen klingt.

Herr N., der kein feines Ohr besitzt, ist aber damit vollständig befriedigt.

„Versetz dich einmal in die Lage eines todmüden Mannes," sagt er, „man reicht mir den Reis, ich bediene mich und sollte dann noch meinen Salat selber zurecht machen; das ist wirklich zu viel verlangt. Fast wäre mein Abendbrot nicht mehr heiß genug gewesen! Na, für diesmal will ich's gut sein lassen. Aber du kannst dankbar sein, daß du so einen geduldigen Mann geheiratet hast!"

Mächtig stolz über die Großmut, die er eben bewiesen, dreht er sich auf den Hacken herum und entfernt sich majestätisch, während Frau N. mit vor stummer Entrüstung klopfendem Herzen gegenüber ihrem leeren Teller sitzen bleibt.

Nun ist aber die Stunde gekommen, mit Märchen, wie alle Abend zu beten. Sie erhebt sich und steigt die Treppe hinauf, leise, aber bitterlich seufzend. Ihre Schritte sind langsam, schwer und müde. Ihr Magen bäumt sich gegen die wenigen, ihm in Hast aufgedrängten Bissen auf, die er annehmen mußte, gerade in dem Augenblick, wo das Herz vor Groll brannte.

Sie geht über den Flur und nähert sich von hinten dem Bette Märchens, den sie zwischen den Kissen, auf dem Bauche liegend, erblickt, welche komische Lage er bei seiner Abendandacht einzunehmen pflegt. Das weiße Hemd um=

hüllt ihn ganz. Er sieht wie eine große, dicke, hellleuchtende Wulst aus.

Das Gesicht in seine Händchen begraben, hat er die Ankunft seiner Mutter nicht gemerkt.

Achtungsvoll bleibt diese stehen und hört auf ihres Kindes Stimme, auf die heißgeliebte, welche die Worte des alten Gebets wiederholt: „Vergib uns unsre Schuld, wie wir vergeben allen unsern Schuldigern."

Er betont sehr das Wörtchen allen, die Mutter errät, daß er an die drei Buben denkt, die, wie sie es heute zufällig unterwegs gesehen, ihm die Mütze weggenommen hatten, und gegen deren Angriff er sich mit der ganzen Kraft seiner kleinen Fäuste zu verteidigen suchte.

Dann dreht er sich mit einem Ruck um, und als er seine Mama erblickt, schickt er ihr mit seinem süßesten Lächeln ein Küßchen zu. Kann sie ihm weniger zärtlich antworten? Frau N. fühlt, wie der Rest ihrer Bitterkeit, dem Eise gleich, in heißer Sonnenglut, vergeht. Ohne ein Wort zu sagen, drückt sie das Büblein an ihr Herz, denn seine veilchenblauen Augen schließen sich schon zum Schlaf.

In der Tat, gleich darauf ist er eingeschlummert. Mit dem kleinen, rosigen Daumen zwischen den Lippen liegt er hingegossen da, ein Bild völligen Vertrauens. Seine Mutter ist entzückt von diesem holden Anblick, während ihre Züge weich werden und ihre Hände sich unwillkürlich über ihren Busen kreuzen. —

Als an jenem Abend zwischen zehn und elf Uhr die Familienmutter nach ihrer Gewohnheit im Hause herumging, um alle Kinder in ihren Bettchen schlafen zu sehen, wurde in ihr die bei Märchens Gebet schon empfundene

Reue noch dringender. „Worüber habe ich denn eigentlich geklagt," sagte sie sich beschämt. „Sind mir meine Mühen zuviel? Warum denn? Sind sie nicht ein selbstverständlicher Teil meines mütterlichen Berufs und sogar ein wirkliches Vorrecht meiner Liebe? Denn wahrlich, wenn alles stets leicht wäre, würde ich die mir von Gott Gegebenen weniger lieben und mein Herz würde in friedlichen Stunden, wie diese, nicht voll Dankbarkeit gegen den Herrn sich erheben, der mir sie alle unter vielen Heimsuchungen und Kämpfen bis heute erhalten hat. Sicherlich wird Er uns auch bis zum Ziele bringen, und eines Tages an Seines Thrones Stufen vollen friedlichen Triumph gnädig schenken. Bis dahin muß aber meine Aufgabe Geduld, Liebe, Friede, ja, sogar Freude unter allen Umständen und in allen Lagen sein. Die kleinen Dornen auf dem Wege werde ich nicht sehen, wenn ich meine Augen hebe zu den Bergen, wo Er regiert und von wo aus Er im voraus jeden Schmerz gemessen hat, sowie ich Ihn nötig habe, um selber ans Ziel zu kommen, damit ich völlig geheiligt die mir Anvertrauten durch Seine Gnade auch dahin führen möchte!"

Und als ihr Mann ins Zimmer trat, schaute Frau N. ihn mit so sonnigen Augen und so liebendem Lächeln an, daß er wie geblendet war. Da stieg in ihm plötzlich eine Ahnung der wunderbaren Dinge auf, in denen der wahre, bis in die Ewigkeit dauernde Schatz unseres Lebens liegt.

„Du bist mein guter Engel, Helene!"

Ein wenig später war's im ganzen Haus stille geworden, sie schliefen alle unter dem klaren Himmelszelt, von dem unzählige Sterne heller und heller leuchtend auf den jungen Morgen warteten, gleich wie wir dem neuen, von

unserem himmlischen Vater in Seinen geheimnisvollen Ge=
danken uns bereiteten Gnadentage entgegengehen.

*Anderer Leute Fehler sollen wir nur sehen
um sie zu vergeben, oder um sie bessern zu
helfen.*

Es gibt einiges, was selbst der allerbeste Ehemann
nicht versteht. Die Männer sind eben anders wie wir,
und wir sind anders wie sie; in der Liebe trifft man sich
aber, wenn auch vielleicht nicht immer auf der Mitte des
Weges, so doch irgendwo.

Es gilt nur, dem anderen soweit entgegenzugehen, bis
man ihm in die Arme fallen kann, nachdem man seine
eignen ihm schon von weitem entgegengestreckt hat.

Ob man dabei dreiviertel der Entfernung oder gar
noch mehr durchwandert, ist ganz gleich. Wichtig ist nur,
daß man sich bald treffe. Nimm deinen Mann, wie er ist,
und danke Gott, daß du ihn besitzest. Witwe sein ist eins
der allerbittersten, ja, eines der grausigsten Lose. Blieb es
dir bis heute erspart, dann verfügst du über solche Schätze
von Vorrechten, daß du wohl daraus die Kräfte schöpfen
kannst, einiges zu ertragen.

Man erzählt, daß eine reiche, verwöhnte Frau sich
eines Tages hinreißen ließ, einer braven Tagelöhnerin,
die sie von Kind auf kannte, ihr Unverstandensein vorzu=
klagen. Diese hörte mit offenem Munde zu, es sah aus,
als ob sie nicht recht begriffe. Und wirklich, als ihr vor=
nehmes Gegenüber endlich schwieg, sagte sie: „Wollen
gnädige Frau mir nochmals Ihren Kummer erklären?
Haben Sie schon Ihre Kinder um Brot bitterlich weinen

hören, weil Sie ihnen keins zu geben hatten? Oder hat Sie Ihr Gatte geschlagen, da Sie treu für ihn sorgten? Oder mußten Sie um des notwendigen Verdienstes willen, Ihre Lieben, Tag um Tag, selbst wenn die Kinder klein waren und Ihr Mann todkrank darniederlag, verlassen?"

Und als die Unzufriedene alles das entschieden verneinte, fügte die arme Frau hinzu: „Worüber klagen Sie denn dann?"

Wenn uns die Kinder richten....

> Wir sind nur in den Augenblicken wahrhaft glücklich, wo wir uns mit Gott, dem ewigen Urgrunde und dem Erfüller alles Guten, Eins fühlen.
>
> Beweist das nicht, daß das Gute unser Element ist, und es immer mehr werden soll?

Das Kind hat Empfindungen von außerordentlicher Zartheit. Die Aufgabe der Erziehung ist, dieselben zu pflegen.

In der Einfalt ihres Herzens halten uns die Kinder für vollkommen — bis zu dem Tage hin, wo, dank ihres ebenso außerordentlichen Scharfblicks, sie auf einmal diesen oder jenen, wenn nicht gar mehrere unserer Fehler entdecken. —

Sie hören uns lügen, sie sehen unsere Ungerechtigkeit, sie sind Zeugen unserer Zornesausbrüche oder unserer schlechten Laune, sie bemerken unsere Trägheit, sie belauschen unfere Klagen, — welche Verwirrung in ihren jungen Seelen!

Hin und her gezerrt zwischen einem Rest von Achtung und einer unbedingten Verurteilung — denn das Kind weiß nichts von mildernden Umständen und kennt keine feinen Unterschiede — wie soll sich sein Charakter harmonisch entfalten, wie können wir ihm fortan noch Gutes tun? Es wird unwillkürlich, ohne sich darüber Rechenschaft zu geben, sein Urteil über uns fällen, ein Urteil, das schwerlich mehr bis auf den Grund revidiert wird. Wir haben seine Achtung verscherzt, sein Vertrauen verloren, jedenfalls auf lange Zeit, vielleicht auf immer.

So kommt es manchmal, daß das, was unsere Kinder versprachen, nicht in Erfüllung geht.

Aber damit nicht genug; diese unsere Fehler haben eine größere Tragweite, denn alles findet sich auf Erden wieder, für alles wird bezahlt; die Sünden des Familienlebens werden in der Öffentlichkeit gerächt —, die Welt kränkelt an den durch unsere Schuld geschlagenen Wunden!

Respekt vor ihrer Gedankenwelt.

Das Gewissen zu erziehen ist das Höchste.

Die Respektsfrage hat ein anderes Gesicht bekommen seit jener weit hinter uns liegenden Zeit, wo die Kinder mit der tiefsten Ehrerbietung ihre Eltern mit „Sie" anredeten, wo sie jeden Befehl mit einer höflichen Verbeugung hinnahmen, wo sie mit der Versicherung, ihre größte Ehre und ihr höchstes Glück in der Unterwerfung zu sehen, stets gehorchten, kurz, wo alles anders war wie heute.

Eine moderne Schriftstellerin hat unser Jahrhundert „das Jahrhundert des Kindes" genannt, eine, wie mir scheint, nicht üble Bezeichnung. Die modernen Kinder sind wirklich anders als die von ehedem, und ihre Ehrerbietung hat beträchtlich abgenommen. Wie sollen wir sie wieder gewinnen?

Dabei hat das sich von uns loslösende, uns richtende, sich zu allem fähig haltende, über alles lachende junge Geschlecht ein Vorbild, dem es nachstreben möchte. Wer ist es? — — — Wir! — — — Ja, gewiß. Wir sind das Vorbild unserer Kinder, aus denen immer etwa das wird, was wir aus ihnen zu machen verstehen, wenn wir es mit Gott wollen. Denn man erreicht in der Regel das, was man verdient, wie der Spiegel die Bilder wiedergibt, welche auf ihn fallen. Sollen die Kinder uns achten, so müssen wir sie nach ihrem himmlischen Ursprung schätzen, den Gott mit dem Worte besiegelt hat: „Lasset uns Menschen machen, ein Bild, das uns gleich sei." Geben wir dieser göttlichen, für jeden Fortschritt unentbehrlichen Herkunft die ihr gebührende Ehre? Und vor allem, sind unsere Kinder aus einer Tat demutsvoller Weihe vor Gott, der uns zu Seinen schöpferischen Mitarbeitern berufen hat, hervorgegangen? Begreifen alle Eltern die ungeheure Verantwortung, die ihnen durch die Geburt ihrer Kinder auferlegt ist? Diese Kinder sind alle für die Unsterblichkeit bestimmt. Und doch gibt es leider Eltern, auch unter Christen, die so wenig Achtung vor einem ihnen am nächsten stehenden und auf sie für seinen Eintritt ins Leben angewiesenen Kinde haben, daß sie es nicht wie einen Gesandten des höchsten Königs, sondern wie einen kleinen Eindringling betrachten!

Neugeborene, die nicht mit Freude begrüßt werden, sind wie von vornherein Enterbte. Habt ihr schon einmal an einem Tische gesessen, wo ihr nicht gern gesehen wurdet? Habt ihr an einer Mahlzeit teilgenommen, die man euch nicht gönnte? Dann werdet ihr etwas von den unheilbaren Wunden ahnen, welche diesen so empfänglichen kleinen Seelen geschlagen werden. Die Kinder erfahren schon vom allerfrühesten Alter an den Einfluß ihrer Umgebung. Ist dieselbe von Achtung für das Edelste durchdrungen, so wird diese Tugend ihrem Herzen eingeprägt, — ist das nicht der Fall, so ist kein Raum da für den Respekt.

Wir sagten es schon: die ersten Eindrücke sind nicht gleichgültig. Es ist bloß ein Neugeborenes, ein kleiner Säugling. Er kann noch nicht sprechen, aber er hört. Es sind entweder sanfte, liebevolle Stimmen, die zu Gott Gebete senden, oder — leichtfertige Töne, harte Worte, Zornesausbrüche, Verwünschungen, abscheuliche Flüche und Lästerungen. Wie soll da das Kind auf das Gute gerichtet und mit Ehrfurcht für das Höchste erfüllt werden?

Ihr habt seine ersten Eindrücke gefälscht, ihr habt es vom Beginn seiner Erdenlaufbahn mit Schlechtem umgeben. Und nun kommen die Folgen solchen Anfangs! Wenn wir in ihnen eine heilige Achtung erwirken wollen, müssen wir zuvor sie selber mit Achtung behandeln, daß nichts Gemeines ihnen nahe.

Warum beschuldigt man sie so oft mit Unrecht, indem man bei jeder Gelegenheit zu ihnen sagt: „Du bist bös, unartig, du taugst nichts, du hast gelogen!" Sie wollten nicht schlecht, böse, lügnerisch sein. Und wenn sie es doch waren, so haben sie wahrscheinlich nur wiedergegeben, was sie von ihrer Umgebung aufgenommen hatten.

Oft ist auch körperliches Unwohlsein die Ursache kindlicher Missetaten. Bis zum zehnten Jahre kann man getrost einen wichtigen Teil davon dem Gesundheitszustande zurechnen. Wir urteilen falsch über die Kinder, weil wir sie nicht genug kennen. Und wie oft verdächtigen wir sie ungerecht!

Ein Familienvater saß in seiner Studierstube. Plötzlich klingelte es an der elektrischen Glocke neben ihm scharf und energisch.

Er fährt auf, läuft zur Küche. „Therese, wer hat geklingelt?" „Ich nicht, Herr Doktor." „Aber wer denn sonst?" „Ich weiß es nicht." Er geht zum Hausmädchen. „Sind Sie es gewesen, Marie?" „Nein, Herr Doktor, aber vielleicht die Kinder draußen auf der Terrasse".... „Gut, dann sagen Sie den Kindern, daß sie das lassen sollen, sie stören mich." „Jawohl, Herr Doktor."

Der Vater begibt sich an seine Arbeit zurück. Eine halbe Sekunde darauf... Trrr! Die Glocke schallt lauter als vorher.

Der arme Mann ist außer sich, er öffnet die Türe. „Marie, sagen Sie den Kindern, sie sollen aufhören zu klingeln!" Er setzt sich wieder hin. Trrr! der scheußliche, gräßliche Lärm! Nun aber ist's zuviel. Auch der beste Vater kann wild werden. Er stürzt auf die Terrasse hinaus.

Es ist nur ein kleines fünfjähriges Bübchen da. „Heinrich, hast du geklingelt?" „Nein, Papa, ich habe nicht geklingelt." „Was, nein? Du sagst, du hättest nicht geklingelt?"

Herr X, am Ende seiner Geduld, wollte eben den kleinen Missetäter anfassen und ihm eine gehörige Züchtigung verabfolgen. Aber er besann sich. Ihm lag daran, seine Kinder zu verstehen und sich an ihre Stelle zu versetzen.

Da standen sie, Vater und Sohn, vor einander, und schauten sich an. Das Herz des kleinen Heinrich pochte laut, er begriff nicht, warum Papa so böse aussah, er hatte Lust zu weinen. Seine Augen füllten sich schon mit Tränen.

Herr X fühlte, daß er es anders anfangen müsse. Er nahm sein Söhnchen auf die Knie und liebkoste es. „Was machst du denn? Erzähle mir, womit du spielst? Mit deinem Schimmel?"

Gleich war Heinrich beruhigt. „O nein, Papa," antwortete er treuherzig, „mit etwas viel Netterem. Ich habe einen kleinen Knopf entdeckt. Schau, man kann ihn ganz tief in die Mauer drücken. Nicht wahr, es ist ein Tierchen?"

Man kann sich denken, wie der Vater den kleinen Mann küßte, der die elektrische Klingel für ein Tier hielt! Er hatte noch nicht Physik studiert, er konnte gottlob, auch noch nicht lügen. Aber sicherlich hätte er von heute an etwas von diesem letzteren gelernt — wenn sein Vater mit grober Stimme zu ihm gesagt hätte: „Heinrich, du hast gelogen, du hattest doch geklingelt." —

Es gibt mancherlei Unstimmigkeiten zwischen Jungen und Alten. Wenn es ihnen nicht gelingt, sich zu verstehen, so kann der Graben, der sie trennt, bis zur Unüberbrückbarkeit breit werden. Darum müssen wir, die Erzieher, uns zu der Fassungskraft derer hinablassen, die uns anvertraut sind. Wir können nicht von ihnen verlangen, daß sie sich zu unserer Höhe erheben sollen, deshalb müssen wir die Individualität, die Eigenart, den besonderen Charakter des Kindes beachten. Das Wörterbuch sagt uns, daß Respektieren auf jemanden Rücksicht nehmen heißt. Wir lassen es an Rücksicht fehlen bei unseren Kindern. Wir lassen sie ungescheut allerlei Böses, Streit, Kritiken,

Spöttereien, Lügen usw. hören. „Bist du gewiß, daß du nicht lügst?" Solch ein Wort ist einfach ein Verbrechen. Selbst wenn wir getäuscht worden wären, müssen wir ihnen jenes Vertrauen, durch das sie emporgehoben, gereinigt, geheiligt werden, sowie jene Liebe bezeugen, die an den Sieg des Guten über das Böse glaubt und von vornherein auf denselben rechnet. Was wären wir, wenn wir zu denen, die wir erziehen wollen, kein Vertrauen hätten? Ein Philosoph unserer Tage hat gesagt: „Wir schaffen die Wahrheit, indem wir an sie glauben!" Um wieviel mehr schaffen wir das Gute, indem wir es bei denen voraussetzen, die vielleicht noch nicht dafür erschlossen sind, in deren Seelen aber die Keime dazu liegen, die durch das Vertrauen unsrerseits lebendig gemacht, durch unsre Liebe entwickelt und durch unsre Achtung gestärkt werden!

Kindesvertrauen.

Wenn deine Erziehung deines Kindes Gewissen schärft und beleuchtet, dann ist sie etwas wert, sonst nicht!

Mütter fragen oft: „Wie soll ich's anfangen, das Vertrauen meines Sohnes zu erwerben!"

Die Frage ist schief gestellt. Es ist schwer, das Vertrauen eines Kindes zu erwerben, wenn man erst bemerkt, daß es uns fehlt. Es ist dann sogar fast unmöglich. Du durftest eben diesen kostbaren Reichtum nicht verlieren.

Es gehörte dir damals, als das Kind vielleicht sieben- oder achtjährig war, und als es in seiner Lebhaftigkeit deine Ohren mit Erzählungen bestürmte, mit Berichten, die alle die Heldentaten seiner neugebackenen Schülerwürde behandelten. Haft du ihm damals Anteilnahme bezeigt, hat sein Redefluß dich interessiert, hast du ihn ermutigt, dir alles, ausnahmslos alles, mitzuteilen? Verstandest du es, Zeit zu finden, ihm ohne Ungeduld, mit einem schönen, zärtlichen Lächeln und mit fröhlicher Kameradschaft zuzuhören?

Oder hast du ihn zurückgestoßen? Es braucht so wenig, um diese zarte Harmlosigkeit der ganz Kleinen verwelken zu lassen. Sie ist wie eine duftige Pflanze, die zum Gedeihen unsere liebevolle Sorgfalt nötig hat.

Vielleicht war sie zu jener Stunde schon am Verblühen, und du mußt bis zur Zeit der ersten unsicheren Schritte deines Sohnes zurückgehen, um dort die lebensfähigen Wurzeln zu suchen.

Aber dazumal, in jenen fernen Tagen, vertraute es dir ganz, dein kleines Kind. Zu dir brachte es sein Schluchzen nach einem furchtbaren Sturz von der ganzen Höhe seiner winzigen Person. An deine Röcke hing es sich, wenn seine kleinen Füße unter seinem Gewicht wankten. In deinem Schoß barg es sich, erschreckt, beim Nahen einer großen Gefahr — stellt euch das vor — wenn ein Unbekannter erschien und es wagte, zu ihm zu sprechen! Damals besaßest du sein Herz. Du warst sein Schutz, seine Hilfe, seine Zuflucht, sein Alles. Es zweifelte niemals an deiner Kraft, an deiner Macht, noch an deinem guten Willen. Müde? Unsinn! — Gleichgültig? Das kann doch Mutter nicht sein! — — Ungerecht, schlechter Laune?... Nicht einmal im Traum kam ihm der Gedanke, seiner Mutter solche Schwächen zuzutrauen!

Ja, es braucht wenig, sehr wenig, um eine Kinderseele

zu verletzen. Eines Abends, in einer nervösen Stunde,... bist du ungeduldig geworden... Das Unglück war geschehen.

Arme Mutter, heute möchtest du erobern, was du nie hättest verlieren dürfen. Bezeuge deinem Sohne deine verspätete Teilnahme, versenke dich verständnisvoll in ihn, interessiere dich für alles, was ihn beschäftigt, für seine Spiele, seine Arbeiten, seine Schulkameraden. Nicht herablassend, befehlend oder gnädig, sondern liebenswürdig, wie ein Freund, der den Standpunkt eines Schwächeren nicht verachtet. Lade seine Freunde ein, bemühe dich, ihnen zu gefallen, erleichtere ihm die Erfüllung seiner rechtmäßigen Wünsche; beweise ihm viel Wohlwollen, viel Zärtlichkeit, wenig Strenge.

Bete für ihn, bete mit ihm. Erflehe von deinem Gott das Wunder, welches Seine Allmacht dir gewähren kann, deines Kindes Herz dem deinigen zu nähern: der Herr wird dein Gebet erhören. Er hat Mitleid mit den Tränen der Mütter. Er wird Sein Ohr zu dir neigen, wenn die Stunde gekommen ist.

Wache, hoffe, glaube... Und vor allem verdiene das Vertrauen deines geliebten Sohnes!

Das „Warum" unserer Kinder.

Mutters Knie sind die beste Schule.
Sprichwort.

Mama, warum ...?

Ist das nicht einer der Sätze, die unaufhörlich unsere armen, müden, abgehetzten Ohren quälen? In der Tat, unsere kleinen Kinder kommen uns so viel mit ihren Warums, daß wir leider oftmals die Geduld verlieren und etwas ärgerlich erwidern: „Weil ... du den Mund halten sollst."

Ein bestürzter Blick aus seinen erstaunten Augen, und das Kind wendet sich ab. Es kehrt zu seinem unterbrochenen Spiel zurück, seine Wißbegierde scheint vergessen zu sein, ebenso wie unsere Weigerung, sie zu befriedigen.

Bist du ganz sicher, daß es wirklich so ist? Ist diese kleine, von deiner Ungeduld verursachte Enttäuschung wirklich spurlos vorübergegangen? Wird das Kind morgen oder in der nächsten Woche oder in einigen Jahren und dann allezeit mit demselben Vertrauen, mit derselben sicheren, unerschütterlichen Überzeugung, daß du unfehlbare Heilmittel für all seine Schwierigkeiten und Aushilfe für all seine Verlegenheiten hast, wieder zu dir kommen?

Gewiß, sie sind nicht immer ganz leicht zu beantworten, diese seltsamen Warums aus Kindermund. Sie gleichen nichts anderem, sie kommen, man weiß nicht woher, und sie überfallen uns wie unvorhergesehene Angriffe.

„Warum kann man lachen und weinen?"
„Warum zanken sich manchmal die Tiere?"
„Warum gibt's Mamas, welche sterben?"
„Warum gibt es etwas Böses in der Welt?"
„Warum muß man einen blinden Hund mehr lieben als einen mit guten Augen?"
„Um Gottes willen, schweig doch still, ich bitte dich, du quälst mich, du bringst mich noch um, ich weiß nicht, warum ..."

Schließlich schweigt das Kind.
Nächstes Jahr wird es etwas weniger fragen. Im übernächsten noch weniger. Zunächst bist du froh darüber. „Er macht Fortschritte, er ist nicht mehr so un-

erträglich; meine Nerven fühlen sich wohl dabei," wirst du sagen. „Wie gut! Es war aber auch die höchste Zeit, daß die ewige Fragerei aufhörte."

Die Jahre gehen dahin, immer schneller, je älter die Kinder werden. Schon ist dein Sohn kein kleiner Knabe mehr, er ist ein Schüler geworden, ein Gymnasiast. „Mutter, warum . . .?" Gibt es denn für ihn keine einzige jener Fragen mehr, die dir ehemals unerträglich erschienen, und die du hingegen heute mit Freuden begrüßen würdest? Er fragt nicht mehr; weiß er denn nun die Antwort auf alles? Wo holte er seine Erkenntnis her? Wo findet er sie? Besitzt er die wahre Lösung der großen Lebensfragen, die jeder Mensch mit Ernst entscheiden muß, damit er in rechter Weise leben und sterben könne? Es muß doch sicher Probleme für ihn geben, er ist über die Stromschnellen der Jugend noch nicht hinaus, und sein Schifflein ist von dem ruhigen Hafen des reifen Alters weit entfernt.

Heute, wo seine Augen dunkler geworden und von tieferem Suchen zeugen, gäbest du wer weiß wieviel darum, wenn er mit demselben Vertrauen wie ehemals zu dir zurückkehrte. Nun jammerst du: „Er erzählt mir gar nichts mehr; sein Leben, seine Versuchungen, seine Kämpfe und seine Gedanken sind mir unbekannt. Sind wir denn füreinander alles, was wir sein könnten und sein sollten, ich und mein geliebtes Kind?"

Brennende Sorge, nagende Angst, unter welcher deine arme Seele seufzt! Denn du bist eine gute Mutter oder glaubst es wenigstens zu sein. Nur zuweilen regt sich im tiefen Grunde deines unruhigen Gewissens ein Zweifel daran. In der Tat, es gab eine Zeit, da du auf falsche Wege gerietest, es war damals, in der Periode der Warumfragen! O, er ist so ernst, dieser Abschnitt im Kinderleben,

da gilt es, glatt hindurchzukommen. Er gleicht einer folgen=
schweren oder heilsamen Krisis, ähnlich der Pockenimpfung
oder den Masern. Er geht vorbei, und anderes folgt
nach; aber wichtig ist es für uns und unsere Kinder, aus
den kritischen Tagen gesund herauszukommen.

Diese viel gefürchteten Warumfragen legen eine große
Macht in unsere Hand. Sie gleichen dem Schlüssel zu einem
weiten Reiche, der unserer Weisheit, unserer Geduld und
unserer Mutterliebe anvertraut wurde.

Vergessen wir nicht viel zu oft, daß unser Kind nur
uns hat? Wissen wir denn hinreichend, wie sehr wir sein
Alles sind? Erwachsene Menschen stellen auch manchmal
Fragen. Antwortet man ihnen nicht, so können sie sich
anderswohin wenden. Lehr= und Wörterbücher aller Art
sind ihnen in großer Zahl erreichbar. Tausend und eine
Weise gibt es für sie, sich unterrichten zu lassen. Unser
Kind hingegen, wohin sollte es gehen, wenn nicht zu uns?
Und haben wir für dasselbe nicht Worte des ewigen Lebens
empfangen?

Mit Ehrfurcht sollen wir also die „Warums" auf=
nehmen, stolz und dankbar dafür, daß es unser Vorrecht
ist, darauf zu antworten. Niemals darf irgendeine Mutter
ein Warum belachen, sie muß vielmehr die Antwort als
einen Teil ihrer mütterlichen Aufgabe betrachten. Es gilt,
die Fragen einfach, wahrheitsgemäß und gewissenhaft zu
beantworten, ohne jemals darüber zu spotten. Denn so
unnütz oder so sinnlos uns auch diese Kinderfragen erscheinen
mögen, sie sind es wahrhaftig meistens ganz und gar
nicht. Glaubt ihr denn, bis auf den Grund einer Kinder=
seele dringen zu können? Sind euch ihre Geheimnisse
offenbar, vermögt ihr ihre Sorgen zu erraten, ihre Zweifel
zu ermessen? Kennen wir denn ihre Zukunft? Man ver=
achtet sie so oft, diese armen Kleinen, vor denen man im

Gegenteil selbst erröten müßte, weil unsere eigenen, niedrigen Begriffe tief unter ihrer kindlichen Reinheit, weil ihre aufrichtigen Seelen unserer feigen Kleinlichkeit entgegen stehen. Laßt uns die Schuhe ausziehen, das Land, auf dem wir wandeln, ist heilig.

Wenn auch die kindlichen Fragen ermüdend sind, was schadet es? Wenn es uns an Muße gebricht, um ihnen in rechter Weise zu begegnen, so müssen wir, so gut es geht, diese Muße zu finden suchen. Zeit, die dazu benutzt wird, unserm Kinde zu antworten, ist stets gut angewandt.

Sollten wir uns nicht in irgendeiner überflüssigen Beschäftigung beschränken oder von den Obliegenheiten des ganzen langen Tags etwas weglassen können, um dem Glück unserer Kleinen etwas mehr Zeit zu widmen?

Unser Kind muß durchaus fühlen, daß wir ihm gehören, daß wir mit ihm durch das unauflöslichste Band verbunden sind. Es soll wissen, daß es ein Recht auf uns hat, wie wir es auf jedes unserer Kinder besitzen.

Natürlich gilt es hier nicht, aus einem Extrem ins andere zu fallen; Baby soll sich nicht einbilden, daß seine Mutter ihm allein gehört, es würde sich sehr irren und allzubald tyrannisch werden. Die erbärmlichen kleinen Hauspaschas sind ganz einfach verwöhnte Kinder, welche niemals gelernt haben, ihre Mutter an andere abzugeben. Nein! Vom Morgenrot ihres Lebens an soll die Jugend mitteilen lernen; sie soll sich sogar gewöhnen, den armen kleinen Verlassenen willig etwas Freude, etwas Liebe anzubieten. Aber diese Gabe darf keine erzwungene sein.

„Mutter, du machst uns so glücklich," sagte ein kleiner achtjähriger Knabe, „erfreue doch manchmal die, die kein Vergnügen haben." Dieses freiwillige Anerbieten des kostbarsten Reichtums, den ein Kind besitzt, wird als unermeßlicher Segen auf sein späteres Leben zurückfallen.

Unser Kind muß sich natürlich auch daran gewöhnen, unsere Beschäftigungen ihrer Wichtigkeit gemäß zu beachten. Damit meine ich nicht, daß, wenn eine Mutter — es gibt welche — zwei Stunden lang Romane liest, ihre Kinder zum Schweigen verpflichtet sein sollen. Dagegen kenne ich ein Heim, wo die Mutter ziemlich unaufhörlich von 6 Uhr früh bis spät in die Nacht schwere, ernste Arbeit zu tun hat, und wo Große und Kleine sich ganz von selber daran gewöhnt haben, zu fragen: „Darf ich jetzt mit dir sprechen, liebe Mama?" Von klein auf haben sie die Ehrfurcht gelernt, die sie der mütterlichen Arbeit schulden, und doch verbindet sie das allerzärtlichste Band mit der, von welcher sie wissen, daß sie ganz und gar sich für ihr irdisches Wohl und für ihr himmlisches Heil opfert.

Es ist nicht einmal gut, daß die Mutter stets ihrem Kinde zur Verfügung stehe, wichtig ist aber, daß sie gerne in seiner Nähe sei und daß das Kind diese liebende Sorgfalt fühle. Nur dringende, unerläßliche Verpflichtungen dürfen sie von ihm entfernen.

Die verlassensten Kleinen sind nicht notwendigerweise diejenigen der müden, das Brot für die Ihrigen verdienenden Arbeiterin, selbst wenn sie dreiviertel des Tages vom Hause fort sein muß. Denn abends kann sie, das Herz voll Liebe, heimkehren und fröhlich ausrufen: „Ach, wie wohl ist einem doch hier, welches Glück, euch alle wieder zu sehen! Und nun erzählt mir alles, was ihr heute getan habt, ich möchte es so gerne wissen." Worauf einige Augenblicke der köstlichsten Gemeinschaft die gegenseitige Liebe von neuem stärken.

Nein, die allerunglücklichsten Wesen sind diejenigen, die ihre Mutter um ihres eigenen Vergnügens willen verläßt, unbesorgt um das körperliche und um das innerliche Wohl der Geschöpfe, die sie in die Welt setzte, und

die doch nur einen viel zu kleinen Teil ihres Lebens aus=
machen. Wie zahlreich sind solche armen Kinder, viel zahl=
reicher als man denkt, besonders in den reichen Familien!

Nun drei Ratschläge, die einigen meiner Schwestern vielleicht dienen können.

Wenn ihr für eure Geliebten nur wenig Zeit habt, so seid in diesen kurzen Augenblicken zehnmal zärtlicher, liebevoller, mütterlicher, damit, wenn ihr fern seid, eure heißen Gefühle in ihren Herzen weiter brennen; Gott kann geben, daß der Wert eurer Liebkosungen ihre Zahl reich= lich ersetzt.

Verlaßt eure Kinder nur, wenn eine unbedingte Pflicht es fordert. Aber wenn ihr von ihnen gehen müßt, geht in vollem Frieden, mit ruhiger Seele; euer himmlischer Vater wird dann selber für die Kleinen sorgen.

An dich zuerst, an dich oft allein sollen deine Söhne und Töchter ihre Fragen richten; beantworte sie mit un= bewölkter Stirne, höflich, freundlich, fröhlich, wenn irgend möglich, damit sie niemals ahnen, daß du nicht gern ge= fragt werdest. Eine der wichtigsten mütterlichen Pflichten besteht eben darin, diese quälenden „Warums" bis zum Genuß zu lieben.

Die Mission der Puppen.

Mütter müssen sich für die Puppen ihrer Töchter interessieren, für dieses Spielzeug, eines der besten, nütz=

lichsten Lehrmittel für das spätere weibliche Leben. Eine Mutter, welche das Töchterchen ihrer Tochter verachtet, die sich ihm gegenüber eine geringschätzige Meinung erlaubte, wäre fast ein Ungeheuer. Eine der süßen Freuden, die unseren Kleinen leicht zu verschaffen ist — manchmal sogar unseren Büblein, denn glücklicherweise gibt es auch unter ihnen mütterlich fühlende — ist, ihre Puppe zärtlich in die Arme zu nehmen, sie zu liebkosen, ihr einen Kuß zu geben. Kinder vergessen diese warmen Regungen nie, sie bewahren dafür eine dauerndere Dankbarkeit als die, welche sie für die ihnen selbst gespendeten Liebesbeweise empfanden. —

Wir dürfen niemals erlauben, daß unsere Söhne durch Puppenmißhandlungen ihre Schwestern kränken. Habt ihr schon daran gedacht? Es liegt eine ganze Leidensgeschichte darin. Die arme Kleine ist außer sich, sie fährt in die Höhe, sie will das schwache Ding, das sich nicht selbst verteidigen kann, beschützen und unter ihre Flügel nehmen. Der Junge lacht über ihre Tränen, verspottet ihren Jammer, schreit, ist taub gegen jede Bitte. Er schlägt die Puppe, hängt sie an einem Bein auf, und das Herz der kleinen Mama bricht. Welcher Akt der Roheit, welche Schmach! Und diese empörende Grausamkeit kommt in den „guten" Familien vor. —

Eine Puppe soll unantastbar sein; die Liebe, die ihr gespendet wird, macht sie zu einem achtungswerten Wesen, das Rücksicht beanspruchen darf. Einer Puppe mutwillig den Kopf abschlagen ist ein scheußliches Vergehen.

Wenn die Kinder schreiben, wenn sie sich ausdrücken könnten, wieviel Leiden käme da an den Tag, von dem wir nicht die leiseste Ahnung haben.

Ihre Schwäche und ihre Abhängigkeit bedeuten ein schweres Kreuz. Sich als das Kraftloseste, als das Hilfs=

bedürftigste zu fühlen, welche Prüfung! Erst allmählich wird das Kind davon befreit.

Mama ordnete Mimis Schrank, den sie in völliger Unordnung vorfand. Sie hatte neben sich einen breiten, flachen Korb und warf unerbittlich und unbekümmert um das verfinsterte Gesicht des danebenstehenden kleinen Mädchens alles das hinein, was ihr nicht mehr brauchbar erschien. Endlich kann das Kind nicht länger an sich halten, es beugt sich über den Korb und holt daraus ein Wagenrad, einen zerbrochenen Hampelmann und kleine Schafe ohne Kopf und Füße hervor. „Darf ich sie nicht behalten," bittet sie ganz schüchtern, „ich habe sie so lieb, und du siehst doch, daß sie zerbrochen sind."

Mama runzelt die Stirn, sie hat nicht begriffen, daß gerade die Gebrechlichkeiten dieser Spielzeugtrümmer sie ihrem Töchterchen so liebenswert machen.

Und als das Kind sie zärtlich an ihre Brust drückt, wie um sie zu schützen, sagt sie sich nicht, daß es grausam wäre, darüber zu lachen. Sie lacht also, sogar mit spöttischer Miene. Das Kind ist tief verletzt.

Und als wäre die Wunde noch nicht schwer genug, fügt sie noch hinzu: „Ach was, dummes Zeug, fort mit dem Plunder, ins Feuer!"

Wurde nicht in dieser kurzen Minute ein Keim barmherziger Liebe zerstört, der in der Zukunft vielleicht manche herrliche Trostfrüchte hätte bringen können?

Erziehen heißt hinaufziehen, sowohl im irdischen als auch für das ewige Leben.

Die Lehren des Mitgefühls und des Erbarmens müssen während der Jahre der körperlichen Unzulänglichkeit erlernt werden. In dieser Zeit der Bedürftigkeit, wo das Empfindungsleben noch nicht verdorben ist, wird die menschliche Seele ganz anders als bei uns Erwachsenen von zartem Mitleiden in Schwingung versetzt. Ein kaum dreijähriges Knäblein, zitternd vor ängstlicher Fürsorge, ruft den umherflatternden Vögeln zu: „O, du wirst fallen, fall' nicht, fall' nicht, liebes kleines Vögelchen!" — — Ein anderes weint an einem sehr windigen Tage im Gedanken an die armen Blätter, die vom Sturme hin und her gezerrt werden. Wieder ein anderes bricht in Schluchzen aus, als seine Mutter sich das Gesicht ganz leicht verbrennt. Dieselbe Mutter hört ihr fünfjähriges Töchterchen eines Abends vor dem Einschlafen bitter schluchzen. „Was fehlt dir denn, mein Herz?" fragt sie ganz erschrocken. „O Mama, ich dachte daran, daß du eines Tages sterben wirst!" Noch sei jener englischen Romanschriftstellerin gedacht, die während ihrer Kindheit nie ohne ein Körbchen ausging, in das sie die Steine hineintat, die sie von einem Ort zum andern trug, „damit sie sich nicht langweilten." Wie viele solcher rührenden Beispiele kindlicher Barmherzigkeit könnte nicht jede Mutter erzählen!

Wurde das Mitleid nicht schon in der frühesten Kindheit gelernt, so ist das spätere Alter oft unfähig, es zu lehren. Jenes bekannte Wort, „Jugend kennt kein Erbarmen", bezieht sich meistens auf die armen Kleinen, welche Zeugen von Roheiten und Grausamkeiten waren.

Dann überwiegt eben der beim Kinde mächtige Nach=
ahmungstrieb, und die edlen Keime des Mitgefühls wer=
den zerstört, ehe sie Früchte tragen konnten. Welch herber
Verlust, sowohl für den, der ihn erlitt, als wie für seine
Nächsten!

Sorgen wir dafür, daß unsere Kinder mit Milde und
Güte umgeben werden. Sie sollten niemals lieblose Urteile
hören, die uns leider nur zu oft entschlüpfen, weil wir
alle mehr oder minder dem Bösen gegenüber nicht ganz
auf unserer Hut sind. —

Nur dann wirst du durch dein Kind die
herrlichsten Freuden erleben, wenn du das
Bild Gottes in ihm hochachtest.

Ein Kind auslachen ist feige, dadurch versagt man
dem Schwächeren die schuldige Rücksicht. Es ist unsinnig,
denn es beweist Unfähigkeit, sich in seine Stelle zu ver=
setzen. Wir haben die Gefühle, welche vor zwanzig oder
fünfundzwanzig Jahren die unsrigen waren, vergessen;
unsere Kinder leiden darunter, wir üben damit einen un=
heilvollen Einfluß auf sie aus; und dann wagen wir es
noch, über ihr Betragen zu klagen! —

Die Jugend ist der Adel des Lebens. Duldet nichts
Grobes, Ungerechtes, Unreines in ihrer Nähe! Denkt daran,
daß nur das Beste gerade gut genug für sie ist. Einen
dieser Kleinen ärgern, ist eine Missetat, — und sie wird
täglich begangen! Vom frühen Morgen bis zum späten

Abend verletzen wir zarte Gewissen durch unsere Unvollkommenheiten; und doch heißt erziehen — hinaufheben, heiligen. Erziehen wir unsere Kinder recht, sie für die wir einst Rechenschaft zu geben haben werden?

Eine Mutter, welche das Beste im Kinde auszunutzen verstünde, wäre die trefflichste und auch die gescheiteste.

Es ist eines Vormittags im Dezember, kurz nach Weihnachten. Geschenke und Zuckerwaren sind auf dem Tisch aufgehäuft. Drei Damen plaudern im Speisezimmer, und die Herrin des Hauses fragt: „Wo soll ich nur alle die Bonbons verstecken, damit die Kinder sie nicht finden?"

Ihre kinderlose Schwester Luise antwortet sofort entschiedenen Tons: „Laß sie offen liegen und verbiete ihnen streng, sie anzurühren."

Die dritte Dame, eine Mutter vieler Kinder, hört das etwas erstaunt an und spricht: „An eurer Stelle würde ich sie einfach in den Speiseschrank tun, da, wo die Süßigkeiten immer sind, und würde ihn nicht zuschließen, denn ich bin gewiß, daß meine kleinen Kerle, wenn sie Verlangen danach hätten, zu mir kommen und mich um Erlaubnis bitten würden, etwas davon zu nehmen. Und dann würde ich sie ihnen hie und da geben, denn man muß seinen Kindern alle nur mögliche Freude machen und ihnen eine Freiheit lassen, die sie nur selten mißbrauchen, wenn man sie schon von frühester Kindheit daran gewöhnt hat, sich derselben würdig zu machen."

Welche von den drei Methoden erzieht und hebt die Kleinen?

Takt und Höflichkeit.

*Güte und Herzensadel verschönern unser
Leben, wie der sammetartige Glanz den
Reiz der duftigen Frühlingsblüten mehrt.*

Aus dem Hause, wo ihre Klavierlehrerin wohnte, kam ein anmutiges, elf- bis zwölfjähriges Mädchen, das mehr vornehm als hübsch, jedenfalls aber höchst elegant aussah. Sie trug kleine, glänzende Lackschuhe und hatte reiche, blonde, sehr wohlgepflegte, tief auf den seidenen Mantel herunterfallende, von einer himmelblauen Mütze bedeckte Locken.

Kaum auf der Straße angekommen, wurde sie von einer Freundin, einer ebenso geschmackvoll gekleideten kleinen Person, fröhlich begrüßt, und nun setzten sie ihren Weg nebeneinander fort. Ich ging, drei Schritte hinter ihnen, in derselben Richtung und betrachtete sie mit Wohlgefallen, sahen sie doch wie zwei entzückende, frische Blümlein aus.

Um so erstaunter war ich, als das blonde Mädchen mit einer ordinären, über ihre Schultern gerichteten Handbewegung auf das Haus wies, das sie soeben verlassen hatte und dabei ausrief: „War die aber heute frech, mich siebenmal G-Moll hintereinander wiederholen zu lassen. Na, die soll's kriegen in der nächsten Stunde. Ich werde es ihr heimzahlen, der alten Here!"

So sprach ein junges Mädchen aus der „guten" Gesellschaft über ihre Musiklehrerin. Das Geschichtchen ist wahr, und steht wahrscheinlich gar nicht vereinzelt da, denn die heutige Jugend ist nicht reich an Pietät.

Woher kommt das? — Fragen wir z. B. bei der Familie B. an, die gerade in ihrem hübschen Speisezimmer bei Tische sitzt. Es geht sehr lebhaft zu, und die Kinder führen das große Wort. Man spricht vom Gymnasium; der älteste Sohn, seit kurzem Quintaner, schwatzt und kritisiert. Nach seiner Meinung ist in seiner Klasse keine Ordnung. Der Lehrer hat Lieblingsschüler, er ist ungerecht. Der Lehrer? So höflich spricht unser grüner Junge nicht von ihm. Er nennt ihn ungeniert kurzweg „Pauker". — Der Pauker hat sich verspätet; es ist das viertemal in dieser Woche. Er erlaubt sich, uns schlechte Zensuren zu geben. Die Knaben werden's ihm anstreichen, daß ihm die Lust zu solcher Dreistigkeit vergeht, usw.

Kein Fremder würde glauben können, daß mit diesen losen Reden Erzieher gemeint sind.

Die Unterhaltung geht weiter, während die Familie Datteln, Haselnüsse und schöne rote Äpfel ißt. Man spricht von der neben der Mutter sitzenden kleinen Hanna, die in eine Privatschule geht. Jetzt wird die Vorsteherin derselben buchstäblich seziert. — Und die Eltern hören ohne Einspruch zu. Es ist, als ob sie gar nicht ahnten, daß solch respektlose Reden die Jugend vergiften. Herr B. freut sich im Gegenteil darüber, meint er doch durch die Berichte seiner Kinder eine Art von Kontrolle über das Gymnasium und über die Privatschule ausüben zu können. Die letztere gefällt ihm sowieso seit einiger Zeit nicht mehr, und er spricht es unumwunden aus, während er seine Serviette zusammenfaltet.

„Wir werden dir etwas Besseres aussuchen, wo du mehr lernen und dich heimischer fühlen sollst. Was meinst du dazu, kleiner Schatz? Willst du Ostern oder lieber nach den großen Ferien wechseln?"

Verblendeter Vater! Ziemt es sich, daß das Kind über sein eigenes Geschick entscheide? Schickt es sich, daß es zum Schiedsrichter erhoben werde? Ahnt er nicht, daß ein solcher pietätloser Schulwechsel seinem Kinde schaden muß?

Lehrer und Schüler müssen doch miteinander durch ein festes und enges Band vereinigt sein, das fürs Leben anhält! Dankbarkeit und Liebe hätten in der jungen Seele großgezogen werden sollen; nun sind sie im Gegenteil zerstört. Welch verhängnisvoller, sittlicher Ruin! — —

Gewiß, zwanzig Gründe können dafür sprechen, eine Schule mit einer anderen zu vertauschen, aber immer ist es zu bedauern, wenn man so etwas tun muß, weil eine entwurzelte Pflanze nicht leicht wieder anwächst. — Da Pietät, Vertrauen, Liebe und besonders Dankbarkeit, die besten Schätze des Charakters, zumal in der Jugend leicht geschädigt werden, so darf man sie nicht rauh erschüttern.

Was wird dein Sohn von den Blüten seines Frühlings noch besitzen, wenn er erst einmal skeptisch oder mißtrauisch geworden ist, oder wenn seine Liebeskraft ein für allemal vertrocknet sein wird? Ein gesundes Herzensleben ist unumgänglich nötig zur guten Charakterbildung, weil es zur Entwicklung der einzig wahren Höflichkeit gehört. Diese Tatsache wird allzuoft vergessen, und solchem verhängnisvollen Nichtwissen vieler Eltern ist es zuzuschreiben, wenn selbstsüchtige, grobe und widerwärtige Menschen immer zahlreicher werden. Wie viele gibt es, die trotz ihrer Höflichkeitsmaske zu dieser Klasse gehören!

Sind Kinder anwesend, so müßte jedes übelwollende, gehässige, ja, sogar jedes ärgerliche Wort vermieden werden. Sie wirken wie ein tödlicher Rauhreif.

Die Kinder begreifen das Innerliche viel besser, als wir es ahnen, ihre Einfalt macht sie fähig, alle höheren Gesichtspunkte instinktiv zu erfassen. Ihr Gemüt ist in seiner Zartheit allen Eindrücken offen, und kann darum auch leicht irregeleitet werden. Würde man z. B. den Wert einer Schule oder eines Lehrers nach der Bezahlung abschätzen, so hieße das des Schülers Erkenntnis trüben und ihm einen vielleicht nicht wieder gutzumachenden Schaden zufügen.

Und dann wundert man sich über den unbotmäßigen Geist, der die heutige Jugend beherrscht! Woraus könnte sie denn den zarten Takt, die ritterliche Höflichkeit, jene kostbaren Güter, schöpfen, wenn die Eltern ihr möglichstes getan haben, um ihre Quellen versiegen zu lassen?

Ein kleines Mädchen läßt es an Höflichkeit fehlen. Waren wir ihr gegenüber stets von ausgesuchter Artigkeit, indem wir: „Bitte, sei so gut, danke" zu ihr sagten? Nein, nicht immer. Dann sollen wir uns selber schelten wenn es schlechtes Betragen zeigt; es ist eben ein schlecht erzogenes Kind. — An wem liegt aber die Schuld? Wer hat es schlecht erzogen?

Für die Nationen wie für die einzelnen ist die gute Lebensart ein Zeugnis rechter Kultur. Daher war dieselbe stets eins der ersten Anliegen derer, die nach Fortschritt verlangten. Zeitalter gediegener Bildung zeichneten sich in der Regel durch ihre Höflichkeit aus. Den Barbaren war sie unbekannt. In unserer Zeit der Gleichheit und des billigen Luxus ist die Höflichkeit manchmal das einzige sichere Kennzeichen des Unterschiedes zwischen einem wirk=

lich Gebildeten und einem im Grunde Rohen, zwischen einer vornehmen Dame und einer Protzin, die sich nur äußerlich gute Manieren angeeignet hat.

Die wahre Höflichkeit, die der falschen gegenüber sich wie der Kern zur Schale verhält, wird durch Herzens- und Geistesbildung erworben. Es gibt eine innere Höflichkeit, die einen Arbeiter oder einen Bauern liebenswürdiger macht, als einen großen Herrn. Ein Beispiel aus dem Leben: An einem kalten Wintertage radelt eine Dame auf hartgefrorenem Landwege zur Stadt. Plötzlich stürzt sie. Zwei Männer, welche einen Karren mit Reisigbündeln zogen, kamen hinzu. Sofort hoben sie die hilflos Daliegende auf, sorgten für ihr zerbrochenes Rad, führten sie bis zu einem befreundeten Hause und dienten ihr mit einer erstaunlichen Zuvorkommenheit und Artigkeit. Vornehme Herren hätten es nicht besser machen können. Zuletzt schlugen sie noch jedes Trinkgeld aus, mit der Bemerkung, daß ihr Holzkarren wohl schuld an dem Unfall gewesen sei, da die Dame, um ihm auszuweichen, über die harte Wagenspur zu Falle gekommen.

Ist so etwas nicht hoch anerkennenswert? Und wie oft erlebt man gerade im sogenannten Volke Ähnliches!

Um höflich zu sein, muß man eben das Herz auf dem rechten Fleck haben. Wie manches Mädchen täte gut, ehe es sich verlobt, den Bewerber auch außerhalb des Empfangszimmers zu beobachten, etwa, wie er sich zu Kranken, schwachen Kindern, oder zu häßlich gewordenen, alten Frauen verhält; es würde ihn dann wirklich kennen lernen. Wahre Höflichkeit verleugnet sich eben nie, und zeigt sich unter allen Umständen und in allen Lebenslagen. Kommt Roheit zum Vorschein, so waren die liebenswürdigsten Formen nur dünner Firniß, eine trügerische Maske, die einen erbärmlichen Untergrund bedeckten.

Ein höflicher Mensch hat Vertrauen zum Guten in dem Nächsten, er ist nicht empfindlich und nicht übelnehmerisch, er ist dankbar und nimmt die ihm erwiesenen Freundlichkeiten in völliger Einfachheit an. Man hat manchmal behauptet, daß Höflichkeit und Wahrheit sich gegenseitig ausschließen. Das ist ein großer Irrtum, denn Wahrheit ist ein wesentlicher Bestandteil des Höflichseins, genau so wie die letztere zu der ersteren gehört. Wären wir ganz aufrichtig und hätten wir die wahre Liebe in unserem Herzen, so würden wir nicht bloß stets liebenswürdig erscheinen, sondern auch wirklich sein. Denn dann dürfte jeder allen unseren Worten glauben, eine Sache, die das Leben sehr verschönern und erleichtern müßte. In einem Lande, wo das gesellschaftliche Leben am meisten von Wahrheit durchdrungen ist, verkehrt es sich am allerangenehmsten.

Um das zu erreichen, muß man die Kinder Takt und Höflichkeit nicht von außen nach innen, sondern von innen nach außen dadurch lehren, daß man sie mit Liebe, Vertrauen, Ehrerbietung und Dankbarkeit erfüllt. Fehlt diese Unterlage, so wird man nur ein armseliges, bei dem ersten Ansturme zusammenbrechendes, heuchlerisches Schattenbild der echten Höflichkeit erreichen. Ein wenig Wirrwarr, Leiden oder Kummer genügt dann schon, um Schärfe, Gereiztheit oder sogar Grobheit an ihrer Stelle erscheinen zu lassen.

Gewiß sind Höflichkeitsformen nicht zu verachten, sie haben ihren Wert und sind notwendig. Aber ohne Herzensbildung sind sie nur Rahmen ohne Inhalt.

Religiöse Erziehung.

Wenn unsere Kinder ihre Mutter mit zum Himmel erhobenen Augen in heißem Gebet auf den Knien sehen könnten! Sie würden fühlen, daß sie an ihr einen Schatz besitzen und sie um so mehr verehren. Eine Mutter welche betet, erhebt ihre Kinder über die Erbärmlichkeiten des Daseins. Eine Mutter soll in ihrem Gebet folgendes nicht vergessen: Herr, lehre mich meine Kinder verstehen und mich an ihre Stelle versetzen. Erinnere mich an das, was ich empfand, als ich selber noch ein schwaches zartes Mädchen war, erfülle mein Herz mit Geduld, mit Mitleid und mit Liebe!

Die religiöse Erziehung unserer Kinder muß in einem gewissen Sinn schon am Anfang des keimenden Lebens beginnen. Empfangen von Gott, erzogen für Ihn! Das ist die Achse, um welche sie sich bewegt, das ist auch die Losung für jede christliche Mutter. Diese starke Überzeugung erleichtert und ebnet alles, denn Gott der Herr sorgt für Sein Eigentum. In jedem menschlichen Wesen ist ein angeborenes Gefühl für das Göttliche, ein Drang nach Wahrheit, nach Gutem. An dieses muß man sich wenden. Das Kind ist ein aufs neue von dem Schöpfer berührtes Wesen; welche Kraft bedeutet daher für die Welt jedes dieser Geschlechter, die immer von neuem aufeinander folgen und alle einen Hauch von oben mitbringen!

Ich meine nicht, daß die Menschen ohne Sünde geboren würden. Im Gegenteil. Von Geburt an ist ein jeder mit ihr behaftet. Eine gänzliche Befreiung von der Macht dieser Sünde sowie eine völlige Erneuerung der sittlichen Persönlichkeit ist nur durch die Erlösergnade Jesu Christi möglich.

Ebenso wahr ist es aber, daß Neugeborene eine Anlage zum Guten mitbringen, auf welche jede Mutter bauen soll. Das unvergängliche Gebot der Liebe muß hier die Grundlage für die religiöse Erziehung sein.

Daß das Kind eine christliche Mutter habe und in ihr ein aufrichtiges Gotteskind erkennen möge, ist einer der wichtigsten Punkte. Denn die Mutter soll das Kind verstehen lehren, daß es ebenfalls Gott gehört, weil es ja von Ihm kommt und Ihm geweiht ist. Auch muß sie sorgfältig sein Gewissen wecken und wach erhalten, damit es das Böse meide und das begangene Unrecht bereue. Kleine Kinder haben oft in überraschendem Grade das Gefühl der Sünde.

Eins von ihnen, ein dreijähriger Knabe, weigerte sich manchmal, zum Erstaunen seiner jungen, noch unerfahrenen Mutter, das Abendgebet zu sprechen. Sie ermahnte, sie bat, sie schalt. Umsonst. Der Kleine war wie ein Stein. Er hatte sich vorgenommen, nicht zu beten, und er betete nicht. Eines Abends war der Vorgang besonders peinlich. Die Mutter, außer sich über diese vermeintliche Laune und fest entschlossen, dieses sonderbaren Eigensinns Herr zu werden, verlor zuletzt die Geduld bei der unausgesetzt von dem seltsamen Bübchen mit ruhiger Hartnäckigkeit wiederholten Rede: „Hans will nicht beten." Sie faßte es bei der Schulter und schüttelte es stark.

Doch, auf den nun folgenden, durch die leichte Strafe gar nicht erklärbaren Verzweiflungsausbruch war sie wenig vorbereitet. Auf seinem Bette kniend, begann der Kleine zu schluchzen, als ob sein Herz brechen wollte.

Die Mutter, ganz ergriffen davon und endlich ahnend, daß hinter diesem schweren Leid sich etwas Unerklärtes verbergen müsse, bereits traurig über ihre Ungeduld, liebkoste ihn sanft.

Da tat sich das kleine Herz auf, und das Kind sagte mit einer von krampfhaftem Schluchzen unterbrochenen Stimme: „Ich hatte doch meine Suppe ausgespuckt." Es deutete damit auf das Mittagessen hin, wo es in der Tat eine etwas angebrannte Zwiebelsuppe, die die Mutter in ihrem starken pädagogischen Eifer es herunterschlucken lassen wollte, rundweg abgelehnt hatte. Nun verstand sie plötzlich! Armes Kind! Ein schwerer Gewissensdruck lag auf ihm, sein aufrichtiges Herz glaubte, daß Gott, dessen Heiligkeit seine kindliche Einfalt ahnte, uns nur ohne Flecken annehmen könne.

Wie schämte sich nun die Mutter, daß sie den Grund der Weigerung nicht erraten hatte, wie gab sie sich hinfort Mühe, ihrem Sohn klarzumachen, daß der himmlische Vater mit unseren Fehlern Mitleid hat, und daß wir, beladen mit unseren Verfehlungen, getrost zu Ihm kommen dürfen.

Ohne auf das zwischen ihnen vorgekommene schmerzliche Mißverständnis, die Ursache seiner bittren Kindestränen, anzuspielen, lehrte und erklärte sie dem Knaben einige Wochen später alle Verse des schönen Liedes: So, wie ich bin, ohn alle Zier, komm ich durch Dein Blut, Herr, zu Dir . . . Und sie hatte die Freude, zu sehen, daß er, sobald er begriffen, jeden Abend, selbst wenn er am Tage für irgend ein Unrecht Tadel verdient hatte, sein demütiges Gebet an den himmlischen Vater richtete. Tief ergriffen hörte sie sogar bald, wie er sich selber seiner Fehler anklagte und vertrauensvoll um Verzeihung bat.

Ruft diese Erzählung, — die übrigens wie alle weiteren in diesem Buche berichteten, ganz wahr ist — nicht bei manchen Müttern ähnliche Erfahrungen hervor?

Es ist kein Zufall, wenn Gott der Herr gewollt hat, daß die Kinder während vieler Jahre durchaus nur von den Müttern abhängen sollen; dies bedeutet, daß wir sie Ihm zuzuführen haben. Die erste Jugend braucht so sehr den himmlischen Vater, daß die landläufige Rede, welche eine gottlose Mutter einem Ungeheuer vergleicht, nicht zu stark erscheint.

Selbstverständlich gehören dogmatische, theologische oder kirchliche Fragen nicht in das frühe Alter. Wer, wie es leider hier und da geschieht, davon zu Kindern redet, darf sich nicht wundern, wenn er das Gegenteil erreicht und ihnen die Religion verekelt.

Die Kleinen haben eine eigene Empfänglichkeit für große, edle, heilige Ideen. Je kürzer man auf Erden ist, desto klarer ist auch das Herz fürs Göttliche gestimmt, gleich dem Bergquell, der an seinem Anfang das reinste Wasser führt. Stellt man ihnen die Liebe Gottes und unseres Heilandes vor die Seele, so sind sie fast immer geneigt, dieselbe so einfach, so fröhlich und so völlig anzunehmen, daß wir angesichts dieser einfältigen Herzen, beschämt über uns selbst, von der Wahrheit des Wortes ergriffen werden: „Das Reich Gottes gehört denen, die wie die Kinder geworden sind."

Ich habe oft gedacht, daß, als sich die Kinder um den Herrn Jesus drängten, damit Er sie liebkoste, auch der Mütter Herzen zu Ihm gezogen würden.

Der Heiland ruft unsere Kinder. „Lasset sie zu Mir kommen," spricht Seine gnadenreiche Stimme.

Bist du willig, zu Ihm zu gehen, liebe Schwester? Zögere nicht! Wo du auch immer seiest, wenn du diese aus meines Herzens Grunde für dich geschriebenen Zeilen liesest, beuge deine Knie und sprich zu Christo: „Dir gehöre ich, Herr! Mit Dir und für Dich lebe ich! Trotz Sünden, Kreuz und Tränen bin ich für alle Zeit Deine Magd und Dein Kind! Gewiß, ich bin Deines geheimnis=

vollen Opfers nicht wert, aber ich nehme es in Demut als Geschenk Deiner Gnade an. Sei Du fortan mein und meiner Kinder Heiland!"

... Er hat dich bereits gehört und dich erhört, geh furchtlos deinen Weg. Er ist dein Gott, dein Freund, deine Zuversicht und dein vollkommenes Heil. Seine unergründ= liche Liebe überschüttet dich mit ewigem Segen.

Wer das Böse bei einem Kinde voraussetzt, gibt es ihm ein.

Es geht mit der Kindererziehung wie mit der Garten= pflege. Ein Stück Land soll zur Fruchterzeugung her= gerichtet werden. Den Boden zu bereiten, in dem alle darin verborgenen Kräfte verwendet werden, den bereits vorhan= denen Keimen zur Entwicklung zu helfen, den Samen aus= zustreuen, sein Aufgehen und Wachstum zu bewachen, jeder Art, je nach der Jahreszeit und den besonderen Bedürf= nissen, die nötige Nahrung zu geben, schädliche Elemente zu beseitigen, das unnütze, überwuchernde Unkraut aus= zurotten, — das ist des Gärtners Aufgabe.

Und geradeso, wie er als Endziel seines Strebens die Frucht nie aus dem Auge läßt, — so muß auch die Mutter dieselben Ziele vor sich sehen.

Sie hat dem Kinde klarzumachen, daß seine wachsenden Kräfte, seine sich erweiternden Kenntnisse zu einer frucht= reichen Ernte führen sollen. Dazu muß sie ihm deutlich den verantwortungsvollen Einfluß, der von seinen Hand= lungen auf die Umgebung ausgeübt wird, zeigen. Wenn ein Kind das begreift, zumal, wenn es sich entschlossen hat, sich ganz in seines Herrn Hände zu geben, dann wird Der, dem der Herzensgarten gehört, der Sonne, dem Regen und dem Tau gebieten, die Ernte zur rechten Zeit zur Reife zu bringen, und jedes Samenkorn wird dreißig-, sechzig-, hundertfältige Früchte bringen, denn der Segen kommt von Ihm, dem Allmächtigen, der wunderbar vermehrt und erhört.

Mütter wissen meistens nicht, welcher Kampf sich heutzutage in Erziehungssachen abspielt; sie fühlen auch oft kaum, daß sie es darin zu einer klaren Stellungnahme bringen sollen.

Es gilt das Rechte zu treffen, denn, wie dem betrunkenen Bauern, von dem Luther erzählt, fehlt es unserer Zeit an Gleichgewicht. Entweder es wird versucht, den Willen des Kindes auf rohe Art durch seelenlose Disziplin zu brechen, oder man läßt den Launen des Zöglings die Zügel schießen, damit er, „in Freiheit aufgewachsen, seinen Willen voll und ganz entwickle und eine harmonische Persönlichkeit werde."

Ach, ein Mensch, der von klein auf „sich ausleben durfte", wird nie und nimmer zum kräftigen, klaren Charakter heranreifen!

Diesen Irrtümern gegenüber steht die — schlechthin christliche — Methode. Sie zerstört keine von den Gaben, die das Kind besitzt, sofern es gute und gesunde sind. In allem Harmlosen darf sich das junge Geschöpf frei fühlen — ja sogar sich austoben —, aber sie weiß nur zu gut, daß, wer sich nicht selber stirbt, auch nicht zum Leben gelangt.

Weder die harte Erziehung, die entweder Rebellen schafft oder Kadavergehorsam erzielt, noch die hochmoderne laxe Modetendenz des übertriebenen Gehenlassens werden

je die Lüste und Leidenschaften des Tierischen in uns be=
herrschen können.

*Um einen Sünder zu heben, muß man
ihm mehr Liebe zeigen, als er verdient.*

Der kleine Willy, 3—4 Jahre alt, schmollt, er drückt seinen Kopf in die Kissen des Sofas und will nicht zu Tisch kommen. Man hält die Andacht, es ist Frühstücks= zeit. Sein Papa sagt ihm einmal: „Komm doch, Willychen!" Er gehorcht nicht, und die Großen lassen ihn ruhig ge= währen. Sie singen miteinander das schöne Lied: „Wenn ich Ihn nur habe."

Die Minuten vergehen, Willy schmollt noch immer. Aber nach und nach hebt sich das blonde Köpfchen etwas über dem Kissen. Er schaut wie fragend auf. Die Sei= nigen singen andachtsvoll weiter.

Plötzlich ist sein Widerstand gebrochen. Er läuft zu seiner Mama und schmiegt sich an ihre Knie. Sie sagt kein Wort, sondern legt nur liebkosend ihren Arm um ihn, während ihres Mannes Stimme am anderen Ende des Tisches die Worte liest: „Wer mich liebt, der wird mein Wort halten. Mein Vater wird ihn lieben und wir werden zu ihm kommen und Wohnung bei ihm machen." Joh. 14, 23. Willys Trotz ist nun völlig dahin. Er geht zu seinem Stühlchen, über die braun und glänzend gestrichenen Dielen tappelnd, klettert herauf und sitzt nun oben. Doch lächelt sein Gesichtchen noch nicht so hell wie sonst.

Da betet Papa für seine Kinderschar, legt diese Kleinen alle ans Herz des guten, liebreichen Heilands, der selbst ein Kindlein war. Dann, nach dem Amen, beugt er sich zu seinem Willy, den der böse Geist soeben gerne abseits gelockt hätte: „Lieb sein, Willy?" fragt er. „Lieb sein," wiederholen die rosigen Lippen. „Nun dann, lauf schnell, sag's der Mama und gib ihr einen Kuß." Willy steigt ab, springt hin. Glückselig wirft er seine Ärmchen um ihre Hausschürze und haucht leise: „Lieb sein." Da gibt ihm Mama einen innigen Kuß, und sie schauen einander in die Augen. Das Band ihrer Gemeinschaft ist noch enger, noch fester geworden.

Wenn ein Kind in seinen ersten sieben oder acht Lebensjahren begriffen hat, daß niemand es so liebt wie seine Mutter, wenn es ein für allemal gelernt hat, daß diese sich bei seinen Leiden und Freuden an seine Stelle versetzt, wenn es weiß, daß kein Mensch besser als wie sie unter allen Umständen ihm beispringen und helfen kann — dann wird es, reich an einer der besten Lebenserfahrungen, vor vielem Elend bewahrt und gegen viele Versuchungen beschützt sein.

Laßt uns an den Sieg des Guten glauben.

Selbst da, wo du es nicht meinst, weil du wenig oder nichts davon merkst, leidet dein Kind, viel mehr als du denkst, unter seiner Sünde und ihren Folgen. In der Tiefe seines Herzens empfindet es meistens eine Betrübnis, manchmal eine Verzweiflung, die wir Erwachsenen kaum mehr kennen.

Scheltwort und Strafen können leicht diese leise und un=

schätzbare Gewissensstimme übertönen und dadurch ein Unheil anrichten, das nicht wieder gutzumachen ist. „Die beste Erziehung leistet der Mensch sich selbst", sagte ein Philosoph, das gilt in ganz besonderem Maße vom Kinde.

Sorge du nur dafür, daß es dazu fähig sei und bleibe. Vorbild, Umgebung spielen dabei die erste Rolle.

Die Spitze der Gerechtigkeit ist die Grausamkeit.
Jean Paul.

Wenn du erziehen willst, darfst du nie ungeduldig werden, noch einen harten, erbarmungslosen Ton annehmen. Kein spöttisches Lächeln soll dem zu Erziehenden zeigen, daß er soeben einen Fehler begangen oder törichtes Zeug geredet hat.

Mache, ohne viel von deiner Mühe zu reden, seine Fehler wieder gut; bringe sogar manchmal sein herumliegendes Spielzeug selber in Ordnung; schätzt und liebt er dich, wie ein Kind es soll, so wird er daraus keine Entschuldigung für fernere Unordnung schöpfen, sondern im Gegenteil dir beschämt sein Bedauern ausdrücken und es künftig besser machen. Ertrage seine Schwäche ohne üble Laune und Murren; er soll es fühlen, daß, wenn du auch heute ihn noch nicht auf der Höhe der Artigkeit findest, du doch für seine Zukunft voll guter Hoffnung bist und von ihm mit Gottes Hilfe einen täglichen Fortschritt erwartest.

Hebe deine Augen auf zu den Bergen, von denen dir Hilfe kommt. Erfassest du diese Hilfe bereits im Glauben, so beschleunigst du damit die Erfüllung der göttlichen Verheißungen.

Vom Gehorchenmüssen zum Gehorchenwollen.

Der Erfolg der Erziehung hängt vom Wert des Erziehers ab.

Es hat Jahrhunderte gegeben, wo der blinde Gehorsam einen überwiegenden Platz in der Erziehung einnahm. Er wurde über alle anderen Tugenden gestellt. Ein fügsames Kind galt an sich schon als ein wohlerzogenes. Noch heute vertreten manche Familien diese Auffassung.

Gewiß, Gehorsam muß sein. Eine der ersten erzieherischen Aufgaben ist es, Baby daran zu gewöhnen, das zu tun, was man ihm sagt, das zu lassen, was man ihm verbietet. Erhaltene Befehle müssen natürlich befolgt werden. Ehe es laufen lernt, muß das kleine Geschöpf begriffen haben, daß der elterliche Wille ein unbedingter ist, dem es sich beugen muß. Wird das einmal erreicht, so hat man das Fundament und damit eine der stärksten Stützen der Erziehung festgelegt.

Ist das aber alles? Nein, durchaus nicht. Unsere Pflichten sind vielseitiger und schwieriger. Elterliche Vollmacht bedeutet nicht Tyrannei; das Kind besitzt doch auch einen eigenen Willen. Dieser ist sogar ein wesentlicher Teil seiner sittlichen Kraft, die nicht vernichtet und auch nicht vermindert werden darf. Dazu ist ihm Freiheit unumgänglich notwendig. Es muß sich wohlfühlen, es muß Herr über etwas und, soweit es möglich ist, unabhängig sein. Die

Mutter hat weder das Recht, viel zu befehlen, noch das, viel zu verbieten. Daß sich die Mütter darüber klar wären! Sie sollten alles erlauben, was man irgend gewähren kann, und sehr weniges, mit gutem Vorbedacht, verbieten. Man denke daran, daß jedes Joch zur Empörung reizt. Es ist unbegreiflich, wie viele Eltern das nicht ahnen. Und dann wundern sie sich über die kindliche Unbotmäßigkeit. Kann man die Torheit weiter treiben?

Habt ihr z. B. schon jene beklagenswerten Kleinen gesehen, die in einer mit kostbaren Nippsachen angefüllten Wohnung erzogen werden? Sie besitzen keinen Fleck, der ihnen ganz gehört, überall ist verbotenes Land. „Rühre das nicht an!" — — „Laß das!" — — „Ich verbiete es dir!" — — Wie Hagel fällt's auf ihre armen Köpfe und zieht in ihnen die Heimlichtuerei, die Boshaftigkeit und die Lüge groß, unter deren Schutz sich jedes Laster entwickeln kann. Würden die Eltern weniger befehlen, so gäbe es weniger widerspenstige Kinder und später weniger unsittliche junge Männer. Da opfert doch lieber eure Nippsachen. Schließt sie ein, wenn es nötig ist; ihr könnt sie in zehn Jahren wieder herausholen.

Wenn ihr keinen Garten, keinen Raum habt, wo das Kind sich austollen kann, helft ihm, sich wohl zu fühlen in dem Zimmer, wo ihr zusammen mit ihm lebt. Die schrecklichen Quälgeister, die alles anfassen, haben auch ihr Recht, zu sein. Es ist gut, daß das Kind mit Gegenständen und Möbeln, ja sogar mit deinen Kästen und Schubfächern umzugehen lerne. Es wird dadurch allerlei Kenntnisse, Geschicklichkeiten und die seltene und so wertvolle Feinheit des Tastgefühls gewinnen, welche man in der ersten Jugend oder sonst niemals erwirbt. Man versetze sich an seine Stelle, es braucht eine Lehrzeit für das praktische Leben. Wo soll es sie finden, wenn ihr es überall beschränkt?

Euer Kind soll sich bei euch zu Hause fühlen und sich nicht wie ein Eindringling vorkommen, der überall im Wege ist, und dem Luft, Spielraum und freie Bewegung fehlen.

Es soll wohl stets gehorchen, aber es soll vor allen Dingen gehorchen wollen. Im Wollen liegt der Wert des Gehorsams. Es daran zu gewöhnen, ist schon viel — — — ihm aber das aufrichtige Verlangen, gerne zu gehorchen, einzuflößen, das ist noch viel mehr. Fragt euch, ob ihr schon so weit seid.

Man soll nie von vornherein annehmen, daß ein kleines Kind nicht gehorchen möchte, im Gegenteil, man glaube vielmehr an seine Gutwilligkeit. Ein einziges Wort, eine Bewegung, ein Anflug von Mißtrauen seiner Folgsamkeit gegenüber, kann in ihm schon den Widerstand erwecken. Außerdem gilt es, soviel als möglich alle Zusammenstöße zwischen seinem und unserem Willen zu vermeiden, es können daraus Zerwürfnisse folgen, die immer bedauerlich sind, sei es, daß wir die Oberhand behalten, oder daß es uns weiter trotzt. Denn wir sind durchaus nicht immer Sieger im wahren Sinne des Wortes, selbst wenn das Kind endlich nachgegeben hat. Viele Siege sind im Grunde nur Niederlagen, denen Karls XII. in seinem Kriege gegen Peter den Großen ähnlich. Dein Kind hat zuletzt gehorcht, ist es aber fügsamer geworden? Und das ist doch der springende Punkt.

Die Kinder sind trotz ihres Unvermögens mächtig gegen uns gewappnet. Sie entwachsen uns. Sie sind reich durch ihre Zukunft. Jeder Tag vermehrt ihre Kraft, sie wachsen unaufhörlich, sie entschlüpfen uns. Bei uns findet das Gegenteil statt. Heute haben wir noch das Übergewicht; es kommt eine Stunde, wo ihre Fähigkeiten den unseren gleich sind; später nehmen wir ab, und sie stehen in der ganzen Fülle ihrer Kraft da. Verliert das nie aus den Augen.

Das Ideal ist also durchaus nicht, daß das Kind mit militärischer Pünktlichkeit dem Befehl gehorcht, es ist nicht die unmittelbare, automatische Befolgung eines Gebots, es ist vielmehr die vertrauensvolle, freudige Annahme eines Willens, den es als gut erkennt, und dem es sich aus vollem Herzen unterordnet.

Wenn euch das Kind mit Murren oder aus Zwang und Furcht gehorcht, wird euer Sieg ein trügerischer sein und für euch beide einer sittlichen Niederlage gleichkommen. Gehorsam nützt sich ab, manchmal bleibt nichts davon übrig für die Zeit, wo er am allernotwendigsten wäre. Bei einem großen Sohne, bei einer 20jährigen Tochter wäre er oft viel wichtiger als bei einem kleinen Kinde. Aber nein, die Großen sind des Joches müde, sie schmachten nach Freiheit. Und da sie wahre Freiheit nicht gekannt haben, so verschmähen sie heute jede Zucht. Dann folgt das Elend.

Es gibt sehr wenige unter uns, die fest entschlossen sind, den Charakter ihres Kindes zu bilden dadurch, daß sie seinen Willen stählen und seine freie Entscheidung hochachten. Der pünktliche Gehorsam, den wir, ganz gleich durch welches Mittel, von ihm fordern, ist freilich bequemer! Von welcher Sorte ist aber dieser Gehorsam? Erzwungener, Gewohnheitsgehorsam oder willig geleisteter? Das ist die Frage.

Ein Kind zu schlagen, um es zum Nachgeben zu zwingen, kann ein Mord an seiner Seele sein. Wir bringen es zum Nachgeben, aber wir haben seinen Gehorsam nicht gestärkt. Seine Seele ist dadurch heruntergezogen und zerdrückt worden. Wenn es sich künftig fügt, so tut es das nur aus Furcht. Zwangsmaßregeln in der Erziehungsfrage gleichen der Zwangsjacke bei der Behandlung von Geisteskranken. Man muß sie manchmal solchen gegenüber anwenden. Hat sie aber jemals einen einzigen geheilt? Und sollte sie bei der Behandlung von geistig Gesunden am Platze sein? Unser Kleiner ist doch kein Irrsinniger, es sei denn, daß wir selber ihn geschädigt und verdorben hätten. In diesem Falle können wir nichts Besseres tun, als ihn so schnell als möglich in die Hände eines tüchtigen Erziehers zu geben, der noch rettet, was zu retten ist, ehe er ein Taugenichts wird.

Gewohnheitsgehorsam ist auch noch nicht das Höchste; denn er birgt Gefahren in sich. Er hat schon manches Kind gleichgültig und unselbständig werden lassen, hat es der Initiative beraubt oder sein Entscheidungsvermögen gemindert.

Der Einfluß zahlloser Eltern ist geradezu verderblich für ihre Kinder, in den oberen sozialen Schichten genau so wie in den niederen. Oft machen gerade die, welche sich auf ihre sogenannten erzieherischen Eigenschaften wer weiß wieviel einbilden, indem sie sich brüsten: „Meine Kinder gehorchen mir wie am Schnürchen," zuletzt das allerjämmerlichste Fiasko.

Mit einem Wort: nur der willige, freie Gehorsam eines fröhlichen, weil nicht erdrückten Wesens, hat einen hohen sittlichen Wert und wirkt erzieherisch für die Zukunft.

Mit wachsendem Alter sollen unsere Kinder selbst an ihrer Erziehung teilnehmen. Der Begriff der schroffen Alleinherrschaft paßt nicht mehr in unsere Zeit, weder in der Regierung der Staaten, noch in der Leitung der Familie. Man mag das vielleicht bedauerlich finden, aber wir können an der Tatsache nichts ändern. Ein Kind recht erziehen, ist darum heute schwerer denn je. Damit müssen wir rechnen, wenn wir durch keine schlimmen Mißgriffe die Harmonie unsres Heims trüben lassen wollen!

Das Verlangen nach Achtung der Persönlichkeit dringt überall durch. Die modernen Kinder brauchen mehr Rücksicht, mehr Schonung als die früherer Zeiten. Das Leben ist empfindlicher geworden. Rohe Mißhandlungen ziehen ganz andere, viel tragischere Folgen nach sich als ehemals, wo solches Verfahren an der Tagesordnung war und die rauheren menschlichen Naturen sich besser demselben anpaßten. Man kommt nachgerade dahin, körperliche Züchtigung zu verwerfen und man tut damit nicht unrecht. Es ist besser, die Kinder als vernünftige Wesen zu behandeln. Die Machteingriffe müssen das letzte Mittel der Eltern bleiben, zu dem man nur in den äußersten Fällen seine Zuflucht nimmt.

Laßt also so oft als möglich euer Kind über sein eigenes Betragen Richter sein, ihr werdet dafür reichlich belohnt werden, wenn es euch ins Ohr flüstert: „Mama, sage mir was du willst, ich werde es tun," oder wenn es treuherzig um die Ratschläge bitten wird, die ihm nicht als harte Befehle aufgedrungen wurden.

Wir müssen es verstehen, unser Heim mit einem Geist der Rechtlichkeit, der gegenseitigen Hochachtung, des Vertrauens und der Liebe zu beseelen, dann wird ganz von selbst jener echte Gehorsam kommen, der sich freudig opfert, weil er dem himmlischen Duft gleicht, der aus der Gemeinschaft solcher Herzen und Leben steigt, die dem Höchsten, dem Dienste des Herrn und der Brüder, geweiht sind.

Ohne Gehorsam gibt es keine Erziehung, keinen Fortschritt, keine Charakterbildung. Sklavische Unterwürfigkeit hebt aber weder Kind noch Erzieher!

Ich sehe hier gewisse Eltern — sogar einige der besten — die beim Lesen dieses Kapitels in die Höhe fahren und

mir widersprechen. Das beirrt mich nicht, denn ich bin über=
zeugt, daß, wenn ihre Zustimmung mir heute fehlt, die der
weisen und gewissenhaften Erzieher mir morgen gehören
wird.

„Das Kind muß gehorchen, weil ich es so will," sagt
ein Erwachsener. Weil du es so willst! Was für einen
Wert wird dann aber solch ein Gehorsam haben? Hast
du dieses junge Geschöpf nicht beraubt, indem du seinen
Willen durch den deinigen verdrängtest? Hast du es nicht
ärmer gemacht? Das Kind soll gehorchen, weil es selber
will, weil sein Herz, sein Gewissen, sein Verstand ihm sagen,
daß es gut und recht ist, zu gehorchen; weil es wollen soll.

Ja, tausendmal besser, als ein Kind zu zwingen, ist
es, ihm den brennenden Wunsch einzuprägen, seine Pflicht
zu erfüllen, artig, gehorsam zu sein. Was habt ihr damit
gewonnen, wenn ihr ihm Gewalt angetan? Entweder wird
sein geschwächter, verstümmelter, gebrochener Wille sich
passiv dem euren unterordnen, und ihr habt ein stumpfes,
mechanisches und nichtiges Sichanpassen erreicht, das in
keiner Weise einem wahren Gehorsam gleicht, — oder der
durch den Kampf geschärfte Kinderwille wird sich in Eigen=
sinn und Widerspenstigkeit verwandeln.

Die trotzigen, bockigen, schwierigen Kinder, über die
man sich bitter beklagt — wie zahlreich sind sie! — sind
meistens tyrannisierte Kinder. Man hat sich an ihrer
Freiheit vergangen, man hat ihren Willen, diesen größten
aller Schätze, ein Gut, das kostbarer als ihre Augen, ihre
Ohren, und ihre Hände ist, angegriffen. Sie verteidigen
sich, die armen Kleinen. Tun sie damit unrecht?

Ach, könnten wir nur all den Ursachen jener kindlichen
Auflehnungen auf den Grund kommen. Es spielen sich in
den sogenannten besten Familien Tragödien ab, fast überall
da, wo die Eltern sich nicht rückhaltlos in die Hände des

allein Weisen geben, wo sie Ihn nicht bitten, daß Er sie leite, wo sie noch ihr Eigenes suchen. Erziehen — vergessen wir es nicht — heißt vor allem auf sich selbst verzichten, es bedeutet demütigen Dienst.

Gewiß, die Eltern sollen Führer sein, aber solche, die sich selber Schritt für Schritt leiten lassen; Führer, welche vorwärts wandern, die Herzen erhoben zu Dem, der allein sie mit verständnisvoller Teilnahme, mit Barmherzigkeit und mit Weisheit erfüllt.

Unsere Heimstätten, wenn sie gewürdigt sind, Kinder zu beherbergen, sollen fast von Himmelsluft durchdrungen sein.

Ich frage euch, ist das stets, ist das oft der Fall? Erinnert euch an alle die traurigen Auftritte, mit ihrem Weinen, Geschrei, Streiten, mit ihrer Empörung, mit Schlägen und harten Worten! Habt ihr nie solche bei euch erlebt? Dergleichen Dinge müßten da unbekannt, unmöglich sein, wo kleine Kinder leben!

Und wir sprechen von Ehrfurcht, von Ehrerbietung, von Gehorsam? Welche Ironie!

Haben wir damit angefangen, jenen kleinen uns von Gott geliehenen Wesen Achtung zu erweisen? Haben wir uns vor Seinem Angesicht gebeugt, tun wir es allmorgendlich von neuem, damit Er uns für unsere Aufgabe befähigen möchte?

Väter und Mütter, prüft euch bis auf den Grund und schlaget an eure Brust. Werdet weise, nachsichtig, friedfertig, selbstlos, bescheiden. Bessert euren Charakter durch eine völlige Hingabe an Den, der die Quelle der Vollkommenheit, der Gnade und Liebe ist. Dann werden wir weniger Grund haben, über die Kinder, die wir für Ihn erziehen, zu klagen.

„Mir sind diese sechs wilden Jungen zu meiner Strafe gegeben," schalt einmal eine Mutter. Ihre Kinder hörten es.
Arme Mutter, wenn sie nicht deine Krone, nicht das unaussprechliche Glück deines Lebens werden — an wem liegt die Schuld?

Warum beklagt man sich in so vielen Familien so bitter über den Ungehorsam der Kinder? Woran liegt das? Was ist einer der weiteren Gründe davon?

Die Sache ist sehr einfach. Wollen die Eltern mit dem Priestergewand der Autorität bekleidet sein, so muß sie fest, einheitlich und geschlossen sein. Die Mutter hat stets dem Vater Ehrlichkeit und Offenheit entgegenzubringen, und er soll bei jeder Gelegenheit das Recht der Mutter ins helle Licht stellen. Wie kann man von dem so klarblickenden Kinde willigen Gehorsam fordern, wenn es bei denen, die bei seiner Leitung eins sein sollen, einen Zwiespalt merkt?

Und wenn es nun gar solche Worte hört, wie: „Da seht ihr's, so sind die Frauen", „Es ist eben eine Frau", oder ähnliche, im Ton der Bitterkeit und der Verachtung ausgestoßen, dann ist's um das mütterliche und — mehr als man denkt — auch um das väterliche Ansehen geschehen. Euer Kind ist jetzt in Versuchung nur noch der Gewalt zu gehorchen. Das schöne, heilige Bild der beiden in gegenseitiger Achtung verbundenen Eltern ist für immer verschwunden, zerstört durch dieselben, welche nicht laut genug von ihrem Kinde ehrerbietige Achtung fordern können. Wie viele Väter vernichten so in leichtsinniger, törichter Weise die Autorität ihrer Lebensgefährtin und erschüttern ihre eigene dadurch, daß sie die der Mutter ihrer Kinder schuldige Ehrfurcht untergraben.

Wollt ihr von Gehorsam und Respekt umgeben sein, so seid also einig.

Das Betragen eurer Nachkommen richtet sich nach dem eurigen. Ihr erntet die Frucht eurer Aussaat, indem ihr unehrerbietige Kinder habt, wenn ihr das Band eurer Ehegemeinschaft sich entwerten oder gar lockern ließet. Andrerseits aber werdet ihr Rücksicht, Fügsamkeit, Achtung, Verehrung und ganz von Liebe durchdrungene Anerkennung erfahren, wenn ihr selber das Beispiel eines lediglich auf das höchste Ziel, nach dem Ideal des Guten gerichteten Strebens und Arbeitsgemeinschaft gebt.

Eins muß, um Mißverständnissen vorzubeugen, noch betont werden: Wenn wir das, was man landläufig unter „Strenge" versteht, Kindern gegenüber wenig schätzen, so reden wir mitnichten einer laxen Erziehung das Wort.

„Festigkeit" ist unsere Losung.

Vielen Kindern wird eine freudlose Jugend bereitet, weil die Eltern — in der besten Absicht — sich einbilden, daß, je öfter sie die Stirn runzeln, je genauer sie bis ins allerkleinste dem Kinde vorschreiben, was es zu tun und zu lassen habe, seine Erziehung desto besser wäre. Dadurch rauben sie ihm im Gegenteil die unschuldige Frische, die wertvolle Ursprünglichkeit, das freiwillige aus eigenem Antrieb kommende Handeln, von denen es nie zuviel besitzen, sowie auch nie zuviel ins reifere Leben mit hinübernehmen kann.

Bös meinen es solche Eltern gewiß nicht. Aber, aus irregeleitetem Pflichtgefühl, wenn nicht aus Bequemlichkeit, üben sie einen Druck aus, der keinen nennenswerten Nutzen bringt. Er schadet hingegen schon deshalb ganz gewaltig, weil manche Kinder sich heimlich die Gewährung der Wünsche verschaffen, welche ihnen versagt wurden. Was da für Keime zur Unwahrhaftigkeit eingepflanzt werden, weiß jeder, der mit offenen Augen die Zustände, wie sie in Wirklichkeit sind, ansieht. Aber „Festigkeit" ist das Geheimnis der Erziehungskunst. Soll wirklich etwas verboten werden, dann sei dieses Verbot zielbewußt, ruhig und ohne Schwachheit durchgeführt. So lernt das Kind verstehen, daß es Punkte gibt, wie vor allem das Lügen, wo unerbittlich Ernst gemacht wird. Und gerade weil es im übrigen soviel Freiheit genießt, soviel Möglichkeit besitzt, sich auf harmlose, wenn auch vielleicht etwas lärmende Art, auszutoben, wird es meistens gern diese Verbote heilig halten. Umgekehrt beweist die alltägliche Beobachtung, daß Eltern, die alles und jedes verbieten, nur sehr mangelhaften Gehorsam ernten.

„Wenn die Kinder lärmen, bin ich ruhig," pflegte in meiner Jugend eine erfahrene Erzieherin zu sagen, „denn dann weiß ich, daß sie nichts Unrechtes tun. Merke ich aber, daß sie mäuschenstill in einer Ecke stecken, so wird mir bange, weil das unnatürlich ist und sie dann gewöhnlich irgend etwas Dummes aushecken."

Strafen.

Heftigkeit in der Erziehung ist stets ein Beweis von Schwäche.
Sonssagrive.

Es ist einer der größten Schmerzen für ein Kind, wenn man an ihm zweifelt. Schläge wirken selten Gutes,

schaden meistens. Sie schaden dem Kinde und dem Er=
zieher. Jawohl, dem Erzieher vor allem, denn sie machen
ihn unfähiger für seine Aufgabe und können ihn sogar
herabwürdigen.

Durch Schläge einen Schwächeren bessern? Große
Kunst, edles Mittel! Man stelle sich das vor! So macht
man es mit Tieren, die weder ein Gewissen noch Vernunft
besitzen. Wenn der Erzieher nur seine körperliche Kraft
zu Hilfe ruft, wird er vielleicht sich davon entbunden hal=
ten, selber würdiger zu werden.

Denn wenn er sich sagt, daß er in letzter Instanz
zu diesem beinahe unfehlbaren Mittel greifen kann, so
liegt, ich wiederhole es, ihm die feine Versuchung nahe,
sich nicht die nötige Mühe zu geben. So strebt er am Ende
gar nicht nach dem Übergewicht, das ihm aus einer ruhigen
und unbestreitbaren Autorität ganz naturgemäß erwachsen
würde. Was dem Erzieher das Übergewicht geben, was
die Wagschale bei der mühsamen Erziehungsarbeit zu seinen
Gunsten niederdrücken soll, darf nur sein persönlicher Wert,
sein Takt, seine Weisheit, seine Erfahrung, mit einem Worte
seine sittliche Überlegenheit, nicht seine Körperkraft sein.
Da, wo diese Bedingungen erfüllt sind, kommt der Gedanke
an Schläge weder dem Kinde noch dem Erzieher.

Steht dieser innerlich hoch genug, so hat er ganz von
selber Autorität. Persönlichkeit imponiert stets.

Schläge schaden auch dem Kinde, denn die Wahrhaf=
tigkeit ist die beste Grundlage der Erziehung. Nun schließen
sich aber Schläge und Offenherzigkeit gegenseitig aus. Ein
eingeschüchtertes Kind wird verschlossen, diese Regel kennt
keine Ausnahmen. Wenn das Verhehlen, das Heimlich=
tun einmal anfängt, dann weiß niemand, wo das Böse
aufhören wird. So erzieht man in tiefer Finsternis einen

Charakter, der das volle belebende und stärkende Tages=
licht nötig gehabt hätte.

Ein Kind dadurch um seine Freistunde bringen, daß
man es vielleicht gar in einen finsteren Raum einsperrt,
ist dumm und grausam, denn so beraubt man ihn des
natürlichen Ableitungsmittels, das seine Aufsässigkeit nötig
gehabt hätte. Die beständige Unruhe der Kleinen ist ja
gerade ihr Leben, dazu haben viele ihrer Untaten keine
andere Ursache als eine Ermüdung der Nerven. Sie wurden
vielleicht durch Überanstrengung, vielleicht aber auch durch
Mangel an Freiheit veranlaßt. Eine Ausspannung ist ihnen
also um so unentbehrlicher, je mehr sie Unbotmäßigkeit
und Übermut gezeigt haben.

Manche Eltern haben eine noch sinnlosere Art; sie
entziehen ihren Kindern eine Mahlzeit und glauben töricht=
terweise, daß, wenn sie ihnen das Notwendige verweigern,
sie ihre Nerven und ihren ganzen Organismus nicht
schwächen. So setzen sie dieselben gerade damit den Ver=
suchungen aus, vor denen sie sie bewahren wollen. Denn
viele Unarten sind physischer Art und rühren öfter, als
man denkt, von einer körperlichen Ursache her. Wenn
Strafen, wie die oben erwähnten, ein Wesen treffen, das
eben noch in langsamer und zarter Bildung begriffen ist,
so sind sie barbarischer, als man es sich gewöhnlich vor=
stellt, und können eine verhängnisvolle Wirkung auf seine
ganze Entwicklung haben.

Soviel als möglich — die Sache ist zu machen, sie
ist sogar leicht, überall da, wo Kind und Erzieher von
gutem Schlage sind — vermeide man die Strafen. Ein
Blick, ein mahnendes Wort genügen; sie appellieren, mehr
als Strafen es vermögen, an das kindliche Gewissen und
machen den Zögling zum Mitarbeiter des Erwachsenen beim
Werke seiner Erziehung. Er begreift, daß die, welche ihn

leiten, nur sein Bestes wollen, er liebt und vertraut um der Liebe, Güte und Gerechtigkeit willen, die vom ersten Tage seines Lebens bis zum gegenwärtigen Augenblick über seinem Geschicke schwebten.

Im allertiefsten Grund wünscht jedes Kind artig zu sein.

Eine zu große Aufgeregtheit ist manchmal die Ursache der kindlichen Unart. Je schwieriger ein Kind ist, desto mehr gilt es also, es zu beruhigen, zu besänftigen. Ein Kind hat schlecht geschlafen, es wird launisch, denn die böse Laune ist häufig ein Produkt der Nerven. Würde in diesem Falle es auch nur im geringsten dem Bedürfnisse der gegebenen Lage entsprechen, wenn man ihm eine Szene machen wollte? Ich kenne viele eigensinnige, wilde, schwer zu behandelnde Kinder, die wie umgewandelt wurden, als es gelang, sie länger und ruhiger schlafen zu lassen.

Man habe Mitleid mit ihnen, wenn sie unrecht tun, man habe Erbarmen mit allen sogenannten bösen Kindern. Sie möchten ja gern artig sein, sie wünschen es oft, sie haben es stets nötig. Helfen wir ihnen genugsam, auf den guten Weg zu kommen?

In jeder rechten Strafe muß etwas Sühnendes liegen; damit aber dieselbe keinen vergiftenden Stachel hinterlasse, muß herzliche Liebe damit verbunden sein. Das Mitleid mit dem schuldigen Kind zeigt sicher den Weg zu der rechten Verbindung der beiden Seiten.

Wenn's wirklich der Strafen bedarf — ich weiß Häuser, wo man sie kaum kennt und deshalb um so glücklicher ist — da sollen sie durch ihre weise Art zur Ermutigung, zum

Vorwärtsstreben, zur Kräftigung dienen. Läßt man ein Kind die Folgen inne werden, die sich naturgemäß aus seinem Fehler ergeben, so ist das fast immer schon die beste und wirksamste Zurechtweisung.

Alles, was ihr wollt, daß euch die Leute
tun sollen, das tut ihr ihnen auch.
Matth. 7, 12.

Mußt du jedesmal schelten, wenn das Kind es verdient? Jedesmal? Ward es nicht beschämt an dem Tage, wo du ihm eine Unart vorwurfslos vergabst?

Bedenke, wie Gott es mit uns macht, wenn Er uns zu Sich zieht aus lauter Güte. Wie vieler unverdienter Gnaden erfreuen wir uns doch, wie oft müssen wir ausrufen: „Herr, ich bin nicht wert aller Deiner Barmherzigkeit!"

Laß Strahlen ähnlicher Barmherzigkeit auch den Pfad deines Kindes erleuchten! Verlange nicht von ihm, daß es immer brav, immer artig sein soll. Sind wir es denn? Aus wieviel Schwachheit, Schuld, Missetat ist ein einziger unserer Tage zusammengesetzt! Sollten wir an unser Kind einen schärferen Maßstab anlegen dürfen, als an uns selbst?

Gott haßt die Sünde, gewiß, aber Er straft den Sünder nicht nach jedem Vergehen. Lernen wir von Ihm, manchmal die Augen zu schließen: das ist keine Schwäche, sondern höchste Pädagogik; denn Nachsicht, in der Hand eines gediegenen Erziehers, der selber das Beispiel alles Guten gibt, ist eine große Macht. Ja, es steht so im Leben: je besser der Erzieher, desto leichter seine Hand. Schlechte Lehrer und traurige Eltern, die stets strafen zu müssen glauben!

> Nur dann wirst du durch dein Kind die herrlichsten Freuden erleben, wenn du das Bild Gottes in ihm hochachtest.

Endlich sei man sich über das Eine klar, was allzulange nur und meistens wissentlich mit Stillschweigen übergangen wurde. Es ist dies, daß körperliche Strafen in geistiger Hinsicht keinen Wert haben und nichts nützen. Ein Schlag vermehrt weder die Intelligenz, den Willen, noch die Arbeitskraft. Viele Wesen werden im Gegenteil durch Mißhandlungen verdummt! Während der Unterrichtsstunden sollen die sogenannten Kopfnüsse ein für allemal bei allen denen, die das große Vorrecht haben, die Keime der Wissenschaft in die Kinderseele zu senken, verbannt und verpönt sein. Eine Ohrfeige kann ein augenblickliches Hilfsmittel sein, doch ist ihre Wirkung selten entscheidend, tiefgehend oder wirklich wohltuend. Der Schüler wird wieder in denselben Fehler verfallen. Allein die Furcht vor der Strafe könnte ihren Einfluß zu einem dauernden machen, aber die Furcht ist eine schlechte Führerin, welche den Eifer, die Selbsttätigkeit zerstört und welche die gesunde Vernunft bis zu den Lebenswurzeln schädigt. Sowohl jeder ungeduldige Erzieher, wie auch jeder, der unfähig oder unwillig ist, in anziehender Weise zu lehren, eignet sich keineswegs für die sehr zarte Jugend. Er ist auch unwürdig eines solchen Amtes. Das alte Sprichwort bleibt immer wahr: „Von zehn Schlägen, die das Kind erhält, verdient der Erzieher neun."

Erzieher sollten das edle Beispiel der Frau Susanne Wesley, der Mutter des großen englischen Predigers, dem England sein bestes sittliches und religiöses Leben verdankt, beherzigen. Sie erklärte eines Tages einem ihrer Kinder

die tiefen Geheimniſſe des Abc und ſtieß dabei auf einen
dieſer widerſpenſtigen Geiſter, die man manchmal in den
erſten Lebensjahren trifft. Als hervorragende Pädagogin
regte ſie ſich aber durchaus nicht über die Sache auf. Und
als ihr Mann ihr etwas ärgerlich ſagte: „Nun haſt du
wohl zwanzigmal dieſem dummen Kinde dasſelbe wieder=
holt," antwortete ſie ohne jede Ironie, mit ſtrahlendem
Lächeln, indem ſie die Backe des armen kleinen Sünders
zärtlich ſtreichelte: „Nun ja, hatten doch neunzehnmal nicht
genügt." Dieſe hochherzige Mutter verdiente den hohen
ethiſchen, geiſtigen und religiöſen Wert ihrer zehn Söhne
und Töchter als Belohnung und herrliche Krönung ihres
Lebens.

Eine Mutter, die einen ſehr ſchwierigen kleinen Kna=
ben beſaß, nahm ihn bei Zornausbrüchen ruhig in ihre
Arme, ſtieg mit ihm in den Keller hinab, ſetzte ſich auf
die Treppe und preßte ihn ſtill an ſich, während er auf
ihrem Schoße ſaß. Manchmal wiegte ſie ihn auch ganz
ſanft. Niemals ſprach ſie ein Wort. So blieben Mutter und
Kind mehrere Minuten, manchmal noch länger, bis der
Kleine ganz ruhig wurde. Zuletzt ſchlang er meiſtens ſeine
Ärmchen um ihren Hals und hauchte: „Vergib!" — — —

Er wurde größer und ſeine Heftigkeit ließ nach. Als er
zehnjährig war, kam ſie aber doch an einem Spätnachmittag
einer ganzen Kleinigkeit wegen wieder zum Vorſchein. Er
ſchrie, ſtampfte mit dem Fuß, ſchlug um ſich und riß Pa-
piere, die auf ſeines Vaters Arbeitstiſch lagen, abſichtlich
herunter. Dann, als ſeine Mutter, ſtarr vor Schmerz,
regungslos ſitzen blieb, ſtürzte er, die Tür laut hinter ſich
zuwerfend, hinaus. Sie blieb unſchlüſſig zurück. Ihm nach=
gehen oder ihn von ſeinem Vater ſtrafen laſſen? Nein,

nein, das ging nicht an. Aber was tun? Sie wußte es nicht und fragte ihren himmlischen Vater, wie es ihre Gewohnheit war. Endlich hörte sie etwas Geräusch im Schlafzimmer nebenan. Es war wohl ihr armer Knabe, was tat er nur? Ihr Taktgefühl hinderte sie nachzusehen. Zuletzt aber, nach einer guten halben Stunde, ging sie ihn zu suchen. Und als sie in die Stube eintrat, lag er regungslos im Bett und hatte, wie vor Jahren, den Daumen tief im Munde.

Ohne ihn anzusehen, kniete sie nieder und betete laut. Was sagte sie? — — —

Sie legte die schwere Sünde ihres Sohnes vor das Herz des Allmächtigen, den sie um Vergebung anflehte, nicht nur für ihn, sondern auch für sich selber, denn sie meinte, ihr Kind vielleicht nicht recht verstanden, nicht so geleitet zu haben, wie sie es hätte tun sollen. Dies sprach sie aus. Und dann dankte sie für die Vergebung, die Christus für uns alle durch Seinen Tod erkauft hat. Darauf erhob sie sich, setzte sich ans Bett, nahm die Heilige Schrift und las laut. Der Knabe hatte angefangen, leise zu weinen, all seine Aufregung war verschwunden.

Als sie sich etwas später über ihn beugte, um ihm den Gutenachtkuß zu geben, da schlang er wie ehemals die Arme um ihren Hals, und leise kam es über seine Lippen: „Vergib!"

Das Gute hatte gesiegt, der Sünder war niedergesunken zu seines Heilandes Füßen, dort, wohin unsere Reue gehört und woher die Vergebung kommt! Will Erziehung etwas anderes als dahin führen?

> Um geachtet zu werden, braucht man nicht
> Furcht einzuflößen.

Diese selbe Mutter wurde einmal von anderen Müttern gefragt, wie es mit den Strafen in ihrem Hause stünde, wie diejenige wären, welche sie zu verhängen pflege, usw. Da schaute sie etwas erstaunt auf, besann sich einen Augenblick und sagte zuletzt: „Bei uns gibt es, soviel ich mich entsinne, keine Strafen."

Und so war es auch. Nicht, daß ihre Kinder besser gewesen wären als andere, aber sie waren glücklicher. „Meinem Papa will ich nicht weh tun, er ist zu nett," hatte ein anderer der Söhne einst einem Kameraden, der ihn für Böses gewinnen wollte, geantwortet.

> Vergiß nicht, daß in deinem Kinde Göttliches lebt und berufe dich stets darauf. Die Kinder fühlen, ob man in der Erziehung an das Hohe oder an das Niedrige in ihnen appelliert.

Eine Erziehung, welche unter dem Vorwande der Zurechtweisung erdrückt, wo sie vielmehr erheben und entwickeln sollte, tut ein verderbliches Werk, weil sie die angeborenen Reichtümer des Kindes vernichtet. Wir müssen mit dem zu unserer Verfügung stehenden Material bauen. Wenn das Gebäude nicht aus Werksteinen ausgeführt werden kann, gut, so mögen Holzbretter genügen, wenn man keine Schieferplatten für das Dach hat, so deckt man es mit Ziegeln oder mit Stroh. Das Wesentliche ist, daß man aus den Quellen, welche jede Kinderseele birgt, Nutzen zieht.

Wir sind nur zu geneigt, dieselben zu verachten, wenn's nicht gerade solche sind, die wir wünschen und die wir erwartet hatten. Solche Geringschätzung ist eines Erziehers, der seinen Beruf versteht, unwürdig. Und wie viele Eltern machen sich derselben schuldig!

Wahrheitsliebe.

Die, welche selber nicht volle Achtung verdienen, versäumen gern, sie anderen zu beweisen und erniedrigen dadurch ihre Nächsten, zumal ihre Kinder.

Wir alle möchten wahrheitsliebende Kinder haben. Wie können wir sie bekommen?

Die erste Bedingung ist selbstredend, daß sie in einer Wahrheitsatmosphäre aufwachsen. Zwei Dinge aber, die sie sich doch fortwährend gegenwärtig halten sollten, vergessen oder wissen sogar viele Mütter nicht:

1. Das Kind wird mit dem Nachahmungstrieb geboren. Es richtet sich nach dem ihm gegebenen Beispiele und stimmt sein Betragen nach demjenigen seiner Umgebung ab.

2. Das Kind merkt in einem erstaunlich frühen Alter unsere Lügen, unser Doppelspiel, selbst unsere kleinsten Unaufrichtigkeiten und Verschleierungen.

Gewiß, die Mehrzahl der Mütter, alle guten Mütter, haben einen Abscheu vor offenbarem Betrug. Sie halten darauf, vor ihrem Kinde die Wahrheit zu sagen. Sie täuschen es nicht. Die Suppe ist angebrannt, sie geben es offen zu. Eine Arznei schmeckt widerlich. Sie sagen: „Ja, sie schmeckt schlecht, aber sie wird dir wohltun." Sie drohen nicht mit dem Gendarm und dem schwarzen Mann. Sie halten gewissenhaft ihr Versprechen. Das ist schon viel.

Aber es ist noch nicht genug. Unsere kleinen Kinder haben ein so zartes Gemüt, daß sie selbst die allerleichteste Verstellung, den allergeringsten Mangel an Aufrichtigkeit und Offenheit herausfühlen. Eine tatsächliche Lüge wirkt auf ihre Seele wie Gift auf den Leib. Wenn sie wachsen und gedeihen sollen, brauchen sie Erzieher ohne Flecken. Genauigkeit, Bestimmtheit und völlige Klarheit sind für sie unentbehrlich. Sie bedürfen auch des völligen Vertrauens der Erwachsenen. Nichts erschüttert die Ehrlichkeit eines Kindes mehr, als wenn es entdeckt, daß man ihm nicht blindlings glaubt. Die Kleinen, welche die Wahrheit verdrehen, sind fast immer durch die sittlichen Mängel der anderen dazu verführt worden.

Frage dich, ob dein Kind dir die Wahrheit zu sagen vermochte. Log es aus Angst vor dir, so verdienst du die ihm zugedachte Strafe, denn du hast dich an ihm vergangen.

„Du hattest es gesagt, so habe ich geglaubt, daß ich's getan hätte," schluchzte ein kleines Mädchen, dem seine Mutter in etwas rauher Weise irgendeine Missetat auf den Kopf zugesagt und das auf der Stelle unter Tränen sich für schuldig erklärt hatte.

Einige Tage darauf aber entdeckte die Mutter zu ihrem Schrecken die völlige Grundlosigkeit ihrer Beschuldigung. Man kann sich ihre Bestürzung vorstellen.

Welch eine Lehre für sie und uns alle, denn solche Dinge geschehen oft genug, gerade in den Häusern, wo die Mütter willensstark und die Kinder verschüchtert sind.

Die Grundlage jeder sittlichen Erziehung muß Hochhaltung der Wahrheit sein.

Unter den Hindernissen, welche den schmalen Weg zum ewigen Leben bilden, richtet die Falschheit mit ihren Helfershelfern, Betrug und Verstellung, stets die unüberwindlichste Schranke zwischen uns und unserem höchsten Ziel auf. Wie wichtig also ist es, unsere Kinder davor zu warnen!

Der Kampf muß sich aber zu allererst gegen uns selber richten. Die ersten Siege müssen über unsere eigenen Versuchungen davon getragen werden. Nur soweit wir Einfluß verdienen, werden wir auch solchen auf unsere Kinder ausüben. Wir prägen ihnen nur das ein, was wir persönlich erworben haben. Wenn eins von ihnen an unserem Betragen einen Mangel an Ehrlichkeit entdeckt, dann bemühen wir uns nachher vergebens, aus ihm einen geraden und klaren Charakter zu bilden; nur ganz ausnahmsweise kann das noch zustande kommen.

Um des Wohles unserer Kinder willen müssen wir also voll und ganz aufrichtig sein. Die Unredlichkeit schadet nirgends so als am heimischen Herd, sie zersetzt, sie zerstört dort alles. Der lauterste Freimut sollte unsere ehelichen Beziehungen regieren.

„Unmöglich durchzuführen," werden manche Ehefrauen versichern, „unsere Männer sind zu streng; vor allem müssen wir uns hüten, sie nicht zu verstimmen. Es hieße, uns den

Strick um den Hals legen, wenn wir ihnen gewisse kleine
Ausgaben, diese und jene Irrtümer bekennen würden oder
ihnen die Mißgeschicke beichteten, deren Ursache oder Opfer
wir in der Wirtschaft sind, kurz, wenn wir sie bis in die
geringsten Einzelheiten des täglichen Lebens eindringen
ließen. Die Männer sind unfähig, sich in unsere Lage zu
versetzen, man muß sie eben zu nehmen wissen. Manches
wird besser verschwiegen. Wie viele Streitigkeiten wer=
den vermieden, wenn man der Wahrheit ein Mäntelchen
umhängt! Wenn es einer Frau an Schlauheit und an diplo=
matischem Geschick gebricht, dann muß sie auf viel Ärger
rechnen. So ist es gewesen, solange die Welt steht, und
daran läßt sich nichts ändern."

Ich sage euch im Gegenteil, daß es immer eine schlechte
Politik ist, wenn man seinen Mann hintergeht, und daß es
ein moralischer Mord ist, wenn man seine Kinder belügt.
Wenn die Mutter ihren rechtmäßigen Platz im Hause ein=
nehmen will, so muß sie den Kopf ohne Scheu erheben dürfen.
Unwahrheit macht schüchtern, furchtsam, sie verrät sich, wenn
nicht heute, so doch morgen. Wird sie nicht durch List
und Vorsicht aller Art gestützt, dann fällt sie zusammen.
Es ist eine stete Sorge, eine drohende Schmach, die wie
ein Damoklesschwert über unseren Häuptern schwebt.

Die Wahrheit hingegen läßt uns aufrecht stehen und
befreit uns. Wenn sie unumwunden, ohne Vorbehalt aus=
gesprochen wird, dann kann wohl ein kurzes Gewitter ent=
stehen, aber in seinem Innersten ehrt der Mann diejenige,
welche den Mut der vollkommenen Offenheit hat.

Ist diese nur beständig, so wird nach und nach der
herrschsüchtigste Gatte gegenüber dieser kühnen Recht=
schaffenheit etwas von seiner schroffen Art ablegen müssen.
Wo man die Furcht nicht kennt, hat der Tyrann sein

Recht verloren, er muß abdanken oder zum mindesten seine Ecken abschleifen.

Da, wo eine Mutter für das Gute und die volle Wahrheit lebt, gibt es weder zwei Lager noch zwei Parteien. Die Kinder ehren die, welche sie als tapfer und treu erkennen, sie werden sie, vielleicht ohne es zu beabsichtigen, mächtig und mit den Jahren immer wirksamer beschützen. Hat die Gattin eines harten Mannes den Mut, gewissenhaft wahr zu bleiben, so wird allmählich ihr Leben leichter werden, bis zu dem Tage, wo man ihr endlich vollkommene Gerechtigkeit widerfahren läßt. Ihr Mann lernt nachzugeben, während sie selbst größere Unabhängigkeit und Freiheit erlangen wird. Wo die Wahrheit herrscht, ist das Glück nur eine Zeitfrage. Zu edlen und starken Charakteren geworden, müssen die Kinder einer durch und durch wahren Mutter diese mit ihrer ehrerbietigen Liebe umgeben und sie selig preisen.

> Sollen Kinder wahrhaftig werden, so haben wir vor allem ihnen unbedingten Glauben zu schenken. Nichts verletzt ihr Gewissen so sehr wie der Argwohn.

Weh, o weh der Lüge!
Sie befreit nicht wie jedes andre wahr gesprochene Wort
         die Brust,
Sie macht uns nicht getrost;
Sie ängstigt den, der sie heimlich schmiedet
Und sie kehrt, ein losgedrückter Pfeil,
Von einem Gott gewendet und versagend
Sich zurück und trifft den Schützen.

      Goethe (Iphigenie).

Es gibt Augenblicke im Leben, wo eine Mutter das ganze Gewicht ihrer Autorität und ihren ganzen Einfluß bei einem vielleicht schon größeren Sohne und einer schon älteren Tochter einsetzen muß. Die Welt versichert ihnen Dinge, die gegen ihre mütterlichen Unterweisungen gerichtet sind. Da muß die Mutter sagen können: „Glaube mir, mein Kind, denn du weißt, ich habe dich noch niemals belogen."

Erziehung des Willens.

Von der Gewalt, die alle Menschen bindet,
Befreit der Mensch sich, der sich überwindet.
Goethe.

Was ist der Wille? Es ist der beständige Wunsch und der ebenso beharrliche Entschluß, nach persönlichem Ermessen zu handeln. Der Wille hat als Kehrseite den Eigensinn; das heißt die Verlängerung eines Wollens, das sich selbst überlebt, weil es nicht mehr Frucht bewußter, bestimmter und vernünftiger Überlegung ist.

Der Wille ist einer der edelsten Schätze und eine der lebenspendenden Quellen für die Zukunft des einzelnen. Es sollte also nicht davon die Rede sein, ihn zu brechen; keiner sollte wagen, ihn zu vermindern; das käme der törichten Vernichtung der kostbarsten Grundbedingung jedes sittlichen Lebens gleich.

Und doch, wie mancher Erzieher wagt es heute noch, den Willen seines Zöglings zu verkürzen, weil er selber nicht fähig ist, ihn zu bilden, zu vervollkommnen und zu veredeln.

Ich behaupte gewiß nicht, daß die Entwicklung des Willens unserer Kinder eine leichte Aufgabe sei, ich halte sie im Gegenteil für eine der schwierigsten in der ganzen Erziehung. Wenn man sie hie und da für die härteste erklärt, so wäre das kein großer Irrtum. Hier ist ein Kind, das sehr seinen eigenen Kopf hat, es ist willenskräftig, sogar trotzig — hier ist ein anderes, das schlaff, träge, gleichgültig, unentschlossen, allen Einflüssen, guten wie bösen, zugänglich ist. Bei beiden handelt es sich darum, einen vernünftigen Willen zu formen, das heißt einen solchen, wie die menschliche Bestimmung ihn fordert, ein gemäßigtes, klares Wollen, das zugleich fest und unabhängig ist.

Im ersten Fall, wo des Kindes Wille sich schon lebhaft äußert, hat sich die Mutter voll Zartgefühl und Weisheit im Hinblick auf das Erziehungsziel mit demselben zu verbinden. Statt diesen Trieb zu unterdrücken, wird sie ihn aufklären und ihn als Wegweiser für ihren Zögling benutzen. Es ist ihre Aufgabe, das Kind den richtigen Gebrauch seiner Kraft zu lehren, damit es lerne, das Gute frei zu wollen und selbständig, geistesgegenwärtig und schnell entschlossen zu handeln, was der Volksmund mit: „einem fixen kleinen Mann" bezeichnet. Natürlich müssen das Gewissen und die erhaltenen guten Lehren dabei mitbestimmend wirken. Wenn trotz aller Vorsicht der Mutter ein Widerstand ausbricht, wird sie soviel als möglich sich hüten, das Kind zum Nachgeben zu zwingen, weiß sie doch aus Erfahrung, daß gerechte und erhebende Siege nur durch freie Entscheidung gewonnen werden. Wenn diese Mutter klug, geduldig und einsichtig ist, wenn sie selber hohe sittliche Fähigkeiten erlangt hat, darf sie im Laufe ihres Erzieherberufes und besonders nach seiner Vollendung auf viel Befriedigung rechnen.

Bei einem Kinde mit schwachem Willen ist diese Mission noch weniger bequem.

Gewiß, nirgends braucht der Wille erst geschaffen zu werden, denn kein Mensch, es sei denn ein von Geburt an Blödsinniger und Idiot, tritt ohne alle Anlage für den Willen in die Welt. Die Keime wenigstens sind schon da, obgleich häufig so tief vergraben, daß es nur mit unendlicher Mühe gelingt, sie an den Tag zu bringen. Auch hier bewährt sich die Schule der Freiheit, in deren belebenden und erwärmenden Strahlen dieselben, wenn auch langsam, so doch sicher, zur Entfaltung kommen. Daß dabei das Kind durch unablässige Forderung der treuesten Pflichterfüllung gestählt werden muß, versteht sich ganz von selbst; mit einem laxen Sichausleben hat dies nichts zu tun. Es soll wissen, daß man Energie und treueste Pflichterfüllung von ihm verlangt.

Ein zehnjähriges Mädchen war zu einer kleinen Nachbarin eingeladen. „Um sechs Uhr wirst du zu Hause sein", sagt die Mutter zu ihr. Es schlägt sechs, das Kind erscheint nicht. Endlich, um sieben, tritt es, munter grüßend, harmlos und unbewußt, daß es einen Vorwurf verdient, ein. „Warum kommst du so spät?" „Mama, ich hatte deinen Befehl nicht vergessen, und ich wäre gern eher fortgegangen, aber sie wollten mich nicht gehen lassen." „Meine Tochter, verstehst du nicht, daß du die Verpflichtung hattest, zur bestimmten Stunde zurück zu sein?"

Die Kleine senkt den Kopf, dabei wiederholt sie aber: „Ich wollte es gern tun, aber sie wollten nicht," und sie fügt hinzu: „Was sollte ich anfangen?"

Hört ihr nicht die Antwort der Mutter? „Was du tun solltest? Ganz einfach, mit noch stärkerem Willen den der anderen besiegen! Das war deine Pflicht."

Ihr stellt euch auch diese Mutter später vor, wie sie dieses mustergültige Beispiel benutzt, um ihrer Tochter die unumgängliche Notwendigkeit eines persönlichen Willens klar zu machen. Jede Gelegenheit wird ihr willkommen sein, um markige Grundsätze zu verkünoigen. Darf ich hinzufügen, daß die kleine Heldin dieser Anekdote, welche anfänglich aller Festigkeit und aller Entschlußfähigkeit bar erschien, schließlich ein hinreichendes Teil dieses für unsere Söhne und Töchter unerläßlichen Besitzes erlangt hat.

Wenige junge Menschen werden später gewissen herrischen Versuchungen siegreich widerstehen können, wenn ihr Wille von klein auf nicht gestählt wurde.

So lange unsere Kinder klein sind, müssen wir ihren noch zu schwachen Willen durch den unseren stützen, damit sie die ihnen unentbehrliche Gewohnheit zum Guten gewinnen. Dann läßt man sie nach und nach es allein tun. Wenn wir es verstanden haben, ihrem Willen, ihrem Charakter und ihren Entschließungen in dem gewünschten Sinne die rechte Richtung zu geben, dann werden sie unter Gottes gnädiger Hilfe an das Ziel gelangen, das unsere Liebe für sie erfleht.

Man lasse also auch hier jedes Kind an seiner eigenen Erziehungsarbeit teilnehmen, man rege es dazu an. Wir wollen nie vergessen, daß wir an ihm einen unschätzbaren Bundesgenossen besitzen. Erst durch die Verbindung mit ihm läßt sich mit Gottes Gnade der Sieg erringen. Dies

Aufbauen der Persönlichkeit fordert viele Opfer, sowohl vom Kind als vom Erzieher; unter allen Methoden ist sie aber die beste, weil Selbstdisziplin wie der rote Faden, der zum Ziele führt, ist.

Die Erziehung des Willens und des Gewissens ist ganz besonders wichtig bei den Töchtern. Da ist viel zu tun. Mädchen kennen oft ungenügend das Gesetz der Pflicht, der Verantwortung, und doch brauchen die körperlich Schwächeren ganz spezielle Seelenkräfte. Männliche Tugend ist nicht nur den Knaben nützlich, ihre Keime sind in der ganzen Menschheit niedergelegt, überall sollen sie zur Blüte kommen. Mit Wissen und Willen für das Gute zu leben, bedeutet das Ideal für alle.

Auf die Gefahr hin, mich zu wiederholen*), rate ich dringend, unsren Töchtern eine gediegene Erziehung zu geben. Dabei ist es aber wertvoller, sie zu Wesen mit klarem Gewissen, mit Vervollkommnung erstrebendem Verständnis und mit liebevollem Herzen auszubilden, als ihre Köpfe mit eitler Gelehrsamkeit vollzupfropfen. Sie für die Hingebung der Mutterschaft, und wenn diese fehlt, für den Liebesdienst an dem Nächsten, der auch eine Mutterpflicht ist, und immer sein wird, zu rüsten, das ist die beste Erziehung derer, von denen die Zukunft der Menschen so sehr abhängt.

*) Siehe „Unserer Töchter soziale Pflicht" von derselben Verfasserin.

Bildung des Verstandes.

> Denken, schreiben arbeiten ist gut Besseres tust du aber, wenn du deinen Söhnen und Töchtern geistig und körperlich gesundes Leben übermittelst, wenn du in ihnen das heilige Feuer schaffst, das sie erleuchten soll, damit sie bereinst andere belehren und heben möchten.

Ein schlechtbegabtes Kind, ... der Letzte seiner Klasse... Welch ein Schmerz für Eltern und Erzieher! Ihrer sind Legion, solcher armen Kleinen, die mehr als irgend jemand unter ihrer Minderwertigkeit leiden. Niedergeworfen vom Leben, verhöhnt durch gewecktere Kameraden, überall verachtet! Hätte man gar nichts tun können, um solchem Leide vorzubeugen?

Wenn heute eine vorsichtige, auf nüchterne Beobachtung wirklicher Tatsachen sich gründende Wissenschaft, wie die der Anthropologie und Physiologie, über die Gesetze der Vererbung, d. h. über die von den Vätern und Müttern stammende Übertragung der Anlagen in ihren Übergängen und Sprüngen, ein wenig mehr Klarheit gebracht hat, so sollten das alle, denen daran liegt, eine an Leib und Seele gesunde Nachkommenschaft zu besitzen, beachten. Jeder erwachsene Mensch soll sich der hohen Verantwortung bewußt sein, die mit der Zeugung wehrloser kleiner Wesen verbunden ist, welche sogar mit einer größeren Neigung zum Bösen als zum Guten ins Leben hineingestellt werden können.

Die Mutter, wenn sie dem Ideal als Erzieherin näher kommen soll, muß mit Herz und Gewissen entschlossen sein, nicht die Stammutter eines entwerteten Geschlechtes zu werden. Möge sie bedenken, daß der Sprößling eines Säufers oder eines Lasterhaften selten etwas Bedeutendes oder überhaupt nur etwas Rechtes wird. Sie muß Sorge tragen, daß die Mitgift eines in physischer, moralischer und intellektueller Hinsicht gesunden Organismus ihrem Kind zuteil werde.

Sobald ihre neunmonatliche Erwartungszeit beginnt, wird sie jede Überanstrengung, sowie jede übertriebene Ermüdung des Körpers und des Geistes vermeiden. Zu gleicher Zeit aber wird sie ihre Fähigkeiten nicht erlahmen lassen, sondern darauf bedacht sein, durch eine vernünftige und maßvolle Arbeit sie frisch und kräftig zu erhalten.

Ist das Kind einmal geboren, so soll die Mutter es mit Weisheit erziehen und ganz besonders Ernährungsfehler vermeiden, welche gerade bei jungen Menschen, durch ihre Einwirkung auf die zarten Gehirnnerven, schlimme Folgen nach sich ziehen. Ist es irgend möglich, so soll sie das Kind selber stillen und sich währenddessen einer von Gemütsbewegungen und Überanstrengungen möglichst freien friedlichen Lebensweise befleißigen.

Zu gleicher Zeit hat sie mit eifriger Sorgfalt über den Schlaf des kleinen Geschöpfes zu wachen, wenn es gilt, den Boden für eine tüchtige Intelligenz zu bereiten und zu pflegen. Ein Neugeborenes schläft fast immerzu, und auf diesen Schlaf muß acht gegeben werden. Gewiß, man soll nicht übertrieben für Stille sorgen, doch muß seinem zarten Organismus eine wohltuende Ruhe gesichert werden. Denn je stiller ein Säugling gehalten wird, desto weniger wird er nervös, aufgeregt oder weinerlich sein. Die lauten Stimmen, die lärmenden Gesänge, die Neckereien, um ihr Lachen hervorzurufen, sind mörderisch für die geistige Gesundheit der armen, solchen Mißbräuchen zum Opfer fallenden Kleinen. Wie oft wird ein Kind geschüttelt, erschüttert und, jedem gesunden Menschenverstand zuwider, herumgezerrt. Man läßt es in der Luft tanzen, bloß weil es einige ungnädige Töne ausstößt. Hätte man es einfach im kleinen Bettchen anders gelegt, so hätte das vielleicht genügt, es zu beruhigen.

Ein Baby braucht gute Luft, gute Nahrung und die peinlichste Sauberkeit. Jeder weiß es — aber wie viele Pflegerinnen vergessen, daß es auch möglichste Ruhe nötig hat. Man denkt so wenig daran, daß das Weinen eines sonst gesunden und wohlgepflegten Kindes daher kommt, weil es nervös gemacht worden ist.

Junge Katzen, welche man oft streichelt und in die Hand nimmt, werden bissig; sie geben schlechte Mäusefänger ab. Die oft angerührten Knospen fallen zur Erde, ohne Frucht anzusetzen. So werden auch zukünftige Menschen, deren zarte Jugend nicht von der friedlichsten Ruhe umgeben war, nur zu leicht unfähig und kraftlos.

Weckt daher niemals, es sei denn in gewissen Krankheitsfällen, ein kleines Kind; sein Schlaf sei euch heilig. Ist es hungrig oder durstig, so wird die Natur es schon kund tun. Je mehr es schläft, desto besser, denn nur während des Schlafs befestigt sich die Gehirnmasse und speichert der Organismus Kraftvorräte auf.

Einige Monate sind vergangen. Der Säugling hat, dem langsamen Aufblühen einer zarten Blume gleich, seine erste Lebensperiode zurückgelegt. Von Frieden und rück=

sichtsvoller Liebe umgeben, hat er sich harmonisch entfaltet. Von jetzt ab fängt er an, mehr zu verlangen, er will spielen und genießen. Die Forderung ist gerecht, denn ein sich langweilendes Kind, ist ein Kind, das verdummt. Es soll spielen; das wird die Grundlage seiner persönlichen Entwicklung sein. Aber, wenn es spielen soll, darf man nicht viel mit ihm spielen. — Was wir ihm schulden, sind Spielsachen, die ihm gefallen, die es beschäftigen, die seinem Alter und seinen Bedürfnissen angepaßt, seinem Geschmack entsprechen und möglichst ungefährlich sind.

Die Mutter hat ihr Kind in dieser Hinsicht zu studieren, und sie wird bald entdecken, was ihm not tut. Die eleganten, modernen, korrekten, kunstvoll fabrizierten Spielsachen sind durchaus nicht immer die besten, im Gegenteil. Eins meiner Kinder, einige Monate alt, hat einmal, bequem in einem aus Tüchern zurechtgemachten Neste, auf den Kissen des Eisenbahnabteils untergebracht, während der ganzen Fahrt von Lausanne bis Genf mit seinem roten Schuh gespielt. Wäre die Fahrt länger gewesen, so hätte es wohl noch nicht aufgehört, denn als wir in Genf aussteigen mußten, dauerte der Genuß noch fort. Gewisse Babys lieben eine einfache Papierdüte sehr, besonders wenn sie etwas spröde ist und Geräusch macht. Ein runder und flacher Korb, in welchem allerhand Gegenstände liegen, wie z. B. kleine Schächtelchen, Pappbilder, dazu vielleicht noch eine silberne Kette, ein altes taschenreiches Portemonnaie, das man natürlich vorher tüchtig gereinigt hat, einige bunte Tierchen, mit unschädlicher Farbe gemalt, eine Gummipuppe, an der Baby wonnig saugen kann, leere, an einem Bande aufgezogene Zwirnrollen und zwanzig andere ähnliche, namenlose Schätze, dies alles bildet eine fast unerschöpfliche Glücksfundgrube für die kleinen menschlichen Geschöpfe, etwa zwischen dem sechsten Monat und dem zweiten Jahre

ihres Lebens. Ein Satz von Kästen, mit bunten Bildern
geschmückt, die ineinander passen, wird auch von allen
Seiten beschaut und zärtlichst geliebt. Andere Kinder mögen
Bücher gern, sie drehen sie unermüdlich um und um. Andere
wieder werden sich mit einem Fußschemel belustigen.

Wenn Baby genug hat, soll man ihm Abwechslung
bieten, doch niemals vorher. — Seine Spielsachen sprechen
zu ihm, beachtet das! Wenn irgendein Gegenstand augen=
scheinlich aufgehört hat zu gefallen, verbanne man ihn
ganz oben in den Schrank; nach einigen Wochen mag er,
mit allen Reizen der Neuheit geschmückt, wieder zum Vor=
schein kommen.

Kurz, die Spielzeugfrage ist eine des mütterlichen Stu=
diums wohl würdige Angelegenheit. Für jedes Kind ge=
staltet sie sich anders und muß anders betrachtet werden,
denn der Geschmack des einen kann sehr weit von dem
eines Gleichaltrigen abweichen.

Um Baby vor der schädlichen Langeweile zu behüten
(schon in diesem Alter ist das Nichtstun eine Gefahr), hat
man für Abwechslung seiner Umgebung zu sorgen. Man
bringt es in ein anderes Zimmer, auf ein Bett, auf ein
Sofa, oder in freie Luft, oder man setzt es auf einen
hohen Stuhl und läßt es friedlich um sich herumschauen,
ohne mit ihm zu sprechen, ohne im geringsten sich mit ihm
abzugeben. Die Natur, das Familienleben, die Beschäf=
tigungen anderer erfreuen gewisse kleine Wesen während
ganzer halben Stunden. Ein langsamer und beruhigender
Spaziergang im Wägelchen ist auch ein ungeheurer Genuß
für ein Kind, das nicht schon auf der Schwelle des Lebens
verdorben oder vorzeitig blasiert gemacht wurde, wie das
leider bei so vielen der Fall ist. Andere Kinderchen, die

weniger beobachten, aber innerlich vielleicht reifer sind, lieben es, einer sanften Melodie oder dem Vogelgezwitscher zuzuhören. Auf diese oder ähnliche Weise wird man in ihnen köstliche seelische und besonders intellektuelle Fähigkeiten entwickeln. —

Die Kinder sind nicht dazu erschaffen, uns als Spielzeug zu dienen, wie es sich manche unvernünftige Leute einbilden. Solche selbstsüchtigen, verblendeten, hie und da wohl nur kopflosen, aber immer unheilbringenden Menschen haben die Dreistigkeit, kleine Wesen auszunutzen, als ob sie ihnen zu Gebote stehende Vergnügungsmittel wären.

Baby, sehr artig, verlangt nichts, es sitzt auf seiner grauen Decke mitten im Wohnzimmer, der Stätte vollständiger Zufriedenheit und spielt seine kleinen Spiele. Da erscheint mit einem Male eine Tante, ein Onkel, ein Fremder und zerstört dies arme kleine Glück. Baby wird aufgenommen und angeredet. Man zeigt ihm fünf, sechs verschiedene Sachen, nach denen es nicht das mindeste Verlangen trug, man läßt es springen, tanzen und sich herumdrehen; es wird davon schwindlig. Dann, nach einem Augenblick, wenn man seiner überdrüssig ist, wird es einfach wieder auf den Boden gesetzt und man ist naiv genug, sich einzubilden, daß es sein so jäh unterbrochenes Spiel wieder aufnehmen werde. Völliger Irrtum! Es wird sich hüten, es fällt ihm gar nicht ein. Der Geschmack daran ist ihm gänzlich verdorben worden, vielleicht für Stunden. Und wenn mit diesem falschen System fortgefahren wird, dann werdet ihr eins dieser untätigen und mürrischen Kinder haben, denen bald alles zuwider ist, und die zwanzigmal in der Stunde nach Abwechslung verlangen. Dann wird man aufgebracht gegen das Kind, man schilt es oder behandelt es rauh und ruft in bitterem Ton aus: „Dies unartige Kind, es kann nicht allein spielen!"

Einverstanden, aber wessen Schuld ist es? Wenn ihr es in Ruhe gelassen hättet, dann würde es täglich etwas länger gespielt haben. Sein Spiel wäre ihm eine wichtige Beschäftigung geworden. Ihr selber habt es ihm entwertet. Ihr selber habt künftig die wenig angenehmen Folgen zu tragen.

Ein kleiner Knabe ist mit Bauen beschäftigt, man stört ihn unaufhörlich. Wolltet ihr, daß man mit euch ebenso verführe? Die kindlichen Beschäftigungen und Spiele sind manchmal von größerer Wichtigkeit, als unsre ganze Tätigkeit, weil ihr Tun, Großes und Kleines, eine Lehrzeit für die Zukunft bedeutet, die wir bereits beendet haben.

Wir sagten, daß die Wahl des Spielzeugs keine gleichgültige Sache ist, weder für die ersten noch für die ferneren Spielsachen, denn die ganze persönliche Erziehung vermittelt sich anfänglich durch das Spiel und durch die fünf Sinne. Sie bereiten das zukünftige Studium des Schülers vor. Es gilt also, das Spielzeug genau nach den Bedürfnissen des wachsenden Kindes zu ordnen und darauf zu achten, was ihm besonders nötig ist. Farbige oder schwarze, treue und anschauliche Bilder sind ein sehr nützlicher Zeitvertreib. Sie mögen Gegenstände, Tiere, Pflanzen, Landschaften, Familienszenen darstellen, sie werden stets für den Verstand förderlich sein, unter der Bedingung, daß sie nicht allzusehr gegen den künstlerischen Geschmack, der hier ganz besonders berechtigt ist, verstoßen.

Auch hier versteht es sich, daß man keinem Kinde das, was es interessiert, wegnimmt, bevor es dies nicht selbst beiseite gelegt hat. Diese Regel duldet keine Ausnahme, es ist immer schädlich, die Gedankenreihe eines sich entwickelnden Wesens zu unterbrechen, ja viel verhängnisvoller, als einen erwachsenen Menschen zu stören.

Einige kurze und fesselnde Erklärungen werden dazu beitragen, die Bilder beliebt zu machen. Ich sage kurz und fesselnd, weil ein Kind lernen soll, nicht nur anzuschauen und zu beobachten, sondern auch aufmerksam zuzuhören. Man soll es also interessieren und doch niemals ermüden. Viele unaufmerksame und zerstreute Kinder sind es dadurch erst geworden, weil die Erwachsenen ihrer Umgebung es nicht verstanden, kurz genug zu sein, und sich ihrer Fassungskraft anzupassen; sie langweilten die Kinder.

Auch Geschichten erzählen ist gut. Sollte jedoch die Mutter nicht hinreichend Einbildungskraft besitzen oder nicht gebildet genug sein, so möge sie dem Kinde seinem Alter entsprechende Geschichten vorlesen. Man findet heute eine große Auswahl solcher Sammlungen, von den Heyschen Fabeln an.

Ich möchte aber, obwohl ich dadurch Widerspruch hervorrufen werde, ein Wort der Warnung gegen den Struwwelpeter und sogar auch gegen W. Buschs Max und Moritz aussprechen. So amüsant solche und andere ähnliche Geschichten sein mögen, so wirken sie doch nicht günstig, im Gegenteil!

Um nur einige Gründe zu erwähnen: durch übertriebene Aufbauschung von kindlichen Fehlern, oder durch scherzhafte Behandlung liebloser Taten verwirren sie die Gewissen; durch den teilweise recht ordinären Ton verletzen sie das zarte Empfinden und durch unwahre Strafen erregen sie das Angstgefühl bei sehr kleinen Kindern.

Baby soll durch Bilder und Bücher belehrt, entzückt und auch zum Guten erzogen werden, was in diesem so aufnahmefähigen Alter gar nicht schwer zu erreichen ist. Es hört sogar gern auf ganz kleine, trockene Sätze, wie

z. B.: „Wirf das Tintenfaß nicht um, es macht Flecke. Man soll niemals die Pflaumenkerne herunterschlucken. Viele kleine Kinder haben keine Mutter; du mußt sie recht liebhaben. Die Vögel machen ihre Nester auf den Bäumen, die Bäume sind ihre Häuschen, man darf sie ja nicht zerstören."

Eine Mutter, welche täglich nur fünf Minuten daran wenden würde, ihrem Kinde solche kurzen Sätze vorzulesen, hätte damit seinem jungen Geist schon eine Menge nütz= licher Kenntnisse eingeprägt, die auf das Leben vorbereiten.

Ein anderes Mittel, die kindlichen Fähigkeiten zu ent= wickeln, ist uns nahegelegt durch die zahllosen Fragen, welche das künftige Geschlecht während seiner ganzen Kind= heit an uns stellt. Ach, so ehrlich, so aufrichtig und so naiv wie diese Fragen sind, so wenig sind es oft unsere Antworten. Wir erwähnten ja schon die törichten Mütter, welche durch ihr sündhaftes: „Laß mich in Ruh'!" die jungen ihnen an= vertrauten Seelen zum Schweigen bringen und dadurch die Quelle des Vertrauens in ihnen manchmal für immer verschütten. Außerdem, wie wenige Erzieherinnen gibt es wohl, welche mit voller Gewissenhaftigkeit ihre ersten Pflich= ten erfüllen und in dies kleine, offene, nach Liebe und grenzenlosem Vertrauen dürstende Herz die gesegneten Samenkörnchen gesunder und heilsamer Wahrheiten senken.

Wenn Baby Fragen stellt, wie oft belügt man es, wie oft verspottet man es, oder lacht wenigstens über seine Ein= fältigkeit! Es lag ihm wirklich daran, über dies oder jenes aufgeklärt zu werden, obwohl die Sache uns selbst sinnlos erscheinen mochte. Es schaute dich an, mit seinen klaren und ehrlichen Augen. Die Antwort war vielleicht nicht bequem, aber es rechnete auf dich. Hast du dein Bestes getan, es nicht zu enttäuschen? Hast du die Heiligkeit des Priestertums, das dir oblag, verstanden? Wenn nicht, so schäme dich. Du hast eine böse Tat begangen, die ersten zarten Keime zertreten, die zukünftige Ernte feige aufs Spiel gesetzt. —

Die Mutter hat auch die Pflicht, ihrem Kinde Liebe zur Schule einzuflößen. Sie wird es nicht nur sorgfältig vermeiden, dieselbe als etwas Schreckhaftes, als eine Strafe darzustellen, als einen Ort zu bezeichnen, wo es hingebracht wird, wenn es nicht artig ist, sondern sie ihm mit Begeisterung schildern, sein Herzchen dadurch zu Gehorsam, Vertrauen und Liebe gegen seine zukünftigen Lehrerinnen vorbereitend. Sie wird ihm erklären, daß es dort Kameraden haben wird, gegen die es lieb sein, denen es oft nachgeben und die es immer als Freunde behandeln muß. Auf diese Weise wird die Schwelle des Schullebens von dem kleinen Schüler freudig überschritten werden, und ein glücklicher Fortgang wird auf diesen günstigen Anfang folgen.

Ich verlange auch, daß die Mutter Fühlung mit der Persönlichkeit zu bekommen versuche, von der sie sechs Tage der Woche hindurch während vieler Stunden ersetzt wird. Das Wohl des Kindes erfordert es, daß Mutter und Lehrerin durch die Bande der gegenseitigen Teilnahme, Hochachtung und Liebe verbunden, in vollständigster Harmonie arbeiten.

Es wäre gut, Baby etwa von seinem fünften Jahre ab daran zu gewöhnen, täglich zu einer bestimmten Zeit eine kleine Handarbeitsaufgabe, die es nicht belustigt, vielleicht auf Kanevas oder mit Stricknadeln zu vollbringen.

Dadurch wird es lernen, daß nicht alle Beschäftigungen amüsant zu sein brauchen, daß es ernstere und schwerere gibt, und daß auch jene treu besorgt werden müssen.

Hoffentlich ist es unnötig, die Erzieherin vor unvorsichtigen und gefährlichen Worten zu warnen, wie z. B.: „Tu das nicht, du siehst wohl, daß dies für dich zu schwer ist. Es wird dir nicht gelingen." Ist es nicht abscheulich, eine der besten Eigenschaften der Kleinen zu zerstören, indem man dazu beiträgt, sie zu entmutigen und ihr köstliches Selbstvertrauen zu verringern? Die Jugend besitzt einen wunderbaren Optimismus, einen rührenden Eifer. Heute dienen diese Gaben dem Spiel, der Phantasie; im späteren Leben aber, nach den Erfahrungen des Weges, werden unsere Kinder dadurch für die edelsten Kämpfe gerüstet. Sie sollen fähig werden, die herrlichsten, vielleicht die entscheidensten Siege davonzutragen. Warum mußten sie an unserem Zweifel teilnehmen? Warum lassen wir sie nicht immer wieder mit Eifer und Fleiß ihre Versuche fortsetzen? Warum schieben wir zwischen sie und ihre Anstrengungen unsere elende Mutlosigkeit?

Gewiß, es wäre oft leichter, auch bequemer, selber die Arbeit zu tun. Wir würden auf diese Weise Zeit und Mühe sparen. Ist es aber recht oder gar ehrlich, einem sich bildenden Wesen die Mittel zu entziehen, sich zu entwickeln und nützliche Fortschritte zu machen? Beraubt man nicht den Nächsten, wenn man ihm eine Verantwortlichkeit erspart? Wir haben die Verpflichtung, um seines Zieles willen, so oft sich die Gelegenheit bietet, den Charakter und die Fähigkeiten des kleinen auf seiner Lebensreise so sehr von uns abhängenden Geschöpfes zu stählen.

Ein vierjähriges Mädchen bemüht sich, ihr Schuh=
chen allein zuzubinden. Sie zieht ihre Augenbrauen zu=
sammen, sie stößt laute und tiefe Seufzer aus. Sie schwitzt
bei ihrem großen Unternehmen, aber sie hält aus. Viel=
leicht wird ihr die Sache gelingen. Und wenn nicht, wird
sie nicht wenigstens ihr Bestes getan haben? Da erscheint
ihre Mutter, das Kindermädchen oder eine ältere Schwester:
„Was machst du da, Mariechen? Gewiß Knoten in die
Bänder, laß mich selber deine Schuhe zumachen, es ist
nicht deine Sache." Das kleine Mädchen hört's und läßt
sich das gesagt sein. In Zukunft wird sie nicht mehr so
gern sich anstrengen, sie wird sich hüten, sich umsonst ab=
zumühen. Ach, diese Entmutigung, welch arges Gift ist
sie für zukünftige Leistungen!

Es gilt um der späteren harten Kämpfe willen, an=
zuregen und zu kräftigen. Die Mutter soll also bei jeder
Gelegenheit nur gerade so weit helfen, als nötig ist, damit
das Kind ausdauernd und fröhlich sich über die Hindernisse
hinwegsetzen lerne.

Wenn das Kind etwa drei bis vier Jahre alt ist,
muß man anfangen, auf die Ordnung und Sauberkeit
seiner kleinen Reichtümer zu achten. Man wird es lehren,
nichts herumliegen zu lassen, seine Sachen glatt hinzu=
legen, für seinen Schrank und sein Zimmer zu sorgen. Es
soll die Flecken und den Schmutz verabscheuen lernen. Man
wird ihm den Wert der Dinge zeigen und ihm nach und
nach erklären, daß nichts verloren gehen darf. Alle diese
allmählich in gute Gewohnheiten übergehenden Belehrungen
werden seinem geistigen Leben dadurch dienlich sein, daß
sie ihm tausend Ärgernisse ersparen und ihm die sonst so

leicht mit dem Suchen verlorener Gegenstände vergeudeten Stunden erhalten.

Und nun ein Wort über diejenige Ernährungsweise, die der kindlichen Intelligenz am dienlichsten ist. Was genossen wird, ist besonders während der ersten Lebensjahre durchaus nicht gleichgültig. Wir sagten, daß die Mutter ihres Kindes Amme sein solle, wir erwähnten die Gefahr der schlechten Verdauung, welche während der frühen Jugend leicht Gehirnstörungen und sogar Krämpfe — ein schwerer Schade für die geistige Gesundheit — zur Folge haben kann. Ein öfters überladener Magen ist auch verhängnisvoll, denn er beschwert den Geist. Regelmäßige Darmtätigkeit dient dagegen dem Gehirn; die Mutter möge also dafür sorgen, daß dies zur guten Gewohnheit werde.

Doch das ist nicht alles. Viele Kinder essen zu viel Fleisch, zu viel Süßes oder auch Gebackenes, zu viel schwere und unverdauliche Speisen, zu wenig Obst und Gemüse. Diese letzteren, neben Milch und Mehlspeisen, sollten bis gegen das siebente Jahr die einzige Nahrung der jungen Generation ausmachen, denn sie allein, oder sie wenigstens hauptsächlich enthalten Eisen, Phosphate, und zumal alle die dem Gehirn unentbehrlichen Stoffe. Fisch und vor allem Äpfel geben auch eine kostbare Gehirnstärkung. Die letzteren wird man zunächst im Ofen gebacken dem Kinde geben. Später, vom sechsten oder siebenten Jahre an, sollen sie am liebsten roh gegessen werden.

Das grüne Gemüse enthält nicht nur Eisen, Tannin und mehrere heilsame Nährsalze, es hat außerdem noch eine beruhigende, erfrischende Wirkung und fördert sogar den Schlaf. Wie viele nervenkranke Erwachsene wurden ohne andere ärztliche Einmischung gründlich geheilt, als sie darin einwilligten, sich zu einer weiseren Ernährung zu bequemen, die, nur aus Milch und Mehlspeisen mit Obst und einigen Gemüsearten bestehend, ihren besonderen Bedürfnissen besser entsprach. Und wie oft verurteilen wir unsere Kinder zu einer hinsichtlich des Gedeihens ihrer geistigen Kräfte verhängnisvollen Diät!

Ist es nötig, ein Wort über Bier und Wein hinzuzufügen? Gebildete Familien wissen heute ziemlich alle, daß Alkohol Heranwachsenden nur schaden kann. Er macht müde und nervös, er reizt augenblicklich, um dauernd zu erschlaffen. Es gilt aber, während der Jugend die geistigen und körperlichen Fähigkeiten zu sammeln und sie nicht leichtsinnig zu vergeuden. Unter sonst gleichen Bedingungen wird dasjenige Kind, welches ohne jedes alkoholische Getränk groß geworden ist, weniger nervös sein und bessere geistige Fähigkeiten besitzen. Ist es denn nicht der Mühe wert, es völlig enthaltsam zu erziehen?

Andere aufregende Getränke, starker Tee und Kaffee, sind jedenfalls verwerflich, obwohl ihr Einfluß dem des Alkohols nicht gleichkommt. Die Kinder sollten aber aufs sorgsamste vor diesen Dingen, sowie vor scharfem Gewürze und viel erhitzender Fleischkost behütet werden, da alles dies gewisse körperliche Entwicklungen beschleunigt, die überall dort, wo sie ihrer normalen Zeit voraneilen, leicht einen ernsten Schaden für die Intelligenz bedeuten.

Ein andrer bei der Gesundheitspflege der Kinder zu oft vernachlässigter Punkt ist die rechte Fürsorge für die Kleidung. Unsere Kleinsten haben, das wissen wir alle, einen sehr zarten Körper, ihre feine Haut ist schnell verletzt, die geringste Kleinigkeit reizt und rötet sie. In was für Windeln wickeln wir sie ein? Wie haben wir dieselben gewaschen und getrocknet? Sorgen unsere Dienstboten, denen wir solch kleines Wesen anvertrauen, immer genug für die äußerste Reinlichkeit? Gibt es in der Kinderstube gar keinen schlechten Geruch? Und später, haben unsere Kinder, wenn sie Schüler geworden sind, die Hautpflege und die reichliche frische Wäsche, welche zu ihrem Besten nötig sind? Wenn an Geld und Zeit gespart werden muß, so soll es hier am wenigsten geschehen!

Wenn die Mütter meinen, daß diese Fragen nur mit der körperlichen Gesundheit zu tun haben, so täuschen sie sich, es sind auch Fragen der Sittlichkeit und darum des geistigen Fortschritts. Ist ein kleines Mädchen, ein kleiner Knabe immer daran gewöhnt, sauber wie eine Blume zu sein, gibt man ihnen, wenn sie größer geworden, ihr tägliches Bad und ihr Becken mit kaltem Wasser für gewisse Abwaschungen vor dem Schlafengehen, so wird man manchen Gefahren vorbeugen. Man muß früh damit anfangen, seinen Körper zu achten und in Ehren zu halten. Das ist auch einer von den Grundsätzen, die man in der Folgezeit sich nicht mehr aneignet oder die wenigstens später nicht mehr so zur zweiten Natur werden, wie es sein sollte.

Wenn man bei einem Kinde von 12 oder 15 Jahren schlechten Gewohnheiten vorgebeugt und guten zur Entwicklung verholfen hat, wenn man seinem jungen Gemüt eine Reihe von einfachen, aber kraftvollen, reinen und unerschütterlichen Verhaltungsmaßregeln eingeprägt hat, so ist das Spiel fast gewonnen.

Die Mütter müssen aber selber genau darüber wachen, denn Dienstboten lassen in dieser Hinsicht viel zu wünschen übrig! Schweren Schaden richten sie, gottlob, wohl nur selten an; sie sind aber oft unfähig, wirklich Gutes aufzubauen. Kommen dann die Versuchungen, die schlechten Beispiele, so fällt ein armes Kind. Man sollte diejenigen, die wir gegen das kommende Übel zu wappnen haben, nicht in solche Gefahren bringen!

Durch die rechte Erziehung ihrer Kinder schafft eine gute Mutter die höchsten volkswirtschaftlichen Werte.

Dies führt mich zur Schlußbetrachtung dieses Kapitels. Es gilt jetzt, ins Zentrum zu treffen. Fragen wir uns, in welcher inneren Atmosphäre das Kind lebt und wächst. Es ist sehr schwer, eine gute geistige Erziehung zu geben, dem der keine seelische Erziehung besitzt; das letztere ist unmöglich für ein Kind, das in einem mittelmäßigen Heim erzogen wird. Im kindlichen Gehirn ist noch alles weich; ein Kind schroff behandeln, es erschrecken, es furchtsam oder unglücklich machen, heißt es blöde machen. Zu scharfe Befehle, Szenen, Geschrei, Ungeduld, Nervosität oder Mißhandlungen sind ihm schädlich. Kleinlichkeit, Geschwätz, dumme, oberflächliche oder hämische Gespräche, zweideutige und unheilige Worte schaden aber auch ganz unberechenbar nicht nur seinem Herzen und seiner Seele, sondern ebenfalls seinem Geiste. Wahrlich, wie könnte ein in solcher Umgebung aufwachsendes Wesen, das beständig Zeuge solcher Dinge und Worte sein muß, bereit sein, alles Hohe und Edle aufzunehmen? Es wäre ein Wunder!

Das Kind muß in einer Familie, in der das Edelste, Beste und Höchste heimisch sind, aufwachsen. Es braucht Freude, Friede, Harmonie und Wahrheit. Es soll die Liebe zu Gott und dem Nächsten einatmen. Es soll groß werden in der Nähe von geheiligten Persönlichkeiten, die niemals vor einem Opfer zurückschrecken, wenn es Gutes zu vollbringen gilt.

Auch der Gedanke an den Himmel, die Angaben über das Jenseits, über die Ewigkeit, müssen der Jugend nahegebracht werden. Sie werden ganz besonders zu ihrer Bereicherung und Veredlung beitragen.

Wenn wir, Mütter, die wir die ersten irdischen Führerinnen jener jungen Wesen sind, unsere Pflichten recht verstehen, wenn wir uns der hohen auch für die Bildung ihrer Intelligenz obliegenden Verantwortung bewußt sind, werden wir mit unseres himmlischen Vaters Hilfe große Gedanken in diese kleinen Kinderherzen legen und die Ernte, deren Keime jedem menschlichen Geschöpf anvertraut sind, wird wunderbar vor unseren Augen wachsen für Zeit und Ewigkeit. —

Geistige Arbeit.

Der Unterricht ist ein Teil der sittlichen Erziehung, die Grenzen zwischen beiden sind nicht scharf zu trennen, sie gehen vielmehr stetig ineinander über.

Wenn ein Kind mangelhaft arbeitet, sollen wir nicht gleich sagen, daß es faul sei, sondern uns zunächst fragen, ob die Aufgabe in der ihm am besten passenden Form gegeben worden ist. Denn man muß ja nicht glauben, daß die landläufig geltenden Systeme gerade die seien, die den Bedürfnissen jedes neuen Wesens stets entsprächen. Die Individualität der Kinder ist mannigfaltig. Rahmen sind aber nun einmal fix und fertig, und man zwängt alle Kinder hinein — auch die, welche nicht hineinpassen! Gebt den sogenannten Tunichtguten das, was ihrem Geiste verwandt ist, und sie werden arbeiten, wenn sie sonst begabt sind. Ein schlechtes Zeugnis sollte nie zu Hause die Veranlassung zu Auftritten oder gar zu Schlägen sein. Dergleichen Aufregungen sind, zumal während der Jugendzeit, für das geistige Gleichgewicht verderblich. Die Zahl der schlechten Schüler, die später hervorragende Männer wurden, ist groß. Bahnbrechende Genies waren selten Musterschüler, die ganz korrekt auf dem ihnen vorgezeichneten Wege geblieben und alle Fleißpreise mit nach Hause brachten, sondern es waren solche, die neue Wege einschlugen. Es würde vielleicht mehr selbständige Charaktere und auch mehr große Männer geben, wenn wir nicht alle in der Bildung begriffenen jungen Leute in manchmal recht willkürliche Formen einzwängten, statt diese Formen je nach der individuellen Begabung zu erweitern. Da sollen die Eltern auf Abhilfe sinnen.

Schulleben.

Der Mann beeinflußt das Geschick der Völker; die Mutter beeinflußt das Geschick des Mannes.

Viele Väter kümmern sich zu wenig um das Schulleben ihrer Kinder, und wir Mütter, wir kennen es nicht genug, jedenfalls nicht das unserer Söhne. Und doch hätten gerade sie es besonders nötig, verstanden, geleitet und bewahrt zu werden in jenen Jahren, welche für viele eine Zeit des Kampfes und eigenartiger Prüfungen sind.

Das Schulleben bewegt sich auf einem gefährlichen Boden, weil dort der Korpsgeist das herschende Prinzip ist. Er verlangt Zusammengehörigkeit — eine Tugend —, aber er entwickelt sie manchmal auf Kosten des Freimuts, des Vertrauens, der Wahrhaftigkeit und der Achtung vor dem Lehrer.

Alle Schüler halten selbstverständlich zusammen. Sehr schön, solange die Sache, die sie verbindet, eine rechtschaffene ist. Hingegen hört die Kameradschaft auf, lobenswert zu sein, wenn sie nur dazu dient, das Böse zu verbergen.

Wie viele Kinder gibt es, die in ernsten Fragen oder gar in brennenden Schwierigkeiten einen Rat nötig hätten, und die nicht wagen, darum zu bitten, weil sie dann dem Lehrer irgendeinen Unfug entdecken müßten, der geheim bleiben soll! Wie viele Schulknaben gibt es, deren Gewissen bei allerlei Unrecht, Schlechtigkeiten und vielleicht gar überlegten Grausamkeiten schlägt, und die doch, obwohl aufrichtig betrübt, meinen, die Dinge gehen lassen zu müssen!

„Der Zustand ihrer Klasse ist im letzten Grund Sache der Schüler," werdet ihr vielleicht sagen, „warum erlauben sie solche Ungerechtigkeiten?"

Warum? Ihr habt gut reden. Oft können sie dem nicht abhelfen. In wie manchen Schulen wird eine Minderzahl braver Jungens durch eine Mehrheit von Taugenichtsen niedergehalten! Wieviel Ungerechtigkeiten, düstere Bilder, Trauerspiele in dieser Welt der Kleinen! Und alles das, weil es nicht statthaft ist, daß der Schüler sich an den Lehrer wende, wozu er doch berechtigt ist.

Natürlich denke ich nicht an das heimliche Zutragen, an das verabscheuungswürdige, feige, mit vollem Recht gebrandmarkte Klatschen. Nein, tausendmal nein! Aber wenn der Beistand des Lehrers notwendig ist, muß der Schüler das Recht haben, ja, dann muß es seine Pflicht sein, in Gegenwart aller aufzustehen, um ihn zu Hilfe zu rufen. Ist nicht der Lehrer der Freund, der natürliche Beschützer dieser ganzen Jugend?

Es sollte den Ehrbegriffen der Schule entgegen sein, daß Schüler und Schülerin feige das Übel in ihrer Klasse geschehen lassen. Gewiß, ein jeder hat es, soviel als irgend möglich, persönlich unmittelbar zu bekämpfen. Ist er aber machtlos, dann hat er sich an den gemeinsamen Beschützer, an den, der für aller Wohl, nicht nur für das geistige, sondern auch für das sittliche da ist, zu wenden.

Keine Periode des Lebens schließt so viele Probleme ein wie die Schuljahre. Da ist die Rolle der Mutter deutlich gegeben. Sie muß dem Kinde begreiflich machen, daß der Lehrer nicht sein natürlicher Feind ist, gegen den sich alle, gute und schlechte, zum Schaden der Wahrheit, des Fortschritts, der Ehrlichkeit zum Hohn, verbinden müßten, weil in den Augen der Schüler nichts als der Korpsgeist gelte.

Sie wird ihm an Beispielen zeigen, daß das individuelle Gewissen immer an Wert über dem Gesamtgewissen steht und es regieren muß. Sie wird ihm klarmachen, daß, wenn er Zeuge oder Opfer von Roheiten, Bosheiten oder Gemeinheiten ist, er das Recht, sogar die Pflicht hat, die Wahrheit zu sagen. Indem sie ihn alle Angeberei und Klatscherei als niedrig und ehrlos verachten lehrt, wird sie ihm den Weg zu Taten der Tapferkeit und des Freimutes zeigen, die mehr als alles dazu geeignet sind, das Übel dadurch auszurotten, daß die Schleier des Bösen zerriſſen werden. Alle ſchmutzigen Dinge, die einen rein geblieben Knaben ärgern, ſollen ihm wie die giftige Schlange erſcheinen, die um jeden Preis zertreten werden muß.

Wir müſſen auch von den Schulſtrafen noch ein ernſtes Wort reden. Sie haben faſt nie eine beſſernde Wirkung. Ihr Zweck iſt die Aufrechterhaltung der äußeren Zucht. Daß es ſchwer iſt, ſie zu beſeitigen, gebe ich zu, aber kein Problem verdient mehr, die Intelligenz und den guten Willen aller Erzieher, Pſychologen und wohlgeſinnten Menſchen in Bewegung zu ſetzen als dieſes.

Nur dann, wenn dieſe Verbeſſerung der Schulverhältniſſe erreicht ſein wird, werden unſere Söhne die Lehranſtalten, gewappnet mit einem männlichen und geſtählten Charakter, wie ihn das Leben dringend erheiſcht, verlaſſen.

Der Mütter Pflicht iſt es, dieſe Dinge zu kennen, um ſie ihre Söhne von Kind auf zu lehren, damit ſie in den noch zu beeinfluſſenden und leicht zu leitenden Gewiſſen Wurzel faſſen.

Es gibt Familien, die nicht einmal ahnen, welche Anforderungen die Erziehung ihrer Kinder an ſie ſtellt.

Es war im Juli, als ich auf einem Landweg einen etwa dreizehnjährigen Jungen traf. Er ſchien müde zu ſein, ſeine Kleider waren voll Staub, ſein Geſicht ſah wild und verzweifelt aus. Das machte mich ſtutzig; ich las in seinen Mienen eine ganze Geschichte von Gram und Schuld.

Wie ich die Unterhaltung begann, weiß ich nicht mehr. Trotz seiner Bitterkeit fühlte das Kind sicherlich, daß keine leere Neugierde mich zu ihm trieb, sondern daß mein Herz voll Teilnahme und Mitleid ihm entgegenschlug.

Ich entdeckte bald seinen Kummer, er bestand in einem verfehlten Examen und in einer schlechten Zensur, die er seinem strengen Vater nicht zu zeigen wagte. Daher lief er seit dem frühen Morgen ohne Nahrung herum und träumte von einem Leid, das er sich antun wollte.

Mein erstes war, ihn mit mir in ein kleines Restaurant neben der Straße einzuladen. Zuerst zögerte er, als ich ihm aber sagte, daß er mir bei einer Erfrischung, die ich selber nötig hätte, Gesellschaft leisten möchte, nahm er es an.

Welch ein Vergnügen, ihn essen zu sehen; zuerst verschwand mit einem einzigen Ruck eine große Tasse Milch, dann machte er sich an den Eierkuchen, der auch im Nu ganz und gar verzehrt wurde. Als alles vertilgt war, sah er mich beschämt an: „Was bleibt denn nun für Sie, es ist ja nichts mehr da?"

„Getrost, mein Junge, die braven Wirtsleute haben noch Eier genug." Und ich zeigte ihm ein dickes, rotbraunes Huhn, das triumphierend gackerte, während es unter unserem Tische die Brotkrumen aufpickte.

Da mußte er lachen — und dann war das Eis gebrochen. Der arme Knabe! Er vertraute mir seine Qual an. — Wissen wir genugsam, was Schulknaben infolge eines mangelhaften Examens leiden?

Ich entdeckte, daß er noch nicht von dem Gedanken los war, sich das Leben zu nehmen. Mir graute, und er merkte es. Einen Augenblick sah er gealtert und wie vernichtet aus.

„Hätte ich nur zur Mama gehen können," murmelte er leise, wie zu sich selber. „Aber sie läßt ruhig Papa mich strafen, sie steht mir niemals bei, sie versteht nicht ... Letztes Jahr hat sich mein Kamerad Anton auch deswegen aufgehängt — und meine Zensur ist schlechter wie die seine war." Er zitterte am ganzen Leibe.

„Hast du denn keine einzige gute Note?" fragte ich ihn ermutigend. „Gewiß sind sie nicht alle schlecht."

Zum ersten Male blickte er etwas freimütiger auf.

„O ja, ich habe in Geographie ‚gut' und in Geschichte sogar ‚recht gut' — aber alles übrige ist jammervoll, und ich werde nicht versetzt, — wenn ich je wieder zur Schule gehe," fügte er fast drohend hinzu.

Unsere Mahlzeit war zu Ende, die Luft wurde kühler, eine blaßrote Wolke ging langsam am noch hellen Himmel entlang, und uns gegenüber sah ich am Horizont, wie die scharfe Silhouette eines hohen Gipfels immer glühender wurde. Das Huhn war still geworden, es näherte sich mit kleinen Schritten seinem Neste. Überall war Friede in der Natur, man hörte nichts mehr außer dem Rauschen des Flusses zu unseren Füßen und eine etwas scharfe Frauenstimme, die in einem nahen Ackerfelde ein altes Volkslied mit dem deutlich hörbaren Refrain sang: „Geh zur Mutter, dort ist das Glück." —

Der Junge hatte es gehört, denn er war zusammengefahren. „Laß uns zu deiner Mutter gehen," sagte ich, seine Hand ergreifend. „Mütter sind für ihre Kinder da in der Stunde der Angst."

Er widersetzte sich nicht, und wir gingen. Heute ist aus dem verzweifelten Knaben von damals ein nützlicher Mann geworden, der seinen Weg gefunden hat. Die Welt ist durch ihn bereichert, und sein Leben hat schon manchem als Führer aus Gewissensnöten gedient. Und an jenem Abend hätte er es beinahe von sich geworfen!

Warum gehen alljährlich viele Kinder, besonders Gymnasiasten, in der Examenszeit durch schwere Anfechtungen, welche nicht selten in unheilvollen Taten enden? Ist es ihre Schuld, wenn sie scheiterten? Ja, manchmal, aber nicht immer. Ich möchte sogar glauben, daß es eine Ausnahme ist, wenn sie allein durch eigne Schuld Fiasko machten.

Es gibt unfähige, unwürdige Lehrer, geschickt im Entmutigen und Heruntersetzen der ihnen anvertrauten Kinder. Einige sind auch ungerecht. — Dazu kommen übertriebene Anforderungen infolge überladener Arbeitsprogramme, die den geistigen Fähigkeiten der Schüler nicht genug Rechnung tragen. Endlich, wieviel beklagenswerte Jugend, die, an einer verhängnisvollen Erblichkeit schwer tragend, faul, nervös und zu jeder Anstrengung unfähig ist! Und dazu alle die aus unglücklichen Ehen, aus zankerfüllten Häusern Kommenden, woher sollten diese die für tüchtige Studien nötige Geistesfrische nehmen? Außerdem gibt es unweise Eltern, welche lernende Söhne unaufhörlich bei ihrer Arbeit stören, oder sogar Häuser, wo die Ernährung nicht genügt. Habe ich doch selbst einmal einen bleichen Primaner unserer Stadt, dessen unverbesserliche Mittelmäßigkeit mit Krankheit zusammenzuhängen schien, zu einem klugen Arzte geschickt. Nach eingehender Untersuchung sagte derselbe: „Ihnen fehlt durchaus nichts, sondern bloß dies, daß Sie sich schon seit langem nicht satt zu essen scheinen und deshalb wie verdummt sind. Ändern Sie Ihre Nahrungsweise, und Sie werden Ihr Abiturium machen können."

Wirklich, so geschah's auch. Von Freunden eingeladen und herausgefuttert, verließ er ihr Haus mit dem Abgangs=

Zeugnis in der Tasche. — Wahrlich, wären die Eltern besser, so gäbe es weniger verbitterte, widerspenstige, unfähige oder betrübte Schüler, weniger schwergeprüfte Familien sowie weniger halbgebildete Menschen in der Welt!

Das Vaterhaus soll eine Stätte des Friedens sein, wo das so oft hin und her gezerrte, gequälte und erschöpfte Schulkind die Luft der Liebe und der verständnisvollen Teilnahme einatmet. Sich verstanden, ermutigt und geliebt wissen, ist eine der ersten Bedingungen seines Erfolges.

Wir denken viel zu wenig an die Schulleiden unserer Kinder. Immerzu Neues aufnehmen, immerzu über das Gelernte Rechenschaft ablegen müssen, ist ein hartes Geschäft, das nicht jedem behagt. Die, welche sich schlecht darein finden, sind nicht immer die am wenigsten Begabten, — mittelmäßige Schüler werden manchmal sehr verdienstvolle Menschen. Jeder hat eben seine Gaben und Anlagen. Und manchmal muß es einem Kinde sogar zur Ehre angerechnet werden, wenn das Schulprogramm und seine Neigungen nicht recht zusammenstimmen.

Da ist es Sache der Eltern, die Begabung ihres Kindes zu erkennen und nicht blindlings zu verurteilen. Erbarmungslose Eltern sind Ungeheuer, die zuerst sich selber richten sollten.

Wieviel Mißtöne, ja Zerwürfnisse zwischen Eltern und Kindern erwachsen doch in unseren Tagen daraus, daß man den Examen viel zu große Wichtigkeit beilegt!

Den Wert eines Wesens nur nach seinen Klassenleistungen abzumessen, ist kindisch und kleinlich, ja es wäre lächerlich, wenn es nicht nur zu oft tragische Folgen hätte. Es gibt gerechtere Mittel und genauere, höhere Schätzungsmaßstäbe.

Eltern, die nur nach dem Schulzeugnis urteilen, geben sich zu ihrer eigenen Schande den Beweis der Unzulänglichkeit oder der Unfähigkeit. Wie! Sie wollen Väter und Mütter sein und kennen ihre Kinder so wenig? Sie sind nicht ihre Stützen, ihre Zuflucht, ihre Vertrauten, ihre besten Freunde. Ja, ich bitte euch, wozu dienen sie denn dann? Väter und Mütter, widmet euren Söhnen und Töchtern mehr Zeit, beweist ihnen lebhafteres Interesse, umgebt sie mit nie versiegender Liebe in den Stunden der Niederlagen, sowie an den Tagen des Erfolges, und ihr werdet weit über euer Wünschen und Hoffen hinaus belohnt werden. Die Entwicklungsjahre sind ein unaufhörlicher Kampf, in welchem euer Kind das Beste von euch nötig hat. Ihr seid es ihm schuldig, bezahlt diese Schuld ohne Zaudern, unverkürzt. Ihr werdet eure Opfer nicht bereuen.

Die Hygiene des Schülers.

Eine gesunde Seele trägt zur körperlichen Gesundheit bei.

Professor Hilty versichert in einer seiner Schriften, daß die Nacht den am Tage gemachten Kräfteverlust immer wieder reichlich ersetzen müsse. Im Alter ist dieser Ausgleich nicht mehr möglich. Die Ausgabe übersteigt den Gewinn. Während der Kindheit jedoch muß der Gewinn den Verlust nicht nur ausgleichen, er muß vielmehr, um den Anforderungen der zukünftigen Entwicklung zu entsprechen, denselben überschreiten. Ein Schulkind braucht

neun bis zehn Stunden Schlaf. Bei einer mit weiser Zucht
innegehaltenen Tageseinteilung kann es dieselben haben.
Das ist ein Rat für die Eltern. Sie haben die Aufgaben
zu überwachen, sie müssen den späteren Arbeitsstunden ent=
gegentreten und ihren Kindern durch festen Willen und
gute Organisation die unentbehrliche Ruhe verschaffen.

Auch die Nahrung derselben bedarf der Überwachung.
Sie soll erfrischend, leicht, mannigfaltig und gut gewählt sein.
Eine schlecht gewählte Nahrung macht den Geist schwer=
fällig; große Mannigfaltigkeit hilft dagegen dem Orga=
nismus möglichst viele Stoffe einzuverleiben.

Das erste Frühstück muß durchaus kräftig und ge=
haltvoll sein. Wohl die Hälfte aller Kinder gehen mit
leerem Magen zur Schule, das ist eine abscheuliche Ge=
wohnheit. Haferflocken — in Schottland nennt man sie
„Porridge" — sind vortrefflich und sehr nahrhaft. Nur
werden die kleinen Mägen bald müde davon, wenn man
mit der Art der Zubereitung nicht öfter abwechselt. Man
muß sie deshalb auf allerlei Weise schmackhaft machen,
mit Milch oder durch Fruchtsaft, durch Zusatz von Zimt,
Rohrzucker oder durch Vermischung mit gekochten Äpfeln.
Eier, Eingemachtes, weicher Käse, Butter, Biskuits, ver=
schiedenes Brot sind für das Frühstück anzuraten. Besser
den Kindern alsdann etwas Gutes bewilligen, statt alles
bei der Nachmittagsmahlzeit zu gewähren, wie dies in
vielen Familien Sitte ist. Schulkinder müssen vor dem
Unterricht ordentlich essen. Wenn sie um 7 Uhr fort=
gehen und einen ziemlich weiten Weg zu machen haben,
darf man außerdem nicht vergessen, sie mit einer Kleinigkeit
für die Haupterholungspause um 10 Uhr zu versehen.

Junge Mädchen vertragen die geistigen Überanstrengungen noch weniger als ihre Brüder. Es gibt wenige, die in den Entwicklungsjahren nicht eine Arbeitserleichterung notwendig hätten. Sobald man bei ihnen die Vorzeichen ihrer körperlichen Entwicklung bemerkt, muß man ihnen jede Überlastung ersparen. Es gilt, sie zu schonen. Für die einen kommt dieser Augenblick früher, für andere später; dann aber Vorsicht bei jeder zu sehr anspannenden geistigen Arbeit. Wie viele Gehirnschwächungen würde man vermeiden, wenn man mit Arbeitsbelastung bis nach den heiklen Jahren wartete!

Der Wert guter Gewohnheiten.

Erziehung ist im Grunde nichts weiter, als beizeiten erworbene gute Gewohnheiten.
Bacon.

Treib die Natur aus — — sie kehrt im Trabe zurück. Die Gewohnheit ist eine zweite Natur.

Schließen diese beiden Worte sich nicht gegenseitig aus? Durchaus nicht. Denn bei der Bildung guter Gewohnheiten handelt es sich keineswegs darum, die Natur auszutreiben, sondern aus ihr den möglichst besten Gewinn zu ziehen, indem man alles in ihr vorhandene gute Material zum Aufbau benutzt. Die Kinder kommen mit sehr verschiedenen Gaben und Anlagen zu uns. Offenbar gibt es solche, die von Geburt besser veranlagt und andere, die

geringwertiger sind. Wir wiederholen es immer wieder, die höchste moralische Mitgift schulden ihnen die Eltern.
Ach, daß doch das jammervolle Geschlecht der in der Ausschweifung Empfangenen und in der Verbitterung Geborenen bald eine hienieden unbekannte Plage sein möchte! Auf dieses ideale Ziel hin müssen alle Anstrengungen der Keuschheitsbündnisse, der Gesellschaften zum Kampfe gegen die Unsittlichkeit und hauptsächlich die Bestrebungen der Familie, dieser Hochburg der Ehre und Tugend, gerichtet sein.

Was können wir indessen tun, um die schwachen Geschöpfe stetig auf das unbedingt Beste hinzulenken? Eins: „Wir rüsten sie mit guten Gewohnheiten aus." Alle erfahrenen Mütter wissen, daß die Gewöhnung des Babys der Hauptberechtigungsgrund für die Hilfe der Wochenpflegerin ist. Man hört alle Tage die Rede: „Meine Wärterin hat dem Kinde von seiner Geburt an beigebracht, die ganze Nacht zu schlafen" usw. Wieviel Verdruß würden sich die jungen Mütter ersparen, wenn sie es verstünden, vom ersten Tage der Geburt an, das Kindlein mit Weisheit, Takt und Rücksicht auf seine Zerbrechlichkeit und vor allem auf seine besondere Individualität — auch schon in so zartem Alter gibt es Originale — in möglichst vollkommener Weise zu regeln! Man merkt zu seiner Freude, bis weit in die zweite Kindheit hinein, den Erfolg der einem Säugling anerzogenen guten Gewohnheiten; und in moralischer Hinsicht ist es ebenso.

Was ist eine gute Gewohnheit? Es ist die stete Wiederholung einer guten Handlung, die sich schließlich so tief in einem Wesen verankert, daß ihm ein entgegengesetztes Tun beinahe unmöglich wird. Es gibt, gottlob, viele unter uns, denen es sehr schwer werden dürfte, zu stehlen, zu lügen, Roheiten oder sonst etwas Schandbares zu begehen. Die Erzieherin sei aber auf der Hut, denn, wird eine einzige

Ausnahme gemacht, so ist die Bresche in die Mauer gelegt. Das ganze feindliche Heer kann durch sie einziehen. Darum ist es so überaus wichtig, daß wir unsere kleinen Kinder selbst überwachen und sie nicht der Gnade unwissender Dienstboten oder den Händen schlechter Kameraden überlassen.

Beim moralischen Gleichgewicht geht's ähnlich wie beim physischen, das man z. B. auf Stelzen oder besser noch auf dem Fahrrad durch die Gewohnheit erwirbt. Jeder weiß, daß man zuerst die äußerste Anspannung von Aufmerksamkeit und fast verzweifelter Willenskraft nötig hat, um nicht zu fallen. Allmählich aber werden die Muskeln und Nerven gebändigt und tun gewohnheitsmäßig ihre Pflicht. Von nun an bewegt man sich ohne Kraftanstrengung, und mit der Zeit fühlt man sich auf seinem Sattel so behaglich, wie auf einem weichen Sessel in seinem Heim. Welch ein Erfolg! Lohnt's denn nicht der Mühe, seine Kraftanstrengungen so lange zu wiederholen, bis der Erfolg eintritt? Nur durch Übung, nicht durch viele gute und ermutigende Ratschläge lernt man Radfahren. So wird auch ein Kind nicht durch aufgezwängte Grundsätze und großklingende Theorieen ein gehaltvoller Mann, sondern vielmehr dadurch, daß es immer und immer wieder das Beste tut, was es leisten kann. Man hat gesagt, daß jede Religion, welche den Menschen nicht heiligt, unvollständig sei, — — ebenso behaupten wir, daß jede Erziehung, die nicht bessert, nur den gehaltlosen Namen der Erziehung hat. Weg also mit langen Reden, viele Kinder sind durch zu viele Worte so gelangweilt worden, daß aus ihnen vertrocknete Früchte wurden. Es gilt dagegen, unsere Schüler zu dem rechten Handeln heranzubilden, welches durch stete Wiederholung in ihnen die moralische Tüchtigkeit allmählich bewirkt. Prägen wir ihnen die Gewohnheit des Guten ein. Wie viele Tugenden — Ordnung zum Beispiel — gibt es, die Gewohnheitssache sind!

Ich erinnere mich, daß ich einmal in später Stunde zu einer vom Schlage getroffenen Mutter zweier Töchter gerufen wurde. Angesichts solchen Unfalls pflegt die bestgeleitete Wirtschaft in Unordnung zu geraten. Wie groß war daher mein Erstaunen, als ich sah, daß auch nicht ein Gegenstand an seinem Platze fehlte. Die kleine Familie hatte keinen Dienstboten, die Aufwartefrau war abwesend; wir brachten die Nacht bei der Kranken zu, der alle bei ihrem Zustande nötige und vom Arzte angeordnete Pflege in der zartesten Weise zuteil wurde. Während dieser langen Stunden war nichts von Aufgeregtheit, von Verwirrung und Unordnung zu spüren. Alles Notwendige wurde mit Ruhe und Sicherheit getan. Als der Morgen kam, drückte ich den beiden jungen Mädchen meine Bewunderung aus. Sie sahen sich gegenseitig an, und die Älteste sagte mit vor Tränen erstickter Stimme die mir unvergeßlichen Worte: „Unsere liebe Mutter hat uns so an Ordnung gewöhnt, daß uns das Gegenteil unmöglich wäre."

Wie überall in dieser armen Welt berührt sich aber das Gute ganz nahe mit seinem Mißbrauch! Die Übertreibung der Ordnung kann schädlich, töricht, grausam sein. Eine Mutter muß auf peinliche Akkuratesse verzichten können, wenn wichtigere Dinge es verlangen. Das Interesse des Kindes kann das Opfer des Schönen, der Behaglichkeit, sogar der guten Regel erfordern.

Ich kenne eine kinderreiche Familie. Vater und Mutter, beide ehrenwerte Leute, sind ästhetisch und ideal gerichtet. Warum bringt denn die Erziehung ihrer übrigens wohlgesinnten Kinder Schwierigkeiten ohne Zahl mit sich?

Nach jahrelanger, sorgfältiger Beobachtung glaube ich des Rätsels Lösung in der von dieser Familie über

alles geschätzten Eleganz und Ordnungssucht gefunden zu
haben. In der Tat, alles, was äußerliche Schönheit be=
trifft, hat bei ihnen den höchsten Grad der Vollkommen=
heit erreicht. In den modernen Gärten ist kaum ein ein=
ziges Unkraut zu sehen. Was, ein welkes Blatt sollte in
den fortwährend geharkten Wegen, wo alle Kieskörnchen
von gleicher Größe sind, herumliegen dürfen? Nein! Das
wäre ein Unding! Ein einziger Fleck sollte sich auf den
prächtigen Möbeln zeigen? Das wäre ein Unglück! Alles
ohne Ausnahme, bis auf den kleinen Bleistift auf dem ein=
gelegten Schreibtisch, muß die peinlichste Ordnung zeigen.

Es ist aber unleugbar: Moralische und äußerliche Voll=
kommenheit schließen sich bis zu einem gewissen Grade
gegenseitig aus. Ein Kind sehr gut erziehen — ich fasse
das Wort erziehen in seiner höchsten Bedeutung — ist in
einem besonders schönen Hause schwieriger, als in einem
ganz einfachen Heim. Denn es ist weniger leicht, in dem
ersteren die Gewohnheiten der Zuvorkommenheit, der
Dienstwilligkeit, der Hilfsbereitschaft, der Sanftmut, der
Geduld und der Demut einzuprägen. Die Versuchung zum
Egoismus ist dort größer. Um so gesegneter, wenn diese
Klippen mit Gottes Hilfe umschifft werden!

Warum ist ein Ausbruch des Zornes oder der Rücksichts=
losigkeit, der Erregtheit oder der Eitelkeit so verderblich?
Ist es um der geschehenen Sünde willen? Es kann doch
aufrichtige Reue folgen und der Herr wäscht uns dann von
unsern Fehlern rein. Gewiß. Aber im Kampfe gegen das
Böse macht jede Schwäche die nachfolgende um so wahr=
scheinlicher, leichter und verhängnisvoller. Gerade so wie
jeder Sieg zu neuen Siegen hilft. Drum gilt es, täglich
seine Waffen blank zu halten und unseren Kindern zu hel=

fen, die sie schützende Rüstung anzulegen. Beugt vor, darauf kommt es an!

Wiederholte Aufopferung und Hingebung hilft schließlich dazu, daß aus ihnen und aus uns selber wird, was Gott von seinen Dienern erwartet.

Das Gleichgewicht zwischen Leib, Geist und Gemüt.

> Alle Fragen hängen zusammen wie die Ringe einer Kette, so daß man nicht einen einzigen berühren kann, ohne die anderen mit zu bewegen. Henry Appia.

Zur menschlichen Natur gehören drei fürs Leben wesentliche Dinge, der Leib, der Geist, das Gemüt. Eine auf die völlige Entfaltung der Persönlichkeit bedachte Erziehung darf keine dieser drei vernachlässigen. Man kann sie mit einem gleichschenkligen Dreieck vergleichen. Die Basis ist der auf den irdischen Stoff gestützte Leib, die beiden Seitenlinien, Geist und Gemüt, vereinigen sich in ihrem Treffpunkte, der in die Ewigkeit hinaufweist. Verkürzt die eine Seite, und das Gleichgewicht ist gestört; entwickelt die eine auf Kosten der beiden anderen, und ihr werdet ein anormales, schadenstiftendes Wesen erziehen, das meistens zum Leiden verurteilt ist, oder seinen Nächsten Leiden schafft.

Macht aus dem Leibe eures Kindes keinen Götzen, das ist für viele von uns Müttern eine feine Versuchung.

Eines Tages dürfte dieses herrische und unerbittliche Idol unter dem Scheine der Unvermeidlichkeit das Opfer der Tugend, der Ehre ... und des Glückes fordern.

Entwickelt auch nicht die Ausbildung des Geistes auf Kosten der beiden ersten. Wie manche Kinder, obschon sie den besten Teil des Tages in der Schulstube zubringen, setzen sich, kaum zu Hause, sofort nach der Mahlzeit an ihre Aufgaben. Die sind im Elternhause nur wie Hotelgäste. Jede solche geistige Überlastung des Schülers ist beklagenswert, sie rächt sich früher oder später.

Seine Kinder zu Betätigung kräftigen Wesens nicht ermuntern, sie in ein Leben der Gefühle versenken, sie vor jeder Prüfung, vor jeder etwas harten Arbeit bewahren und sie mit schwächenden Liebesbeweisen überschütten, heißt aber auch, sie schmälern.

Erspart ihnen nicht die Kraftanstrengungen! Ihr würdet sie berauben. Das ist vielleicht einer der häufigsten Fehler in der modernen Erziehung. Die Widerstandskraft stählt sich durch Gewöhnung des Körpers an gewisse Wagnisse, natürlich ohne dabei das Maß der individuellen Ausdauer zu überschreiten, was selbstverständlich eine falsche Rechnung wäre. Man darf von keinem Organismus eine Leistung fordern, die er nur mit Verlust hervorbringen könnte.

Viele Eltern verweichlichen oder schwächen ihre Kinder gerade dadurch, daß sie in übertriebener Fürsorge die zur Dienstbarmachung und zur Unterhaltung der Kräfte heilsamen Entbehrungen und Anstrengungen von ihnen abwehren.

Handarbeit und körperliche Übung gehören unbedingt zu jeder vollständigen Erziehung; sie entwickeln das Muskelsystem, schärfen das Augenmaß, geben den Fingern die nötige Geschicklichkeit und erzeugen eine höhere Auffassung von dem Werte und der Würde der Arbeit. Ein geschicktes Kind wird den Arbeiter höher achten und eine gerechtere Wertschätzung für das Handwerk gewinnen, gewiß eine gerade für die heutige Zeit wichtige Errungenschaft.

Die erstaunliche Vollkommenheit, bis zu welcher gewisse Sinne entwickelt werden können, beweist, daß ihre Schulung und Ausbildung nicht vernachlässigt werden darf. Wie scharf ist das Auge der Seeleute, der Bergsteiger und Naturforscher! Wie fein das Tastgefühl der Blinden oder gewisser Handwerker, das Gehör der echten Musiker!

Die Kinder, die man bei zeiten an dem Tagewerk der Familie teilnehmen läßt, denen man allerlei kleine, ihrer Fähigkeit angepaßte, mit ihrer Entwicklung sich vergrößernde Aufgaben zuweist, gewinnen dabei an Sinnesschärfe, an Kraft, an Geschicklichkeit, an Urteil, indem sie sich zugleich die kostbaren Gewohnheiten der Ordnung, der Gewandtheit und der Arbeitsamkeit aneignen.

Man muß soviel als möglich den Gesichtskreis der Jugend erweitern, damit ihr nichts Nutzbringendes fremd bleibe. Daher gilt es, zu gleicher Zeit ihre physische, geistige und sittliche Entwicklung zu fördern. Es gibt kein völliges Gleichgewicht, wenn eine Seite zu sehr auf Kosten der andern gepflegt wird. Vergessen wir auch nicht, daß jedes Kind das Bedürfnis hat, sich umherzutummeln. Bewegung ist sein Leben. In unseren Stadtschulen sollte sie täglich gepflegt werden und einen wesentlichen Teil der für die Kinder so notwendigen Erholungspausen bilden. Abwechselnd mit gut ausgewählten Spielen müßte in freier Luft oder in sehr gut gelüfteten Räumen geturnt werden.

Die Fragen der Erziehung unserer Kinder in der Schule oder in der Familie sind umfassend und vielseitig; es sind Lebensfragen, welche zu den grundlegenden Kenntnissen jeder Mutter, ja jedes weiblichen Wesens gehören sollten, weil diese Dinge sie direkt angehen. Die weiblichen Studien sollen sich auf alle die Gebiete erstrecken, in denen die Frau in hohem Grade maßgebend zu werden und dadurch eine für Gegenwart und Zukunft unberechenbare Wirksamkeit auszuüben vermag. Darum muß sie sich in allem unterrichten, was sich auf Kinder und deren Bedürfnisse bezieht; sie muß die ganze Individualität nach Leib, Seele und Geist bei denen achten lernen, die in hohem Maße von ihr abhängen und für deren Erziehung die allerbesten Bemühungen nur gerade gut genug sind.

Soziale Erziehung.

Man muß ein edles Leben geführt haben, um edel zu lieben.
Charles Kingsley.

Es gibt mehr als nur eine Art Mutterliebe, und die Kinder fühlen von ganz klein auf genau ihren Wert. Wie oft ist ihr Körperchen der Mutter Hauptsorge. Ist das der Fall, so gewinnt, wenn auch unbewußt, gar bald im kleinen Herzen das Fleischliche ein Übergewicht. Das Kind gewöhnt sich daran, alles von diesem Standpunkte aus zu betrachten und daran zu messen. Und wie leidet dabei seine Liebe zur Mutter! Zuerst schienen sie doch so eng miteinander verbunden zu sein. — Ja, aber nach und nach wurde dein Kind größer. Es brauchte weniger körperliche Pflege, es bediente sich selbst, entschied selbst über Kleider und

Essen; es schlief nicht mehr in deinem Zimmer, das Band lockerte sich, und zu deinem Entsetzen entdecktest du, daß es nicht mehr durch Anderes, noch Innigeres mit dir verknüpft war. Du hattest eben nur eine einzige Brücke zwischen ihm und dir zu schlagen verstanden. Nun bricht sie ab, und der Abgrund gähnt dir entgegen! Das darf nicht sein . . .

Der Leib muß sich dem Geiste unterwerfen. Lehren wir unsere Kinder, daß die Gesundheit nicht der Zweck des Daseins, sondern ein Mittel ist, um ein tätiges, reines, von materiellen Fesseln befreites, der Pflichterfüllung und dem Dienste an dem Nächsten geweihtes Leben zu führen.

Selbstüberwindung ist das Schwungrad der Erziehung.

Die mütterlichen Verpflichtungen, die zum Gedeihen der Menschheit nötig sind, sind die Aufgabe aller Frauen.

Es ist ein großes Kinderleiden, eine Mutter zu besitzen, die nicht genug zu tun hat. Angestrengt arbeiten zu sehen, ist schon eine ganze Schule; das Gegenteil bringt junge Menschen ins Verderben.

Ist leichtes, unbeschäftigtes, sorgenfreies Leben wirklich das Beste für die Mütter der Nation? Ein bißchen Geschwätz, einige Interessen für Luxus und Geselligkeit, genügt das? Leerheit der Existenz, Oberflächlichkeit der Ansichten, sind es die rechten Mittel, diejenigen zu formen, welche unsere Kinder leiten sollen?

Viele Mütter denken, sie müßten immer bei ihren Kindern sein. Das ist ein Irrtum. Weder für das Kind

noch für sie selbst ist es gut, es kann sogar zuletzt ins
Gegenteil umschlagen. Nicht die Quantität des Zusammen=
seins, sondern seine Qualität ist das Wichtigste. Mit wel=
chen Gedanken sitzest du neben deinem Kinde? Ist dein
Herz voll Dank dafür, daß du es besitzen darfst, daß du
einen guten Ehemann, daß du Nahrung und Kleidung,
Gesundheit und tausend unverdiente Segnungen dein eigen
nennst? Wenn nicht, wenn vielmehr eine murrende, ärger=
liche, hämische, undankbare Stimme in deiner Seele laut
würde, so hast du eben sehr nötig, dein Glück an dem
Leid der anderen zu messen, um es endlich besser zu er=
kennen. Und ich rate dir, den Elenden und Mißhandelten
etwas nachzugehen und ihnen zu dienen. Bald bringst du
so viel demütige Dankbarkeit, die Quelle echten, frucht=
treibenden Glückes heim, daß es den Deinigen wie eine
Offenbarung sein wird. Leuchtende Horizonte werden sich
dann allmählich vor dir auftun, und dir wird sein wie
einer Träumenden, denn die entflohene Zufriedenheit wird
nun wie ein unermeßlicher, wunderbarer Schatz in deinem
Schoße liegen.

Eine Mutter soll manchmal ihre Kinder auf einige
Zeit verlassen, um selber für ihre innere Bildung Nahrung
aufzunehmen. Sie ist ja nicht bloß mit ihrem Körper,
sondern auch mit ihrem Geiste und ihrer Seele Mutter.
Es darf nicht dahin kommen, daß sie sich von ihren Söhnen
und Töchtern überflügelt sieht. Darum hocke sie nicht immer
hinter dem Ofen. Das Opfer einiger Stunden, in denen
man die Kinder verläßt, kann beide Teile bereichern. Wenn
sie erst ins Leben hinaus müssen, dann werden sie noch mehr
als bisher ihre Mutter nötig haben. Diese muß fähig sein,
sie den Berg hinauf zu führen.

Die Mutter, einzige Erzieherin in dem Alter, wo Persönlichkeit sich erst zu bilden anfängt, wo Gedächtnis am zähesten ist und Eindrücke am lebhaftesten, muß ein freies, ehrenwertes und geachtetes Wesen sein. Das ist eine der wesentlichsten Bedingungen einer guten Erziehung.

Es genügt nicht, unsere Kinder fürs Leben zu rüsten; wir müssen ebenfalls zur Besserung der Welt beitragen, in welcher unsere Kinder leben und leiden werden. „Ich will nicht, daß da, wo ich die Meinigen allein lasse, das Böse regiere", sollte sich jede Mutter sagen.

Sie werden uns später fragen, was wir in dieser Welt geleistet haben.

Gibt es irgendwo auf Erden einen Unglücklichen, der sich nicht nach tröstender Mutterliebe sehnte, der nicht aus seinem Jammer heraus nach ihr verlangte? Unvermeidlich wird einst dein Kind dies herausfinden, und wenn sich's dann nicht sagen kann: „Mutter hat getan, was sie konnte", wird es dich nicht mit so heißer Verehrung lieben und nicht so glücklich sein, als es sollte.

Wenn die Mütter sich treu daran machten
den sozialen Wunden vorzubeugen, würden
viele bald nicht mehr sein.

Ein vortreffliches Mittel, seinen eigenen Kindern Gutes zu tun, ist, die Kinder anderer Mütter und besonders die Mutterlosen zu lieben.

Wie könnten wir all das Elend um uns her mit gleichgültigen Augen ansehen! Unmöglich!

Beschuldigungen, Empörungen sind für uns zu ebensoviel Offenbarungen geworden, die uns aus unserer fal=

schen Ruhe aufrütteln. Der Hunger nach Gerechtigkeit wächst. Die Zeit ist vorbei, wo die Reichen die von niedrigerer Herkunft als etwas Verächtliches, kaum zum Menschengeschlechte zu Rechnendes ansehen durften, Gott sei Dank!

Benutzet diesen Fortschritt und gestaltet also die Erziehung der Jugend sozial. Lehret sie's beizeiten, wenn das Herz noch aufnahmefähig ist, daß unser bestes Los nicht das Glück, sondern die Pflicht sei, daß die Übung der Liebe in der Gerechtigkeit allein den Klassenhaß entwaffnet. Und unterweist zumal die Mädchen darin, daß sie den Unglücklichen nach dem Maße ihrer eigenen Vorrechte verpflichtet sind.

Niemand hat das Recht, von der Gesellschaft mehr zu erwarten, als er ihr gibt. Wie viele Mütter und Töchter der wohlhabenden Klassen sind noch weit davon entfernt, das zu verstehen! Man müßte es ihnen durch alle Mittel beibringen. Übrigens sollte sie schon ihr eigenes Interesse dazu drängen. Man behauptet, wir gingen der sozialen Revolution entgegen. Keins von den angepriesenen sozialistischen Systemen, wie es auch immer heißen mag, ist imstande, den Frieden der Gesellschaft und ihr Glück zu verwirklichen. Alle die noch so vorgeschrittenen Gesetze, alle Almosen der ganzen Welt sind wie Tropfen auf einem glühenden Stein, solange ihre Bewohner nicht das Gebot befolgen: Du sollst lieben! . . .

Heutzutage ist ein Kind, dessen Erziehung nicht sozial gestaltet wurde, ein nicht recht erzogenes Wesen, denn es ist ungenügend für den Kampf des Lebens gewappnet, und in den meisten Fällen unfähig, seinen Beruf zu erfüllen.

Eine Mutter, die nur für ihre Kinder gelebt hat, dieselben dadurch ärmer, liebloser, untüchtiger gemacht, sie

hat ihnen eine übertriebene Idee von ihrer eigenen Wich=
tigkeit beigebracht.

Sie hat dieselben zum Mittelpunkte ihres Lebens ge=
macht, sie werden sich einbilden, daß sie selber der Mittel=
punkt von allem seien.

> Es sind oft nur Erwägungen und Be=
> weggründe zweiten Grades, welche einem
> Leben seine Richtung aufprägen. Wie sollte
> da völliges Glück möglich sein?

Eine mir bekannte junge Mutter, welche von sozialen
Fragen nichts verstand, hatte einen zweijährigen Knaben,
der mit seinem Finger auf die Männer im Arbeitskittel
hinzuweisen und dabei jedesmal in verächtlichem Tone zu
sagen pflegte „Schmutzmann".

Zwanzig Jahre später, als das Herz dieser Dame
allen Unglücklichen zugeneigt war, bekam sie ihren letzten
Sohn. Derselbe glich in allen Stücken ganz auffallend
dem ersten, nur in einem Punkte war's bei ihm anders. Das
kleine Kerlchen bezeigte gerade ärmlich gekleideten Leuten
komische und zugleich rührende Achtung. Er nannte sie
mit einer von Respekt durchdrungenen Stimme „Herr" und
begann zu weinen, wenn der Papa sich nicht beeilte, aus
seinem Zimmer herunter zu kommen, um dem Bettler zu=
zuhören. Woher dieser Unterschied? — Die Mutter hatte
seitdem gelernt, was die „soziale Erziehung" bedeutet.

Unter den armen, in schmutzigen Gassen hockenden,
jämmerlich gekleideten Kindern, welche einen elenden Säug=
ling mit sich herumtragen und beaufsichtigen, sind manche
edle Seelen, die den ganzen Tag hindurch in der Schule der

Hingebung, der Selbstverleugnung und der Liebe stehen, während ihre Mutter, fern vom häuslichen Herd, durch Waschen und Scheuern, bis zur völligen Erschöpfung, das tägliche Brot verdienen muß. Wer würde solches Kind nicht beklagen? Und doch dienen die harten Lehren seines schweren Loses zur Entwicklung und Verschönerung seines inneren Menschen, und davon strahlt etwas auf seine ärmliche Umgebung zurück.

Selbstzucht bricht Selbstsucht.

Lehren wir unsere Kinder in dem Alter, wo das Herz sich noch leicht öffnet, daß unser Beruf nicht in der Mittelmäßigkeit egoistischen Wohlseins besteht. Sie sollen wissen, daß es ein königliches Vorrecht ist, der großen menschlichen Familie eine hilfreiche Hand entgegenzustrecken, um einige Ungerechtigkeiten wieder gut zu machen, einige Fortschritte zu verwirklichen und einige Leiden zu lindern. Wenn wir die „Enterbten" nicht zu uns emporheben, so werden sie sicherlich unsere moderne Gesellschaft bis in ihre Grundfesten eines Tages erschüttern, und diese wird dann, zu spät, ihren Mangel an Weisheit, Gerechtigkeit und Brüderlichkeit bereuen.

Gerade so wie der gute Hirte, ihnen vorangehend, seine Schafe führte, so soll eine Mutter ihre Kinderschar führen.

Die Zuchtlosigkeit der Jugend nimmt nicht ab, sondern zu. Diese Jugend wird wesentlich von den Müttern erzogen, also ist die Schuld jedenfalls mit bei diesen zu suchen. Wäre es nicht vor allem an ihnen, den Kampf um die Zukunft des Volkes aufzunehmen?

Schopenhauer sagte einmal: „Der Charakter des Menschen ist die Schöpfung des Augenblicks, — er vererbt sich vom Vater. Die Intelligenz hängt ab vom Bau des Gehirns, sie ist Erbteil der Mutter." Dieser Ausspruch, der gewiß nicht wörtlich zu nehmen ist, erklärt aber vielleicht etwas von der unleugbaren Tatsache, daß Söhne hochberühmter Väter selten deren Tüchtigkeit oder geistige Begabung erbten, und daß dagegen fast alle großen Männer Söhne bedeutender Mütter waren.

Wie sehr wichtig ist es also, eine wirklich gute, gediegene und gescheite Frau zu heiraten, wie groß ist der Teil der Verantwortung, der ihr zukommt, bei der Geburt und Erziehung der Kinder!

Als ich kürzlich in einer Zeitung las: „Die Masse der Gleichgültigen und Trägen nimmt immer mehr zu", hielt ich inne, weil mir etwas die Kehle zuschnürte. Konnte dieser Ausspruch wahr sein?

Nein, es ist unmöglich! Die Frauen sind Menschen, und weil wir Menschen sind, sind wir für das Wohl und Wehe der anderen mitverantwortlich. Verantwortungslose Frauen? O, das müßten arme, arme Wesen sein! Wie beraubt man den, dem man eine Verantwortung abnimmt! Wir sind verantwortlich, und wir wollen es sein, um unserer Männer, Brüder, und besonders um unserer Kinder willen. Wahrlich, viele von uns hätten mehr Liebe zu geben, wenn wir uns entschließen könnten, es in unserer Wirtschaft weniger vollkommen haben zu wollen.

Ach, diese Wirtschaft, sie ist manchmal der Götze, der uns verhindert, Gott zu dienen, weil sie uns nicht Zeit läßt, unseren Nächsten, wie uns selbst zu lieben. Wie leiden unsere Kinder, wenn wir die schönen Möbel, den Zierat im Hause, und ähnliches mehr, ihrer Freude, ihrem Wohl oder auch nur den Pflichten der Barmherzigkeit, den großen sozialen Gedanken voranstellen!

> Alles Gute, das eine Mutter zu tun versäumt, wird einst als Unsegen auf das Haupt ihres Kindes zurückfallen.

Lange bevor ein Kind schulpflichtig ist, kennt es ganz genau den Wert seines Vaterhauses und weiß, ob darin die Habsucht, Kleinlichkeit, Oberflächlichkeit, Vergnügungssucht, oder das treue Bestreben, Gott und den Nächsten zu dienen, das herrschende Prinzip ist. Ja, das Kind wird sich bald klar, wofür die Eltern leben, so klar, daß sein Verhalten gegen sie, gegen die ganze Welt, ja selbst gegen die Ewigkeitsfrage sich danach richtet.

So werden die Gedanken der Mutter nach und nach die des ganzen Volkes, und ihr Wert bedingt den der Nation. „Mutter sein" heißt, Führerin werden, jeden Tag mehr, nach oben oder nach unten, zum Heil oder zum Fluch.

> „Meine Hauptsache soll nicht meine Haushaltung, nicht meine Kinder sein, sondern der Wille Gottes, so daß das Höhere meine Hauptsache und das Leibliche meine Nebensache sei. Als meine Freude soll mir vor Augen liegen das Erbe der Verheißung und daß ich auf solches warte."
> (Aus dem Tagebuch der verw. Pfarrerin Ph. Hahn, Beate, geb. Flattich, um 1791.)

Warum grämst du dich deiner Wirtschaft wegen? Was nützt es? Ist diese oder jene Sorge den Schlaf deiner

Nächte, die Heiterkeit deiner Stirn, das fröhliche Lächeln deines Mundes wert? Hand aufs Herz, ist es auch immer ganz so schlimm, wie du es dir und anderen vormalst? Ist's wirklich hoffnungslos? Ging es nicht fast jedesmal besser, wie du wähntest, als du dir wie oft Berge von Schwierig= keiten erdachtest? Sind es nicht manches Mal lediglich die Sorgen, die deine gute Laune zerstörend aus den Trümmern unüberwindlich scheinender Berge zusammen= schieben?

Und, wenn es nun wirklich so schlimm stünde, gibt's denn nicht Einen, der da hilft und der schon in viel Not über dir Flügel gebreitet hat?

> Vermeidest du, in deinem Kinde ein Be=
> dürfnis zu erwecken, so machst du ihm ein
> Geschenk. Je bescheidener und anspruchs=
> loser es wird, desto mehr wird es sich der
> Güter freuen, die das Leben ihm einst spendet

Unserer pflaumenweichen Zeit fehlt immer mehr die Fähigkeit, Schmerzen, Gefahren und Strapazen auszuhalten. Es besteht darin ein ungeheurer Unterschied zwischen heute und ehemals. Bei unseren Vorfahren — was auch ihre Fehler und Mängel andrerseits waren — drehte sich nicht alles um ein „bequemes" Leben, während solches je mehr und mehr für uns der Hauptgesichtspunkt wird. Gewiß ist es erlaubt, die materiellen Vorteile, welche die Zivilisation mit sich bringt, zu verwerten, um sich das Leben zu erleichtern. Dabei aber muß stets die andere Frage auf unseren Lippen schweben: ob wir nicht unseren Kindern Gewohnheiten geben, welche es ihnen später erschweren könnten als Männer, als tapfere Frauen und als Christen zu leben. Je nach der Antwort sollen wir solche Erleichterungen unseren Kindern gönnen oder verweigern. „Wer in der Rennbahn läuft, belastet sich nicht mit vielen Dingen." Wer später im Leben für das Gute kämpfen soll, darf nicht Sklave von allerhand, an sich erlaubten Gewohnheiten sein, die aus einem Krieger einen behäbigen Philister machen. Wenn ein Mann von klein auf an weiche Betten, üppige Teppiche, reichbesetzte Tafeln gewöhnt ist, wenn ein Knabe von jeher sein eigenes Zimmer hatte, wo er völlig ungestört durch jeglichen Lärm seine Aufgaben machen durfte, wenn er nie einer Strapaze, nie einem Schmerz ausgesetzt wird, wenn jedesmal, wo er sich in Gefahr begibt, die Mutter händeringend dabei steht und ihm sein Tun hernach wie ein schweres Verbrechen vorwirft, wenn ein Mädchen geschont und behütet wird, als wäre es Mutters Augapfel, wenn von ihr nichts verlangt wird, was es nicht mit Leichtigkeit leisten kann, dann sind solche Menschenkinder für hohe Aufgaben später meistens unbrauchbar. Und sollte es ihnen dennoch dann und wann gelingen, durch äußerste Anspannung ihrer geringen Willenskraft tatkräftig einzugreifen, so werden sie bald merken, wieviel leichter und besser ein anderer dieselben Pflichten auf sich nimmt, weil er von Jugend auf daran gewöhnt ist.

Ein verzärtelter Knabe, der sich in seinem Leben nie gerauft hat, soll eine Ungerechtigkeit verhüten. Wie schwer wird es ihm fallen, bis er sich entschließt einzugreifen, wie leicht verpaßt er die Gelegenheit! Ein verwöhntes Mädchen soll Schwerkranke pflegen und dabei vielleicht ihr Leben wagen. Wird sie es mit freudiger Hingebung tun?

Es ist entschieden unklug, wenn eine überbesorgte Mutter ihrem Kinde eine weichliche Erziehung gibt, denn dasselbe leidet später darunter. Niemals wundert es sich über hartes Lager, bescheidenes Zimmer, einfaches Essen, billiges

Spielzeug, grobe Kleidung, wenn es nie etwas anderes gehabt hat. Es kommt ihm ganz natürlich vor. Wohl aber leidet der junge Mann beim Militär durch Schlafen auf grobem Strohsack, wohl fühlt er sich unglücklich zwischen den vier kahlen Wänden einer Mannschaftsstube, wenn er an überflüssigen Luxus gewöhnt war.

Unsere Vorfahren, heißt es, seien besser wie wir gewesen, denn sie hätten den Mut gehabt, für ihren Glauben große Opfer zu bringen, deren wir heute nicht mehr fähig wären . . . . . Ob sie besser waren, sei dahingestellt. Aber da sie einfacher, männlicher erzogen wurden, hatten sie die Kraft das zu tun, wovor wir, vor lauter Zimperlichkeit, oft zurückschrecken.

Es ist an der Zeit, daß wir unseren Kindern diese Kraft, die tausendmal mehr wert ist als Silber und Gold, wiedergeben. Beispiele des Heldenmuts rufen bei Kindern ein lebendiges Echo hervor, so daß sie sich gern, wie beobachtet wurde, selber Aufgaben stellen, zu deren Erfüllung Tapferkeit und mutige Selbstüberwindung nötig ist. Diese vor allen kostbare Saite hat einen außerordentlichen Vollklang. Leider kommt sie bei unserem modernen Erziehungssystem weder in der Schule noch im Hause ins rechte Schwingen.

Ist das nicht ein großer Verlust?

Ein Heim ohne Mutter, oder ohne ein
Weib mit Mutterliebe und Mutterweisheit,
. . . ist das ein Heim?

Dann noch ein anderes, was die Mütter verstehen sollten, wovon sie aber heute entfernter sind denn je: sie sollten den Mut haben, ihren Kindern und zumal ihren Söhnen zu erlauben, der Gefahr zu trotzen.

Tief eingewurzelt in der Bruſt der Knaben lebt der Wunſch, etwas Gefährliches tun zu dürfen. Und wo einer dieſen Drang nicht kennt, da iſt er kein rechter Junge. Solch ein Inſtinkt darf nicht unterdrückt, ſondern muß in rechte Bahnen geleitet werden. Anſtatt dem Sohn alles zu verbieten, ſoll er ſchwimmen, reiten, klettern und ſchießen lernen. Hat er die Regeln der berechtigten Vorſicht gründ= lich verſtanden, ſo mag er in Gottes Namen ſeine Jugend, ſeine Kraft und ſeinen Mut genießen!

Hier hat die Mutter eine ſchöne Gelegenheit, ihre Liebe dem Sohn zu zeigen. Sie ſoll ſich bezwingen, und, unter gewiſſen Vorausſetzungen der Vorſicht natürlich, den jungen Burſchen ruhig tollen laſſen, ſelbſt um den Preis des eigenen Zitterns.

Statt deſſen glauben viele Mütter, den Höhepunkt ihrer Liebe darin zu erkennen, daß ſie wie nervöſe Hennen ihren Kücken überall nachlaufen und ihnen jede Gelegen= heit verſagen, Kaltblütigkeit, Ruhe und Selbſtbeherrſchung zu üben.

Das rächt ſich: die Söhne werden ungeduldig, ſie freuen ſich, aus dem Bereich der mütterlichen Furchtſamkeit ent= fliehen zu können und fühlen ſich am wohlſten — welche Unnatur! — wenn ſie von Hauſe weg ſind. Oder auch ſie entwickeln ſich zu treibhausartigen Muſterpflänzchen, von denen nicht viel zu erwarten iſt.

Und glaube ja nicht, du zaghafte Mutter, daß du durch deine Ängſtlichkeit dein Kind vor Unfällen beſchützeſt: im Gegenteil, das tägliche Leben ſcheint zu lehren, daß gerade den ſchüchternen, ſtets ſittſamen, unerfahrenen Kindern am erſten Unglück paſſiert, während die gewitzigten ſelten an ihrer Unerſchrockenheit zugrunde gehen!

Affenliebe.

> Verzogene Kinder finden es ganz natürlich, daß man sie anbetet, nur geruhen sie uns merken zu lassen, daß ihnen das auf die Dauer langweilig wird, so daß sie uns schließlich den Rücken kehren. Das Leben sorgt schon dafür, daß ihnen mit rechter Münze heimgezahlt wird. Wenn die wärmsten Freunde entdecken, daß bei einem verzogenen Kinde sich alles um sein kleines Ich dreht, machen sie ihm eine Verbeugung und suchen anderswo die köstliche Perle, welche Herz heißt.
>
> (Aus einem unveröffentlichten Briefe der Frau von Gasparin.)

In einer dicht mit breitblättrigem Epheu und duftendem Jasmin bedeckten Villa lebten ein Großvater, eine Großmutter und ihre Enkelin, das einzige Kind ihres nach sehr kurzer Ehe verstorbenen Sohnes. Ein für die alten Leute also doppelt kostbarer Schatz. Daher war nichts zu gut, zu schön und zu teuer für Caroline. Man verlangte nicht die geringste Pflichterfüllung von ihr. Es genügte, daß der „kleine Götze" da war, und sie ließ sich auch anbeten. Folgerichtig geschah es nun, daß sie an moralischem Werte in dem Maße verlor, wie sie körperlich wuchs.

Ihre Erzieherin, eine durchaus verständige Person, war sehr betrübt darüber. Eines Tages sprach sie offen davon zu der alten Dame: „Verzeihen Sie mir die Freiheit, aber Carolinens Zukunft liegt mir sehr am Herzen. Glauben Sie nicht, daß Sie durch dieses verzärtelnde, verhätschelnde, pflichten= und opferlose Dasein sie unfähig machen, die gewiß nicht ausbleibenden Prüfungen des Lebens zu bestehen?

Sie wird sicherlich von ihrer Zukunft alles das erwarten, was sie heute zu empfangen gewöhnt ist, und wenn dann die Stürme kommen, wie wird sie leiden müssen!"

Was, meint ihr wohl, war die Antwort der alten Dame? Sie lautete tatsächlich also: „Das ist mir ganz gleich. Alles, was ich will, ist dies, daß Carolinchen später sagen kann: meine Großeltern haben mir niemals das Geringste versagt; sie haben mich vollkommen glücklich gemacht."

Die Erzieherin seufzte. Sie hätte antworten können, daß Caroline ja schon gar nicht mehr glücklich sei.

Eine Großmutter also, die in ihrer Verblendung, richtiger gesagt, in ihrem Egoismus, nicht danach fragt, was nach ihrem Tode aus dem für das Leben schlecht vorbereiteten Kinde werden soll!

Leider handeln viele Eltern gerade so. Von der Mutter aus dem Arbeiterstande, die ihre Tochter als Dame erzieht, ohne ihr jedoch den für ihre Zukunft „allein in Frage kommenden vornehmen Ehemann" verschaffen zu können, bis zu der kleinen Bürgersfrau, die ihrer Tochter die unsinnigsten Ansprüche in den Kopf setzt. Ach, daß die Mütter verständiger würden! Ihr liebt ja alle die Kinder, die ihr geboren, die ihr mit Schmerzen, mit schlaflosen Nächten, mit bitteren Sorgen erzogen habt. Und ihr würdet euer Herzblut hingeben, um sie glücklich zu wissen, um ihnen den Weg durchs Leben leicht zu machen. Aber ihr tut in eurer Verwirrung gerade das Gegenteil von dem, was nötig ist, ihr entwaffnet sie und ihr bemüht euch, ihre sichere Niederlage vorzubereiten.

Wär's denn da nicht viel tausendmal besser, statt ihnen allerlei überflüssige Bedürfnisse anzugewöhnen, sie stark und mannhaft — ich sage das auch von Mädchen — und mit Wenigem zufrieden zu machen?

Fangt schon im zartesten Alter damit an, es ist niemals zu früh. Wenn das Baby hinfällt, stürzt nicht nach Art der jungen Mütter mit großem Lärm und mit gespreizten Segeln herzu, um es aufzuheben. Damit bringt man dem kleinen Wesen eine schädliche Wichtigkeit bei; es gewöhnt sich, immer auf die Hilfe anderer zu rechnen, um aus seinen Schwierigkeiten herauszukommen. Bleibt ruhig auf eurem Platze, zeigt ein heiteres Lächeln und sagt: „Nun wollen wir einmal sehen, ob Schätzchen ganz allein aufstehen kann. Eins, zwei, drei — Hurra! Und nun komm schnell und gib Mama einen Kuß!" ... Und Baby, in seiner Anstrengung, sich selbst zu helfen, kräftig ermutigt, wird davon den Gewinn der fröhlichen Stimmung und des Selbstvertrauens haben, wird immer fähiger werden, aus Schwierigkeiten den rechten Ausweg zu finden.

Helft seiner größeren Schwester auch nicht allzu schnell die Wollsträhne zu entwirren, an welchen ihre noch ungeschickten Finger arbeiten. Laßt das Mädchen es zunächst allein versuchen, — und ich denke mit vollem Grunde, heute besonders an die Mädchen, denn wenn ein Knabe linkisch ist, ist es schon schlimm genug, wieviel aber ist die zu beklagen, die immer andere um Hilfe bittet, von ihnen abhängig ist, von ihnen fordert. Was wird sie später an ihrem eigenen Herde für schwere Erfahrungen durchmachen müssen! Das einzige Mittel, sie gegen diese Gefahren zu wappnen, ist dies, daß man beizeiten aus ihnen starke, kraftvolle Frauen macht, wie sie Salomo in dem 31. Kapitel der Sprichwörter preist!

Das Ich ist sein eigener Feind

Welch ein Gegensatz zu unseren Tagen! Man höre nur den zimperlichen Ton: „Bitte, laß das nur, Elisabeth, du wirst deine Hände verderben, geh' ans Klavier, nimm deine Stickerei, amüsiere dich!" Elisabeth gehorcht gern, sie wünscht gar nichts Besseres. Und während die Mutter sich abquält, entwickeln sich die Fehler des jungen Mädchens unaufhaltsam. Am Anfang ist's die Nachlässigkeit, dann kommt die Unfähigkeit, dann die alberne Eitelkeit, zuletzt die schnöde Selbstsucht, und um das ganze Elendsgebäude zu krönen, Unzufriedenheit, schlechte Laune, Ekel, Blasiertheit. So wird eine ganze Existenz durch die mütterliche Torheit, welche bei vielen „Liebe" heißt, verdorben.

Vor einiger Zeit begegnete mir eine Witwe mit ihrer einzigen Tochter, alle beide kreuzunglücklich. „Und doch, glauben Sie es," sagte die Mutter zu mir, „ich habe alles, was ich konnte, für ihr Glück getan. Ich habe mir alles versagt, nichts für mich ausgegeben, keinen Dienstboten gehalten, nur um die besten Lehrer für sie bezahlen zu können. Ihr Zimmer, sehen Sie, wie hübsch es ist" — damit öffnete sie die Tür desselben. Eine Flut von Sonnenlicht erfüllte dieses kleine Mädchennest. Es war reizend, reich ausgestattet, ganz in zartem Blau, entzückend!

„Nun sehen Sie das meinige", fuhr sie fort und zog einen dunklen Vorhang zurück, der eine unscheinbare enge Kammer verdeckte. „Wenn wir Besuch bekommen, schlafe ich auf dem Sofa im Salon. Aber Lilly weiß keinen Dank dafür, durchaus nicht."

Sie brach in Schluchzen aus. . . .

Arme Mutter, sie erntete eben unter bitteren Schmerzen die bösen Früchte, die sie selbst gesät hatte, die Unglückselige.

Wie weit war von dieser törichten, ihre Tochter systematisch zum Egoismus erziehenden Frau, jene brave waadtländische Bäuerin entfernt, deren einziger Sohn vor etwa dreißig Jahren in Lausanne Theologie studierte! Wenn die Ferien kamen, dann zog er, ohne sich zu schämen, je nach der Jahreszeit, die von seiner Mutter eigenhändig gemachte Wolljacke oder Bluse an und arbeitete für sie mit allen Kräften. Um zu dem allgemeinen Dorfbackofen zu kommen, mußte er zuvor einen kleinen, durchs Grüne sich hinziehenden Fußpfad gehen, der an dem Brunnen vorbeiführte, wo aller Dorfklatsch zusammengetragen wurde. Aber Jakob kümmerte sich nicht darum, ob ihm die blauen oder braunen Augen manchmal spöttisch, manchmal auch mit Hochachtung nachschauten. Wenn seine brave Mutter zu backen hatte, hätte er ihr um keinen Preis erlaubt, sich zu quälen. Er fuhr die großen, braunen Brote auf einem Karren hin, und schleppte dann die Körbe und die dort üblichen runden ungeheuren Kuchen heim, unter jedem Arme einen, während seine Mutter, nur leicht beladen, mit glückstrahlenden Augen neben ihm trippelte.

Sie hatte die Einfachheit ihres Sohnes nicht zerstört, sie hatte ihn nicht mit falschem Stolze erfüllt, sondern ihn in gesunder Weise erzogen. Darum ist er auch ein gesegneter Mann geworden.

Um des zukünftigen Glückes eurer Söhne und Töchter willen lehrt sie ihre Eltern und deren Arbeit hochachten. Wiederholt ihnen oft das Wort: „Es gibt keinen dummen Beruf, es gibt nur dumme Menschen", oder auch: „Jede ehrliche Arbeit ehrt den, der sie ausübt". Wieviel Weisheit liegt doch in diesen Sprichwörtern!

Beschränkt soviel als möglich ihre auf die Toilette

und Eleganz gerichteten Bedürfnisse. Je weniger anspruchs=
voll und schwierig sie darin sind, desto mehr haben sie Ge=
währ für ihre irdische Zufriedenheit. Je weniger An=
sprüche sie heute machen, desto mehr werden sie sich später
zu freuen verstehen. Und vor allem helft ihnen von ihrem
eigenen „Ich", von dem bösen „Ich" loszukommen, das
noch niemals jemanden glücklich gemacht hat. Sie müssen
lernen, für den Nächsten zu leben, sich selbst zu vergessen,
sich hinzugeben, und den Fußspuren ihres Heilandes zu
folgen.

Dann könnt ihr ohne Sorgen eure Töchter und Söhne
in den Kampf des Lebens hinaussenden.

Die Geschwister.

I. Der Nachkömmling.

Die Macht eines Landes hängt vom Wert seiner Familien ab.

Manchmal, wenn man schon große Kinder besitzt, entdeckt man plötzlich, daß ein neues, ganz kleines unterwegs ist.

Viele Mütter sind dann außer sich. „Nun geht alle Mühe wieder von vorne an! Das Nähen, das Windelwaschen, die schlaflosen Nächte, und all das andere Schreckliche! Es ist ein wahres Unglück; und ich wäre gern damit verschont geblieben!"

Sie merkt es wohl selber kaum, ja, sie würde es mit aller Energie ableugnen, wenn man es in ihrer Gegenwart behaupten würde..., und doch ist es eine Tatsache: ihre Mutlosigkeit steckt die ganze Familie an, und der kleine fremde Ankömmling wird nicht mit dem warmen Enthusiasmus empfangen, welchen sein Erscheinen hätte hervorrufen können. Zum mindesten wird man etwas zögern, ehe man ihm einen offenen, freudigen und aufrichtigen Willkommengruß darbietet.

Manchmal fehlt es der Mutter noch viel mehr an weiser Einsicht. Es ist nicht die Arbeit, die sie erschreckt; vielleicht hat sie tüchtige Dienstboten, welche das meiste auf sich nehmen können. Aber keiner wird sie von der falschen Scham befreien, welche sie empfinden zu müssen wähnt, als ob diese neue Mutterschaft eine Schande wäre, die sie so lange als möglich verbergen und um deretwillen sie ihre großen Kinder fast um Verzeihung bitten möchte.

Wenn daher endlich der arme, kleine Eindringling seinen Einzug hält, nimmt man ihn mit sauersüßer Miene auf, und erst durch unzähliges Lächeln und viel Anmut, durch den unwiderstehlichen Reiz, der von den ganz frischen Menschenblüten ausströmt, gelingt es ihm allmählich, über diesen armseligen Empfang zu triumphieren und die Herzen der Seinigen zu erobern.

In gewissen Fällen handelt die aufgeklärte Mutter gerade umgekehrt.

So früh als irgend möglich, läßt sie ihre großen Kinder ihre neuen Hoffnungen freudig teilen. Sie spricht mit ihnen über das Glück, über die Verantwortlichkeit, sowie über die ernsten Möglichkeiten, welche dem Hause bevorstehen, und an denen alle Mitglieder ihren Anteil nehmen müssen, wenn sie reichen Segen davon empfangen sollen. Denn es ist auch wirklich ein Segen, und einer der köstlichsten, welcher der Familie bevorsteht, die bereit ist, ihn mit Dank und Ehrfurcht hinzunehmen.

Das alles sollen die älteren Kinder mit empfinden. Dann wird die Ankunft des Kleinen wie ein Fest, wie eine Seligkeit, wie ein Sonnenglanz sein. Und da die häuslichen Freuden den edlen Samenkörnern gleichen, aus denen eine fruchtbare Ernte kommt, so werden auch aus diesem neuen Reichtum Keime entsprießen, welche nicht nur für Vater und Mutter, sondern vielleicht noch mehr für die schon großen Brüder und Schwestern Edles zeitigen.

Für die Brüder zunächst, weil die kleinen Menschen=

kinder die Fähigkeit besitzen, den jungen Männern eine unaussprechliche Reinheit zu offenbaren. Wie dienlich wäre es diesen allen, wenn sie ein süßes Brüderchen oder Schwesterchen besäßen, das neben ihnen in einem kleinen Bettchen schlummert, das mit sonnigem Lächeln erwacht, und nur jene unschuldigen Tränen weint, welche eine einzige Liebkosung sofort wieder versiegen läßt. Es ist schwer für den jungen Mann, ein schlechtes Leben zu führen, wenn er weiß, daß daheim ihn ein kleines Lieb zum Abendkuß erwartet, ohne den es nicht einschlafen mag, da es im unbewußten Gefühle seiner Schwäche voll Bewunderung vor der Stärke seines älteren Bruders ist.

Welch Bild voll Zartheit und Heiligkeit erhebt sich alsdann vor dem Herzen eines jungen Mannes; was für tiefe Gedanken strömen in seine Seele! Er hat plötzlich verstanden, daß auch er einst, wenn er dessen würdig bleibt, Vater eines solchen kleinen Kindes werden wird. Heiliger Traum zartester Unschuld, der ihn zur Tugend verpflichtet, der ihn auf die Knie zwingt, weil er ihm in seinem Aufleuchten seine ungeheure Verantwortung offenbart hat. So kommt der große Bruder seinem Gott näher. Er begreift die grenzenlose Liebe dessen, der, um uns zu retten, ein schwaches und doch allmächtiges kleines Kind wurde.

Das ganze Leben eines jungen Mannes kann durch die Offenbarung der keuschen und rührenden Schwäche, die vom Brüderchen ausgeht, auf den rechten Weg geleitet werden.

Und was kann Baby sein für die große Schwester?

Wird sie nicht durch dasselbe eine einzige, eine königliche Gelegenheit haben, die allerwichtigsten Studien der Aufopferung zu machen?

Sie wird nicht anders können, die große Schwester, sie wird mit eintreten müssen und von Herzen dienen, sie ist nicht selbstsüchtig genug, um Baby in seinen Nöten und Bedürfnissen zu verlassen. Fällt es, so wird sie es aufrichten, weint es, so wird sie es trösten, leidet es, so wird sie ihm helfen. Sie wird es sein, welche die langen Nächte neben ihm verbringen wird, wenn es vor Fieber zittert, jene unvergeßlichen Nächte, an die sie später mit einem Beben von Dankbarkeit und Hingebung zurückdenken wird; welch Gegensatz zu durchtanzten Ballnächten, die im Gedächtnis der jungen Mädchen manchmal nichts als Reue und vielleicht gar Ekel hervorrufen!

Und wenn eines Tages — o bitterer Schmerz! — die große Schwester Baby zum letztenmal weiß kleiden und es in das enge Bettchen legen müßte, wo es starr ausgestreckt bleibt, und von wo man es nie mehr aufnehmen wird, dann wird ihr Herz brechen, und sie wird ihre Augen nach jenem Himmel richten, wo sie in den Stunden der Dunkelheit oft wähnt, ein liebliches Bild zu erblicken, das ihr winkt, auch dort hinaufzukommen.

So wird die ältere Schwester die Lehrjahre der heiligen Mutterschaft, mit ihrer Seligkeit und ihren Tränen, in rechter Weise zurückgelegt haben, und wird dadurch weit über die kleinen und erbärmlichen Äußerlichkeiten und nichtigen Oberflächlichkeiten erhaben sein, die das Leben so vieler junger Mädchen in unserer modernen Welt ausfüllen. Sie kann eben nicht leichtsinnig sein gegenüber diesen tiefen und fragenden Augen, welche sie manchmal ganz durchdringen, und vor denen sie das Geheimnis ihrer eigenen Existenz ahnt: als Frau, um des irdischen und ewigen Lebens der zukünftigen Menschengeschlechter willen, auf der Erde zu leiden und zu lieben.

Gesegnet sei das kleine Wesen, welches Schwestern und Brüdern so Tiefes zu geben vermag!

Und andererseits, was werden die Großen für den Klei=
nen sein?

Vorbilder, denen zu folgen er sich bestreben wird.
Später, wenn diese Älteren einer nach dem andern das
väterliche Dach verlassen, wird er seine Ehre darin setzen,
ihren Platz einzunehmen, seine gealterten, einsam gewor=
denen Eltern zu trösten, und das Licht ihres Lebensabends
zu werden. „Unser süßer, kleiner Nachkömmling!" rufen
sie bewegt beim Anblick des einzigen Blondkopfes aus, der
ihnen noch geblieben ist.

Und das letzte Kind wird tapfer jene Aufgaben auf
sich nehmen, die am geeignetsten sind, den, der sie leistet,
zu bereichern; es wird der letzte, tröstende Lichtglanz für
den häuslichen Herd sein, über den sich nach und nach
die Strahlen der untergehenden Sonne lagern.

Ja gewiß, es wird empfinden, daß Vorrechte ver=
pflichten, und so wird es den durch die Älteren vorgezeich=
neten Spuren folgend das werden, wozu ein jeder Mensch
berufen ist: ein Förderer des Guten, ein Führer der Schwa=
chen, ein Bruder aller, in der höchsten und reinsten Be=
deutung dieses Namens, der nur dann einen wahren Sinn
hat, wenn wir alle einen gemeinsamen Vater im Himmel
besitzen.

Und die alten Eltern, wenn der Tag kommt, wo sie
diese Welt verlassen, werden doch nicht aufhören, darin zu
leben. Im Gegenteil, sie bleiben, sie wirken und arbeiten
weiter durch die im Guten gefestigten Seelen der Kinder,
von denen sie überlebt wurden und die auf Erden ihr
Werk fortsetzen.

Möchten Vater und Mutter, an deren Herd ein neuer,
kleiner Erdenpilger bald um ein Plätzchen bitten wird,
niemals das hohe Ideal, dem es geweiht ist, aus den

Augen verlieren; ist doch dies Heim immer mehr dazu berufen, ein Vorhof des Himmels zu werden.

II. Verhältnis der Geschwister.

Der Weg zur guten oder bösen Erziehung führt über die Brücke der elterlichen Gedanken.

Den Eltern, der Mutter vor allem, steht es zu, das rechte Verhältnis zwischen großen und kleinen Geschwistern zu ordnen und zu erhalten.

Zwischen sehr kurz hintereinander geborenen Kindern ist es manchmal schwer, eine vollkommene Harmonie herzustellen, es fehlt ihnen noch an Verstand. Streitigkeiten — zumal, wenn die Kinder Zeugen peinlicher Auftritte zwischen Vater und Mutter gewesen sind —, allerlei kindische Zwistigkeiten brechen leicht aus. Sie werden zwar oft ebenso bald wieder beschwichtigt; denn die Trennung der Widersacher genügt meistens schon, in ihnen den lebhaften Wunsch nach Wiedervereinigung hervorzurufen, so daß sie hinfort friedlicher miteinander spielen. Solche kleine Reibereien trüben aber immerhin die Atmosphäre der Familie, sie werfen Schatten, welche, mit den Jahren dunkler geworden, im reiferen Alter zu ernsten Zerwürfnissen führen können.

Im Gegensatz dazu ist zwischen großen und kleinen Kindern die Aufgabe der Mutter eine einfachere. Damit sie eher gelinge, stützt sie sich einerseits auf die schon in der Bildung begriffenen, in der Lebensschule bereits gereifteren Charaktere der älteren Kinder, anderseits darf sie auf den unwiderstehlichen Liebreiz der kleinen Menschenblüten zählen.

Wenn unsere Kinder flügge werden, müssen sie bereits einige große Lehren, vor allem die ihnen im Leben so notwendige Zärtlichkeit, gelernt haben. Darum muß die Mutter darauf bedacht sein, zwischen den Kindern, die sie bereits besitzt, und den um Aufnahme ins häusliche Nest bittenden Kleinen ein inniges Band zu knüpfen. Zu den süßesten Elternfreuden gehört der Anblick der Freude, welche ältere Kinder beim Erscheinen eines neuen Geschwister=chens empfinden. Diese Freude ist naturgemäß, sie kann ganz von selbst entstehen, aber sie hängt auch sehr von den Gefühlen des Vaters und der Mutter ab. Nehmen diese ihr Kindlein wie eine Gottesgabe mit einem Herzen voll von überströmender Dankbarkeit auf, so wird dieses auf die ganze Familie übergehen. Im Bewußtsein ihrer Mission schließt sie sich fester aneinander, um den zarten Gast, der ihre Krone werden soll, würdig zu empfangen.

Darum muß aber auch jedes neue Wesen wirklich ein himmlisches Geschenk sein; eine Antwort Gottes auf Ge=bete, auf Opfer, auf Gelübde mit dem Bekenntnis: „Ich und die Kinder, die Du mir gegeben hast . . . . .“ Die Eltern müssen mit Gott dieses Kind gewünscht und gewollt oder zum allermindesten es freudig aus Seiner Hand ge=nommen haben. Kleine Erdenpilger, die nicht willkom=men sind, werden kaum mit Entzücken von ihren größeren Brüdern und Schwestern begrüßt. Stimmung, Auffassung und Handlungsweise dieser Größeren den Kleinen gegen=über werden sich eben nach dem Verhalten von Vater und Mutter richten. Was sage ich? Nach dem Verhal=ten? Nein, sondern auch nach ihren geheimnisvollen, oft uneingestandenen Gedanken; denn zwischen Eltern und Kin=dern besteht eine innerliche, unerklärlich tiefe und merk=würdig mächtige Wechselwirkung.

So hängt die brüderliche Liebe in den Familien von Fragen ab, die vor der Ankunft des Kindes gestellt und beantwortet wurden, oft sogar schon, ehe der erste Keim seines Wesens unter dem mütterlichen Herzen zu wachsen anfing.

Gilt das spätgeborene Kind für einen Eindringling, dann könnt ihr euch bemühen, wie ihr wollt, ihr könnt ermahnen, predigen, klagen, euch quälen und weinen, ihr werdet es niemals mit seinen älteren Geschwistern so liebevoll verknüpfen, wie es das Glück des Heims verlangt. Vergebens versucht ihr eure Großen an der Erziehung des Kleinen teilnehmen zu lassen; sie weisen die hohe und heilige Verpflichtung, die seinen Träger so wunderbar bereichert, zurück, und ihr müßt mit tiefem Schmerze auf jene von euch erträumten idealen Beziehungen zwischen eueren Kindern verzichten!

Gottes Wille hat den von uns ins Dasein Eingeführten von vornherein zu einem gesegneten, heilsamen Leben berufen; durch eure Schuld ist aber euer Jüngstes im voraus eines Teiles seines ihm zustehenden Rechtes beraubt worden. Ihm ist etwas von der Liebesschuld, auf welche alle menschlichen Wesen Anrecht haben, verloren gegangen.

Und wenn solch schuldvolles Verhalten der Eltern dadurch noch verschlimmert wird, daß sie aus falscher Scham den älteren Kindern Fabeln über ihre Geburt erzählen, dann dürfen sie nicht erwarten, daß das kleine Geschöpf für die anderen Geschwister eine Friedens= und Freudensquelle werden könne. Ein tückischer Reif fällt auf das Kind! Derarmt, vereinsamt in der dumpfen, ungesunden und verlogenen Atmosphäre, in welche ihr es hineingebracht habt, kann die sieghafte Schönheit einer von Gott erwählten und für die Menschen gesegneten Seele nicht in ihm erblühen, und kann es dem Heim keine Quelle unaussprechlichen Glückes für jetzt und für die Zukunft werden.

III. Geschwisterliebe.

Wenn Eifersucht in der Seele eines Kindes feste Wurzel faßt, so ist es beinahe stets die Schuld des Erziehers. Eifersucht ist die Krankheit einer Liebe, die sich betrogen glaubt; beweisen wir also unserem bisherigen Einzigen eine noch viel größere Zärtlichkeit von dem Tage an, wo er sie mit einem Bruder, mit einem Schwesterchen teilen soll. Ich glaube nicht, daß ich je in einem menschlichen Antlitz den Ausdruck des seligsten Glückes sich so widerspiegeln sah wie in dem Gesicht unseres zweieinhalbjährigen Ältesten, damals, als er an mein Bett trat, und ich ihm sein neugeborenes Brüderchen zum erstenmal zeigen konnte. Diese Freude war fast eine himmlische zu nennen, und sie dauerte fort. Unsere ersten Söhne wuchsen heran, sie wurden Männer und hingen stets in herzlicher Bruderliebe aneinander.

Aus dieser Ahnung, daß Neugeborene als etwas Willkommenes anzusehen sind, mag wohl die Sitte entstanden sein, sie für die älteren Geschwister eine große Düte Konfekt mitbringen zu lassen. Das ist gewiß gut gemeint, aber wie oft etwas ungenügend!

Ich weiß von einem Mädchen, das ein Brüderchen bekommen hatte. Die Eltern freuten sich so darüber, daß die Erstgeborene unvorsichtigerweise etwas weniger als wie bisher geliebkost wurde. Nachbarinnen stellten Vergleiche zu ihren Ungunsten auf. „Welch ein schöner Knabe, so viel kräftiger wie die Schwester, wie gut auch, daß endlich ein Junge da ist, besser als wie eine zweite Tochter..." usw.

Zuerst hatte sich die Kleine mitgefreut, doch nach und nach wurde sie etwas stiller und trauriger. Später fing sie sogar an, abzumagern. Endlich ließ die Mutter den Arzt kommen, der aber nichts Verdächtiges finden konnte.

Da wurde während des Doktorbesuchs der Säugling in die Stube gebracht. Die stolze Mutter überhäufte ihn mit Liebkosungen und hielt ihn dem Arzte triumphierend entgegen. Plötzlich bemerkte derselbe den düsteren Ausdruck, der über die Züge des leidenden Schwesterchens glitt, und eine Ahnung stieg in ihm auf, daß man es hier vielleicht mit Eifersucht zu tun habe. Er teilte der Mutter seine Ansicht mit, und es wurde beschlossen, durch verdoppelte Liebe auf das Gemüt der Kleinen zu wirken. Das half, nach und nach wurde sie wieder fröhlicher, und als auch ihre Gesundheit nichts mehr zu wünschen übrig ließ, kam die Liebe zum Brüderchen von selbst wieder zum Vorschein. Jahr und Tag vergingen, und von den krankhaft neidischen Zügen, unter welchen dies empfindsame Gemüt gelitten, blieb auch nicht eine Spur zurück. Sie wurde eine gute, selbstlose und aufopfernde ältere Schwester. —

Wie leicht hätte es aber anders werden können, wie oft haben die Eltern schuld an den Mißverständnissen, an den Streitigkeiten, an dem Mangel an Liebe zwischen Geschwistern! — —

Das Kind wird älter.

Es gibt allerhand wichtige Belehrungen der Moral, welche Mütter nur dann geben, wenn sie Grund zu schelten haben. Warum nicht günstigere Gelegenheiten wählen? Was man im vorwurfsvollen Tone dem Kinde sagt, dringt nicht so tief und keimt nicht so gut als wenn es freundlich, im Laufe des Lebens ihm beigebracht worden wäre.

Wie viele Mütter großer Kinder fühlen, daß diese ihnen entschlüpfen. Sie haben nicht mehr genug gemeinsame Interessen mit ihnen, eine Kluft hat sich langsam zwischen ihnen aufgetan, sie wird immer größer.

„Wovon kann man mit der Mutter sprechen? Die kennt ja nichts. Wir wissen mehr als sie; es langweilt uns, mit ihr zusammen zu sein." Solche unehrerbietigen Worte würde das Kind laut sagen, wenn die Liebe sie nicht zurückhielte. In Gedanken sind sie aber da, wenn auch vielleicht unbewußt.

Es ist schon seit langem so, der Knabe war zwölf, zehn, oder selbst acht Jahre alt, als er zum ersten Male bemerkte, daß die Mutter ihm nichts mitzuteilen hatte. Er hätte gern Erklärungen über die Elektrizität, Aufschlüsse über den Dampf, Erzählungen von Erfindungen und Entdeckungen gehört. Sie redete zu ihm nur von der fleckigen Jacke oder von den Schularbeiten, die beendigt werden müßten;

höchstens unterhielt sie ihn mit ein paar Familiengeschichten, wohl mit ganz lustigen, aber immer mit denselben. Da ist er allmählich wo anders hingegangen, um seinen großen Wissensdurst zu befriedigen.

Ich weiß wohl, daß es schwer, daß es für die meisten Mütter unmöglich ist, ihren Kindern die Elektrizität begreiflich zu machen. Und schließlich ist es auch nicht so wichtig. Aber sollten sie nicht, ohne solche Gelehrsamkeit zu besitzen, alle fähig sein, ihre Kinder solange als möglich an sich zu ketten, indem sie vieles mit ihnen teilten?

Was vormittags in der Schule sich zugetragen hat, wird abends der Mutter berichtet, denn es interessiert sie; sie beweist es durch ihre wohlwollende Aufmerksamkeit und durch ihre verständnisvolle Teilnahme.

Das Kind hat sich für ein Indianerbuch begeistert; die Mutter beeilt sich, es auch zu lesen und zwar nicht herablassend — das versteht sich von selbst! — sondern aus reiner Lust daran. Und der Junge ist für dies mütterliche Verständnis außerordentlich empfänglich.

Durch dieses unscheinbare Werk knüpft sie ein festeres Band, als durch viele Opfer und treue Liebesbeweise. Es begründet eine Kameradschaft zwischen Mutter und Sohn. Und, wahrhaftig, das ist die beste aller Kameradschaften!

Von Zeit zu Zeit, wenn Mama ein kleines Mußestündchen hat, wird sie am Kamin oder auf dem Spaziergange zu zweien mit ihrem Kinde plaudern. Solche Zeiten bringen hohe Zinsen ein. Ihre Unterhaltung wird kaum eine tiefe sein, was schadet es, wenn sie nur dem Kinde gefällt. Es tut einem Mutterherzen so gut, wenn sie später sagen hört: „Du weißt, du hast mir erzählt, daß die Bäume unter der Erde ebenso groß sind wie darüber." — „Du hast mich Stelzenlaufen gelehrt." — „Von dir habe ich meine Pflanzen-

preſſe, du haſt ſie eingerichtet. Du haſt mir Flut und Ebbe
erklärt; ach, das war ſo ſchön!"

Einiges Mühen, und die Mutter kommt nach und nach
auf vieles, womit ſie das Kind intereſſiert und erfreut.

Ihm das aus der Zeitung vorzuleſen, was ihm von
Wert ſein kann, iſt auch ein gutes Mittel, das Freund=
ſchaftsband, von dem wir geſprochen haben, noch mehr zu
befeſtigen. Wie viele Mütter gehen unbeſorgt ihren Ange=
legenheiten und Vergnügungen nach, und überlaſſen das
unbeſchäftigte Kind der Langeweile. Das iſt ein jammer=
volles, ſchädliches Tun! Eine Mutter muß ſich für ihr
Kind mehr intereſſieren als für Fremde, muß in ihrem
eigenen Heim zu gefallen ſuchen, ſtatt in der Welt die Lie=
benswürdige zu ſpielen. Am Familientiſch ſoll die Unterhaltung ſich um tauſend nette und anregende Dinge drehen.
Vom erſten Frühſtück rede ich nicht, das muß leider meiſt
ſchnell abgetan werden. Wie viele Belehrungen und nütz=
liche Anleitungen, wie viele heilſame Ratſchläge laſſen ſich
aber während der Mittags= oder Abendmahlzeit geben!

Kindern beim Eſſen den Mund zu verbieten, iſt ganz
verkehrt, denn eine freimütige Tiſchunterhaltung, wobei
ſelbſt die Kleinſten aus ſich herausgehen, iſt für ſie wie für
die Eltern einfach Goldeswert.

Karl fängt an, groß zu werden, er iſt fünfzehn Jahre
alt. Iſt es wirklich fünfzehn Jahre her, daß ſeine Mutter
ihn zum erſten Male ſah, während er neben ihr in einer
kleinen Wiege, mit zurückgeſchlagenen blauen Vorhängen,
lag? O, wie glücklich und ſtolz war ſie über ihren Sohn!
Es ſchien ihr, als ob niemals eine Mutter einen ſolchen ge=
habt hätte. Sie wird jenen Tag nie vergeſſen, ſelbſt wenn
ſie hundert Jahre alt werden ſollte. Wieviel Leiden, doch

auch wieviel Freuden und welch unsagbare Seligkeit hatte er mit sich gebracht!

Seitdem sind Jahre voll Erfahrungen, reich an Ereignissen, voll Sonnenschein und noch mehr voller Stürme vergangen. Welch ein Unterschied zwischen dem kleinen damaligen Wesen und dem schönen, großen Knaben von heute, der sich so gerade hält, und den die Vorübergehenden alle mit Vergnügen anschauen, wenn er Sonntags neben seiner Mutter zur Kirche geht.

Der Geistliche gibt den Choral an, und sie singen zusammen aus einem Buche. Das ist eine ihrer besonderen Freuden. Karl war erst fünf oder sechs Jahre alt, als seine Mutter entdeckte, daß er eine klare und gute Stimme besaß. Da hat sie ihn viele Lieder gelehrt, „Schätze für später", versichert sie.

Diese letzten Sonntage schien es ihr aber, als ob es weniger gut ginge wie gewöhnlich. Karls hohe Töne klingen nicht mehr so rein, sondern ganz heiser. Die Stimme ist rauh und unschön.

Ja gewiß, er wird Jüngling, die Mutter sagt es sich mit einem Seufzer. Bald wird der Tag kommen, wo er das Nest verläßt. Und wenn sie kein Söhnchen mehr hat, dann wird für sie das Leben anders werden.

Möchte sie doch ihr Glück während der wenigen kurzen Jahre, die ihr noch bleiben, ausnützen!

Darum keine Ungeduld mehr, nicht wahr? Wenn sich Karl linkisch, ungeschickt, tölpisch benimmt, habe doch Mitleid mit ihm. Hast du nicht auch als Mädchen Flegeljahre durchgemacht? Erinnerst du dich nicht der Zeit, da man dich auslachte, in dem alten, grauen Hause, wo du aufgewachsen bist? Mit Karl ist es genau dasselbe, nur daß er mehr überschüssige Kraft hat, und daß er sie überall, rechts, links, an allen Ecken, verkehrt anbringt. Hättest du ihn gestern so hart ausschelten sollen, als er deinen Blumenkorb zerbrach? Jungen sind sehr empfindlich, und deine trockenen, etwas verächtlichen Worte haben ihn mehr verletzt, als du wohl ahnst.

Der Blumenkorb war ganz gewiß den Kummer deines Sohnes nicht wert. Sei ein andermal nachsichtiger. Übrigens hast du ja deinen Zorn bereut. Als du am Abend im Gebet auf den Knien lagst, hat dein Gewissen dir einen ernstlichen Vorwurf gemacht, nicht wahr?

Noch von anderen Dingen will ich zu dir reden. Dein Sohn fängt an, auf deine Worte, dein Wesen, selbst auf deinen Anzug zu achten. Hüte dich, ihm nur im geringsten Anlaß zu geben, sich seiner Mutter zu schämen, das wäre schrecklich. Überwache dich streng!

Er ist in einem kritischen Alter, das für sein Leben entscheidend ist. Seine Zukunft hängt mit zum großen Teil von dem ab, was dies sechzehnte Jahr für ihn bedeutet. Schon beginnt die Welt, es ihm schwer zu machen, rein und standhaft zu bleiben. Die Gefahren mehren sich. Beobachte ihn, du wirst deutlich sehen, wie in seinem Herzen alles arbeitet und schäumt. Welch ein Chaos gilt es zu entwirren!

Auch in seinem Kopfe gären die Fragen, die Politik fängt an, ihn zu beschäftigen. Die sozialen Verhältnisse interessieren ihn, er ist entrüstet über die Ungerechtigkeiten der Welt. Ihm gehen allmählich die Augen auf, er sieht die Dinge jetzt ganz anders an, er entbrennt für das Gute und begeistert sich für das Heldenmütige. Was dagegen feige, niedrig und falsch ist erfüllt ihn mit Verachtung, Ekel und Entsetzen.

Als er gestern, bei Tisch, natürlich mit einem leichten Anflug von Pedanterie, aber doch so aufrichtig über Freiheitsideen sprach und darin weiter als ihr alle ging, da hast du ihn angeschaut, deinen Karl, und etwas hat dir die Kehle zugeschnürt. Es war dir, als ob du das arme Huhn seiest, das ein Entenei ausgebrütet hat und das nun einsam am Ufer des Teiches bleibt, ihrem Jungen nach=schauend, wie es sich mutig immer weiter entfernt.

Wie würdest du leiden, wenn du zurückbleiben müß=test! Dein Übergewicht würdest du ja gerne opfern. Seit Monaten siehst du klarer und klarer, wie wichtig es ist, allmählich die Zügel zu lockern, wie notwendig es ist, mehr Spielraum zu geben und sogar manchmal eine weite und weise Nachsicht walten zu lassen.

Aber zu sehen, wie dein Sohn sich in einem ganz unvor=hergesehenen Sinne entwickelt und eine ganz neue Geistes=richtung annimmt, das ist eigenartig bitter.

Mutter, täusche dich nicht, er kann nicht länger unter deinen Flügeln hocken, er ist flügge geworden und muß wei=ter dringen, der Höhe entgegen.

Um mit ihm, bei ihm zu bleiben, damit er dich suchen und in der Stunde der Anfechtung, die sicher einst schlagen wird, finden möchte, mußt du, Mutter, wachsen, dich er=heben und in Mannhaftigkeit reifen. Das ist der einzige Weg, in Gemeinschaft mit deinem Sohne zu bleiben.

Und später kehren die schönen Tage zurück.

Nicht die holden Morgenstunden, — geht der Tag je=mals rückwärts? Du wirst nie wieder den süßen Schatz deiner Jugend in deinen Armen wiegen ... aber auch der Mittag hat seine Freuden und der Abend seine Wonnen.

Er wird das sein, wozu du ihn gemacht hast, dein Sohn! Wenn du ihn also liebst ... was sage ich ... wenn du ihn mit einer großen, heißen, verzehrenden, rech=ten Liebe liebst, mußt du dich fügen. Kein Segen ohne Opfer, das weißt du wohl.

Durch das Kind mußt du dich dem Herrn weihen, dem Heiland der Welt, der unser aller König ist. Gib Ihm immer von neuem deinen Sohn, indem du für ihn weder Ruhm noch Reichtum, noch irdisches Glück, sondern nur Gnade und ewiges Heil erbitteſt. Alles andere fällt ihm dann zu.

Täglich von neuem geheiligt, ſollſt du über die Stürme des Lebens triumphieren und in dem unausſprechlichen Frieden verbleiben, der eine Vorahnung des Himmels iſt. Droben wirſt du dann einſt mit einer Seligkeit, für welche die menſchliche Sprache kaum Worte hat, ausrufen: „Hier bin ich, Herr, mit den Kindern, die Du mir gegeben haſt."

Die Stunde kommt — meiſt zwiſchen dem 14. und dem 20. Jahre — in welcher die Beziehungen zwiſchen Eltern und Kindern durch eine kritiſche Zeit gehen. Faſt könnte man meinen, daß die Liebe nicht mehr ausreicht; etwas leicht Gereiztes miſcht ſich in den Ton, wenn nicht ſogar in die Herzen von Vater und Mutter, welche bisher gewöhnt, ein ſchwaches Kind in ihrem Sohn zu ſehen, ihn nun plötzlich als eine werdende Perſönlichkeit wiederfinden, ängſtlich darauf bedacht, ſich zu behaupten.

Und unſer Sohn fängt ſeinerſeits an, uns zu beurteilen. Das natürliche Kindesgefühl genügt ihm nicht mehr, er beobachtet uns, er kritiſiert unſer Verhalten, er dringt plötzlich bis in die kleinſten Eigenheiten unſerer Tugenden, ſowohl wie unſerer Fehler, ja, bis in die Mängel, die er an unſerem Anzug entdeckt. „Mit Mutter ausgehen? Ach nein, ihr linker Stiefel iſt ſchlecht gewichſt." Worauf eine mürriſche Weigerung, oder, wenn das Kind nachgeben muß, ein nur widerwilliger Gehorſam folgt.

Seien wir hier auf der Hut! Wir ſtehen vor einer gefährlichen und gewitterſchwülen Zeit. Jetzt gilt es, nicht ungeſchickt zu ſein, denn damit würden wir einen groben Fehler begehen. Nur mit außerordentlich zarter

Hand wird es uns gelingen, das stachelige Wesen anzufassen, das sich selbst nicht mehr erkennt, das sich bewußt ist, unausstehlich zu sein, das sich aber aufbäumt, wenn man die geringste Ungeduld kundgibt. Wahrlich, gar leicht sticht man sich an ihm.

Der Mutter Sanftmut, ihre Nachsicht, ihre Weisheit muß sich verzehnfachen. Die Früchte werden langsam reifen, und sie darf unter den Strahlen der Spätherbstsonne noch einige herrlich duftende Blüten erwarten.

Die Berufswahl.

Wenn eine Mutter ihre Kinder regieren will, so muß sie sie zu leiten verstehen.

Der Beruf muß:
1. den Gaben und Fähigkeiten des Kindes entsprechen,
2. es auf der sozialen und sittlichen Höhe seiner Eltern erhalten und womöglich darüber hinausheben.
3. es mitsamt seiner Familie ehrenhaft ernähren.

Die Eltern beweisen bei der Berufswahl ihrer Kinder nicht immer gesunden Menschenverstand. Sie lassen sich dabei häufig durch äußerliche Vorteile in betreff der Stellung und des Vermögens leiten, sie ziehen zu wenig die Neigungen und Gaben derjenigen zu Rate, die doch auf die beste Bahn gebracht werden sollen. Ihre eigenen Wünsche spielen auch oft eine zu große Rolle, als ob sie für sich selbst den Beruf suchten.

Wenn man einem mehr für das Praktische begabten Kinde einen besonders geistigen Beruf aufzwingen wollte, würde man es mit einem Joch belasten, das seine Arbeitsfreudigkeit vermindern und zuletzt seine besten Geisteskräfte verdunkeln müßte. Und doch geschieht das alle Tage in den sogenannten höheren Schichten, weil man glaubt, sich herabzuwürdigen, wenn man seinen Sohn nicht aufs Gymnasium und auf die Universität schickt, wenn man seine Tochter nicht veranlaßt, irgendein Diplom zu erwerben. Wenn aber dies System gut ist und ausgezeichnet für die paßt, welche wissensdurstig sind und später im Gebiet des Geistes sich nützlich machen möchten, so taugt es nichts für die anderen, denn es zieht sie von Aufgaben ab, die sie vielleicht erstaunlich gut ausgeführt hätten. Auch dient diese falsche Wahl dazu, die Handarbeit herabzusetzen.

Angewandte gute Gaben bereichern die Welt, jeder aufgezwungene Beruf dagegen erzielt schwächliche Resultate. Dadurch, daß man seinen natürlichen Gaben, auf welchem Gebiete sie auch liegen mögen, folgt, trägt man zur Erhöhung des Niveaus der Arbeit bei, sie wird besser nach ihrem Werte geschätzt. Es ist also für das Allgemeinwohl wichtig, daß jede ehrliche, fruchtbringende Arbeit in rechter Weise geachtet wird.

Wenn Handwerker dagegen bemerken, daß ihre Beschäftigung und ihr Broterwerb den Bevorzugten des Lebens mißfallen, so schämen sie sich derselben in falscher Weise, oder sie hegen einen geheimen Groll, lauter Dinge, die sowohl für sie wie für die menschliche Gesellschaft bedauerlich sind.

Die Berufe sollen besser den persönlichen Anlagen angepaßt werden, wo auch immer sie sich kundgeben. Das unbegabte reiche Kind möge nicht zu dem Märtyrertum erzwungener Studien verurteilt werden, und der kleine, von Geist sprudelnde, nach gediegener Bildung hungernde arme

Knabe möge seinen Weg bereitet finden für fruchtbringende und ergiebige Gelehrsamkeit. So wird die Zahl der Unfähigen, denen man ihnen nicht zusagende oder unpassende Aufgaben gestellt hat, zum Besten aller sich allmählich vermindern.

Wie oft ergreift man auch Hals über Kopf aus Gewinnsucht einen Beruf, der schnell und soviel als möglich einbringt, vergißt aber dabei, daß der Mensch nicht vom Brote allein lebt. Darum soviel Tagelöhnerarbeit, so viele verfehlte Existenzen, so viele ungenügende Leistungen, ja Verirrungen, die das moralische Niveau eines ganzen Volkes erniedrigen.

Was endlich den jungen Mann von einer guten Berufswahl ablenkt, ist manchmal auch, daß er über seine Neigungen und Gaben noch nicht klar ist in dem Alter, in dem er sich entscheiden soll. Wie viele Knaben und Mädchen sind unschlüssig, zaghaft und im Dunkeln über ihre Fähigkeiten oder Anlagen. Hier ist ein weites Gebiet, wo der Scharfsinn der Eltern ihnen zu Hilfe kommen muß, denn die Berufswahl ist eine Lebensfrage, da es ja im Interesse des einzelnen, wie des ganzen Menschengeschlechts liegt, daß jeder das möglichst beste zustande bringe. Je tiefer die innere Verbindung zwischen Eltern und Kindern sein wird, je mehr sie in inniger Gemeinschaft miteinander leben, desto mehr werden sie sich verstehen und die gefährlichen Sturmecken umgehen, um zuletzt den Anker in den friedevollen Hafen eines nützlichen, gesegneten und angemessenen Berufes zu werfen.

Wir sagen es immer wieder: Die Menschheit hat nicht das Recht, sich mit Wertlosem zufriedenzugeben. Jeder Arbeiter muß sein Bestes tun, um das möglichst Beste zu leisten.

Und endlich, worauf kommt's als erste Bedingung an, wenn Fortschritte gemacht werden sollen? Auf Mütter,

die weniger eitel, die mehr aufgeklärt, mehr hingebungs=
voll und mehr auf das wahre Wohl der Jhrigen bedacht sind.

Von der Zukunft unserer Töchter.

> Wer die Raſſe veredeln und die Stel=
> lung der Frau nicht heben will, der prägt
> von vornherein ſeiner Arbeit den Stempel
> der Unfruchtbarkeit auf.

Geſchieht es nicht manchmal, daß wir unſeren Töch=
tern die Erziehung verweigern, deren gerade ſie bedürfen,
um im Lebenskampf zu beſtehen?

Kommt es nicht oft vor, daß wir uns zufrieden geben,
wenn ſie um halben Lohn eine Arbeit verrichten für welche
ein Mann doppelt ſoviel bezahlt erhielte? Und warum
ſolches? Iſt es etwa weil ſie ſchwächer ſind? Oder weil
wir darauf rechnen, daß ſie immer durch einen Ehemann,
durch einen Bruder oder ſonſt jemand ernährt werden?
Geſchieht es deshalb, weil wir ſie um jeden Preis mit dem,
der am meiſten bietet, wenn nicht mit dem erſten beſten ver=
heiraten möchten?

> Die Stunde iſt gekommen, wo man der
> Frau ſagen darf: „Beſitze dich ſelbſt."
> L. Richer.

Die Ehe iſt ein herrlicher Beruf. Aber ſie iſt nicht der
einzige. Es gibt unzählige Fälle, wo es für unſere Tochter

besser wäre, unverheiratet zu bleiben, statt, um nur untergebracht zu sein, einen vielleicht für die Ehe unwürdigen Mann zu heiraten. Derselbe würde sie wohl ernähren, aber niemals ihr wahrhaftiger, kostbarer, herzlich geliebter, gesegneter Freund werden, mit dem sie in einer gottgefälligen Gemeinschaft zum Kommen Seines Reiches hier auf Erden zu dienen vermöchte.

Wenn unsere Töchter für mutige, fördernde Aufgaben würdig und fähig sein sollen, müssen wir sie an dem heiligen Gesetz der Arbeit teilnehmen lassen. Es ruht keine Schande auf dem Unverheiratetsein. Nichtstun dagegen entehrt.

Solltet ihr fürchten, daß eure Töchter zu Mannweibern würden, und daß ihr Charakter durch eine fruchtbringende Beschäftigung verdorben würde, so beruhigt euch, die Tätigkeit der Frau, ihre soziale Arbeit, ihre Rechte, alles, was sie betrifft, wird immer durch ihren eigenen Organismus in den rechten Grenzen gehalten werden.

Warum sollte der Mann dem Berufe eines Nächsten in den Weg treten oder ihn irgendwie hemmen? Er kann das nur durch Ungerechtigkeit. Die Natur genügt um die nötigen Schranken ganz von selbst zu ziehen, wir sollen dieselben achten und uns vor der ersteren beugen.

Ein jeder habe die Freiheit, die ihm eigentümlichen Gaben, die er dem Wohl aller und dem Dienste Gottes schuldet, zu entfalten.

Eine Tochter erziehen, heißt eine Mutter
bilden, die entweder ein Segen oder leider
auch ein Fluch für mehrere Geschlechter
sein kann.

Ich möchte alle Mütter anflehen, ihre Töchter ja nicht in ihrem Bedürfnisse nach Arbeit zu hemmen. Die Untätigkeit ist für jedermann eine Quelle aller Laster. Wer sich ihr hingibt, wird durch sie erniedrigt. Was habe ich doch für blasierte, unzufriedene, verbitterte und geringwertige junge Mädchen gesehen! Und welch eine überraschende Veränderung bei ihnen, sobald ihnen eine nützliche Arbeit zugewiesen wurde! In wenigen Monaten hatte das arme, beschäftigungslose Ding Heiterkeit und Selbstvertrauen gewonnen, so daß es eine Freude war, sie anzusehen und mit ihr umzugehen. Ihre freundliche Stirn verlor die zu lange darauf eingeprägte Falte. Und in den meisten Fällen krönte später eine um so glücklichere, weil jetzt belohnende Ehe, dieses gut angewandte Leben.

Denn, das mögen sich die Mütter gesagt sein lassen, heute und in Zukunft mehr und mehr werden diejenigen von unseren Töchtern sich verheiraten, welche keine Müßiggängerinnen, sondern solche sind, denen der Beruf einen neuen Reiz verleiht, und die in den Augen der Männer gerade durch den Wert ihrer selbständigen Tätigkeit ihnen gleichwertig geworden sind. Die Welt ändert sich, und was früher geeignet erschien, die Töchter in die engen Schranken des Unverheiratetseins einzupferchen, gerade das läßt sie heute begehrenswert erscheinen, weil es ihnen den höchsten Adel, den der Arbeit, verleiht.

Gott hat bei der Frau das Geniale ins
Herz gelegt.   Lamartine.

 Viele Eltern sind erstaunt über die Bestrebungen ihrer Töchter, über das bei ihnen so allgemeine Bedürfnis nach einer wohltuenden Tätigkeit. „Könnten sie denn nicht ruhig zu Hause bleiben und sich dort nützlich machen?"

 Gewiß, ich will gar nicht diejenigen von Hause fortwünschen, welche dort einen Wirkungskreis finden und eine unumgängliche Aufgabe zu erfüllen haben, die alle ihre Kräfte in Anspruch nimmt und die ihr Herz befriedigt. Der häusliche Herd bleibt immer und wird immer die beste Stätte für unsere Töchter, wie für alle Frauen bleiben, der Ort, wo sie sich am glücklichsten und oft am nützlichsten fühlen sollen. Aber wenn ihrer dort eine Arbeit von geringerer Dringlichkeit wartet, dann sollten wir sie nicht darin festnageln, es gibt viele Berufe, welche auf ihre Liebe und auf ihre Hingebung Anspruch machen.

 Man vergesse auch nicht, daß die heutige Erziehung unsere Töchter mehr verpflichtet als früher. Sie haben viel empfangen, also müssen sie auch viel wiedergeben. Wenn wir sie zu einem mittelmäßigen Leben verurteilen, setzen wir sie herab und berauben sie. Eine solche Tat wäre einer Mutter unwürdig. Besser für sie, für uns und für alle, ein Opfer zu bringen.

Mütter sind nicht bloß die, welche die
menschlichen Geschlechter vermehren, sondern
auch die, welche sie lieben und besser machen.

 Fragment aus dem Briefe einer Dame, welche seit achtzehn Jahren in der Pflege weiblicher Nervenkranken steht:

„... Freilich sind meist die Mütter die Hauptschuldigen an so vielem Leid und innerem Elend; aber um gute Mütter zu bekommen, muß man beginnen, gute Mädchen zu er= ziehen. Diese werden dann nicht mehr ihren Kindern scha= den, wie es der schlimmste Todfeind tun könnte — — — wie es bei so vielen dieser sogenannten zärtlichen, lieben= den Mütter der Fall ist.

Von wie vielen solchen Erfahrungen ist mein Herz voll, und wieviel möchte ich darüber öffentlich sagen und schreiben! Aber das verbietet mir die Berufsarbeit, die alle Kraft in Anspruch nimmt ... Welches Elend sieht man entstehen aus den Ehen solcher halbkranken Menschen! Aber die Tochter ist ja dann versorgt, wenn sie in einem eleganten Brautanzug vor dem Altar steht, und die Mut= ter kann sie befriedigt und stolz lächelnd betrachten. Ob der Bräutigam der sittlich verkommenste Mensch ist ... trotz seines feinen Frackes und seines Einkommens ... ob die Braut ein unfähiges, moralisch haltloses, körperlich schwaches Wesen ... wie gleichgültig! sie ist ja versorgt! Man erlebt Unglaubliches in dieser Hinsicht, und jeder, der die Einsicht in solche Verhältnisse hat, müßte seine Stimme laut erheben ... Wir dürfen ja hoffen, daß durch bessere berufliche Ausbildung der jungen Mädchen die Auffassung von der Ehe als einer bloßen Versorgungsanstalt allmäh= lich zurücktritt. Die Hauptsache freilich muß die auf dem schlichten, wahren Christentum ruhende sittliche Hebung der Gesellschaft tun. Gewiß, das ist ein langsamer Weg, und wenn man die Fortschritte betrachtet, welche die Mensch= heit auf demselben gemacht hat, seit sie ihn durch Christum kennt, will uns fast der Mut sinken ... sie sind so klein. Und doch, will es Sie nicht dünken, als ob die Neuzeit ein rascheres Tempo für den Fortschritt gebracht habe? Man sieht jetzt wenigstens, wo es fehlt, und was alles noch getan werden muß. — Auf dem Gebiete der Armen- und Krankenpflege und auf vielen anderen ist tatsächlich vieles getan worden. Der große Herr der Heerscharen stellt da und dort Seine Posten aus, die Ihm dienen müssen, und jeder kann an seinem kleinen Teile zur Herbeiführung des endlichen Sieges ein wenig beitragen. Wieviel? das wird sich einst zeigen und jedenfalls kennt und verwertet es unser himmlischer Vater. So wollen wir uns durch die Größe der Aufgabe nicht entmutigen — — sondern durch Sein Vertrauen, das uns in Seinen Dienst gezogen, vielmehr ermutigen lassen."

Söhne und Töchter.

Warum bekommen dieselben Eltern Söhne und Töchter? Sollte man nicht meinen, daß es den Gesetzen der Natur besser entspräche, wenn aus der nämlichen Ehe nur immer eine Sorte von Kindern hervorkäme? Warum führt die Verbindung derselben Eheleute zur Lebenswirkung nach beiden Seiten hin?

Solange die Welt steht, hat man vergeblich nach einer Antwort auf diese Frage gesucht.

Es ist eben des Schöpfers Wille so, daß in der großen Mehrzahl der Familien Knaben und Mädchen, ihnen allen zum Segen, miteinander aufwachsen sollen. Sie werden um so glücklicher sein, wenn man gerechter gegen sie ist und wenn man sich hütet, sie mit allzu verschiedenem Maße zu messen, was häufig vorkommt.

Da brausen Eltern auf, weil ihr Sohn langsam arbeitet; sie überhäufen ihn mit Vorwürfen. Eine Stunde später kommt die Tochter aus der Schule und bringt ihre monatliche Zensur mit. Wie beim Bruder, so läßt auch die ihrige zu wünschen übrig. Aber hier begnügt man sich mit der Bemerkung: „Du brauchst nicht so viel zu lernen, du bist ja ein Mädchen."

Am andern Morgen gibt's Streit zwischen den Geschwistern. „Du bist nur ein Mädchen, du mußt nachgeben!" herrscht der Bruder sie an.

Ein noch im Röckchen steckender Junge weint bitterlich über sein lahm gewordenes Pferd. Da kommt das Dienstmädchen herein. Und als wäre es ein Trost, sagt sie: „Schweig doch, du weinst wie ein Mädchen!"

Ein andermal wird dem kleinen Mädchen in schneidendem Tone zugerufen: „Du beträgst dich wie ein Junge, nimm dich ein bißchen mehr zusammen!"

Sind solche Worte nicht dazu angetan, zwischen Bruder und Schwester eine tiefe Kluft zu graben?

Man frage sich doch: Ist das die Art, wie unsere Kinder lernen sollen, ihren Nächsten höher als sich selbst zu achten? Vergeßt nicht, daß sie dazu leben, um sich gegenseitig zu dienen.

Gibt es eine männliche und eine weibliche Moral? Gibt es Sünden, die das spezielle Eigentum des einen oder des anderen Geschlechts wären? Nehmt zwei Kinder, einen Knaben und ein Mädchen am Anfang ihrer Schullaufbahn. Alle Erzieher wissen, daß bei aller Verschieden=

heit von Geschmack und Neigungen Gaben, Verstand und sittliche Anlagen in jenen Jahren ungefähr ähnlich sind.

Erst später bildet sich der Abstand aus, der allmählich unter den sich geltend machenden verschiedenen Einflüssen, immer größer wird. Wehe denen, welche an Knaben und Mädchen die mit den Jahren ihnen eigentümlich gewordenen Fehler selbstverständlich finden. Sie vermehren damit die Schmerzen zahlreicher Menschenkinder. So kommt es unter anderem, je nach den Geschlechtern, zu so verschiedenen Auslegungen des Ehrbegriffs.

Für das junge Mädchen ist Ehre Keuschheit. Kleine Durchstechereien aber, kleine Betrügereien, zumal wenn sie einem guten Zweck dienen, sind in ihren Augen nichts Schlimmes. Sie macht sich kein Gewissen daraus, vor den Zollbeamten, deren Verordnungen sie für willkürlich hält, einige Stickereien zu verbergen und so den Fiskus zu betrügen. „Ein bißchen Nasführen ist keine Sünde", sagt sie ganz treuherzig.

Ihr Bruder hat eine andere Auffassung. Da seine Achtung vor den Frauen gering ist, entwürdigt er sich selber gar leicht. Er verspricht auch wohl die Ehe, ohne im entferntesten ans Heiraten zu denken, und macht sich kein Gewissen daraus, ein Mädchen, das ihm vertraut hat, sitzen zu lassen. Alle Verschleierungen scheinen ihm berechtigt zu sein, wenn es sich um die Befriedigung seiner Leidenschaft handelt. Wie billig er seinen eigenen Wert einschätzt, beweist auch der recht kindische Ehrenkodex, dem er in Duellsachen huldigt. Aber er wird niemals seine Unterschrift ableugnen. Er wird sein Wort nicht brechen gegen seinesgleichen, will sagen gegen die Glieder des männlichen Geschlechts. Er wird durchaus gewissenhaft, peinlich genau und ehrlich in seinem Geschäfte sein. In diesem besonderen Gebiete ist er im vollen Sinne des Wortes ein Ehrenmann.

Der Begriff der Ehre soll für alle erweitert werden. Er ist bis dahin auszudehnen, daß Keuschheit und Ehrlichkeit allen gemeinsam sein müssen; dann erst, wenn die beiden Geschlechter dieselbe Sprache reden, wenn sie dasselbe vollkommene, über ihre Einseitigkeiten hoch erhabene Menschheitsideal haben, dann erst werden sie sich völlig gegenseitig ergänzen und bereichern.

Das Herz hat Gründe, welche die Vernunft nicht kennt. Pascal.

Ich sehe vor mir in seinem weißen Kleidchen einen mir bekannten kleinen dreijährigen Knaben, mit goldenen Locken und tiefdunklen Augen. Er hält in der Hand einen toten Zeisig und redet zu ihm: „Du bist tot, du kleiner Vogel? Kannst du nicht singen? Hörst du nicht mehr? Warum fliegst du nicht auf den hohen Baum im Hofe? Wie ist denn totsein? Bist du wirklich tot?"

Auf einmal erfaßt den Knaben, der das kleine, unbewegliche Ding in seinen warmen, rosigen Händchen lange angeschaut hat, ein heftiges Zittern. Er zuckt zusammen, läßt das Tierchen fallen, läuft zu seiner Mutter, begräbt sein Lockenköpfchen in den Falten ihres Kleides und bricht in Tränen aus.

Jeden Morgen holt er sich zur Stunde der Hausandacht ein Büchlein, welches er sein Gesangbuch nennt. Es ist eine verjährte Ausgabe der Losungen der evangelischen Brüdergemeine. Sein Platz ist unter dem Schrank. In dem Moment, wo der Vater die dicke Bibel öffnet,

zieht er es hervor. Dann trippelt er zu seinem blau und
weißen Strohsessel, macht es auf, und während die an=
deren singen, fällt er ebenfalls in die Melodie ein, zu der
er die Worte noch nicht kennt. Seine helle Stimme über=
tönt all die anderen. Wenn das Lied schwer oder neu ist,
schweigt er beim ersten Verse. Beim zweiten aber setzt er
mit vollem Herzen ein. Und wie schön ist dieser reine
Kindergesang, der mit seinen hohen, ein wenig schrillen
Tönen zuweilen etwas zaghaft hinterdreinkommt, aber im=
mer richtig zwischen den tieferen Stimmen der Älteren klingt.

Darauf betet das Familienhaupt das Vaterunser. Alle
schweigen, nur der Kleinste nicht. Was geht in seinem
blonden Köpfchen hinter der kleinen weißen und reinen
Stirne vor? Warum wiederholt er, der Jüngste, jede Bitte
Wort für Wort, zusammen mit dem ältesten Gliede der
Familie? Niemand weiß es.

Und jeden Morgen steigt dies liebliche Gebet hinauf
zum Throne des himmlischen Vaters, der Sein Herz herab=
neigt. Dürften wir daran zweifeln? Sicherlich können wir
mit ganzer Kraft an die Erhörung glauben, denn Gott
ist der Vater unserer kleinen Kinder.

Warum richten die jungen Leute, welche in allerlei
sie drängenden und verwirrenden Versuchungen leben, ihre
Blicke nicht auf solche Vorgänge? Ein Kind ist wie eine
zarte, weiße, strahlende Blume. Sein Kuß, seine Lieb=
kosungen würde sie zurückhalten und sie unfähig machen,
von den lieblichen Kindesarmen zu den erniedrigenden Um=
armungen der Schande zu gehen.

Diese kleinen, noch vom Hauch des Göttlichen be=
lebten Geschöpfe sind uns zur Hilfe in der Heiligung her=
niedergesandt. Vergeßt das nie! Darum tut jungen ein=
samen Leuten die Häuser auf, in denen kleine Kinder lachen
und singen. Sie waren selber vor wenigen Jahren noch

das, was unsere Kleinen heute sind. Die Welt führt sie in Versuchung, sie sinnt auf ihr Verderben, sie wünscht ihren Fall, sie ist eifersüchtig auf ihre Tugend, sie will sie zugrunde richten ... und nachher hätte sie nur Spott und Hohn für ihr Elend und ihre Leiden!

Darum laßt sie dieselbe Luft wie unsere Geliebten im weißen Kinderkleide atmen, laßt sie näher bei euch leben, daß sie die kleinen Gottesboten besser kennen und lieben lernen.

Ihr reichen und gesegneten Mütter, denkt an die vielen familienlosen jungen Leute! Schließt ihnen euer Heim auf, ihr werdet manchen von ihnen Rettung bringen.

Frühreife.

Reinheit ist das einzig Naturgemäße.

„Frühreif" nennen wir, was vor der normalen Zeit sich entfaltet. Ein frühreifes Kind ist ein Wesen, das getrieben wurde, sich vorzeitig zu entwickeln. Die Natur aber lehrt sehr deutlich, daß jeder Versuch, die Entfaltung einer Pflanze zu beschleunigen, teuer bezahlt wird, und daß solches nur auf Kosten ihres Werts und ihrer Fruchtbarkeit stattfinden kann. Wie kann es diesem allgemein bekannten Gesetz gegenüber Eltern geben, welche es mißachten? — —

Die Eitelkeit ist schuld daran. — — Wer von uns ist nicht schon peinlich berührt worden von solch einem, von den Eltern jedem Besuch vorgeführten Wunderkinde? Ein

Gedicht, ein Lied, manchmal sogar ein Gebet wird dem Fremden aufgetischt, während die Mutter glückstrahlend dabeisitzt. Welch eine Verlockung zum Scheinleben für die Jugend!

Fangen nicht meistens die Knaben das Rauchen und das Laufen in die Wirtschaften an, um als Männer zu erscheinen, was dann später zu noch gröberen Sünden, wie Hazardspiel und Unzucht, führt?

Und die Mädchen! Ein unreifes Ding von vierzehn Jahren mit aufgedonnertem Hute und damenhafter Frisur, das durch die Straßen schwänzelt und in jedem Schaufenster sich bespiegelt, — — welch eine Vorschule für die späteren unheilstiftenden Koketterien!

Daß wir doch niemals unseren Kindern durch eine blinde Eitelkeit schaden möchten! Es ist gut, solange als möglich ein einfaches Kind zu bleiben. Deshalb gilt es, ihren Fortschritten nachzugehen, und nicht, sie zu beschleunigen. Mäßigen ist heilsamer, als treiberisch drängen, — — denn spätgereifte Früchte sind die besten.

Es gibt noch eine andere Frühreife, die geschlechtliche, sie ist die beklagenswerteste von allen.

In der Natur erreichen die Pflanzen und Tiere nur dann den Höhepunkt ihrer Reife, wenn die Überfülle der angesammelten Kräfte sie dazu zwingt. Beim Menschen dagegen, dessen moralische und körperliche Eigenschaften sich gegenseitig beeinflussen, kann es geschehen, daß eine der beiden Seiten, trotz mangelhafter Zurüstung, auf Kosten der anderen überwiegt. Dann sehen wir eine ungesunde und schwächende Frühreife entstehen.

Selbstbeherrschung und Reinheit reichen sich die Hände.

Besonders bei den Knaben, dort, wo eine weise Vorsicht den Aufruhr der Sinne nicht zu hemmen verstand, gehen dann sehr schnell Schätze verloren, die mühsam gesammelt worden waren. Für das Gehirn und für den ganzen Organismus ist solche Katastrophe höchst bedauerlich. Daher muß man frühzeitig anfangen, um einer vorzeitigen Ausgabe vorzubeugen. Fröhliche, vertrauensvolle Kindlichkeit trägt dazu bei, einen einfachen Seelenzustand zu erhalten, der sehr wohltuend auf den Körper einwirkt.

Unter anderem möge die Mutter dafür sorgen, daß das bei den ganz Kleinen gewöhnliche Frühaufwachen auch bei den älter werdenden Kindern fortgesetzt werde. „Zeitig zu Bett und zeitig aufgestanden" ist ein herrliches System, um Erhitzungen zu bekämpfen. Einfache Kost, denn ich meine, daß unser heutiges Essen für die jungen Magen zu gewürzt ist, ein leichtes Bett, in dem Federn unbekannt sind, Winter wie Sommer kalte Ganzwaschungen, endlich tüchtige und lange Wanderungen mit dem Rucksack, von denen man, gestärkt durch Licht und Luft, reichbeladen mit wohltuenden Eindrücken eine gesunde Müdigkeit zurückbringt: — — — Das alles, zusammen mit der übrigens schon dadurch geförderten Selbstbeherrschung, tut unserer Jugend not.

Wer kennt nicht solche von einem Treibhauswachstum geschwächte junge Männer und Mädchen, in denen plötzlich stürmische Regungen zur Herrschaft kommen, lange bevor dieselben einem guten Zwecke dienen könnten. Woher das? Aus Mangel an mütterlicher Fürsorge, oder aus Überfülle von mütterlicher Unwissenheit. Ein wenig mehr gesunden Menschenverstand, mehr Wille und Geschick, und die Körperentwicklung wäre mit starken Muskeln und kräftiger Gesundheit normal vor sich gegangen!

Mütter, fort mit kindischer Eitelkeit oder gleichgültiger Dummheit. Wappnet euch mit Einsicht! — — Es ist der Mühe wert! — —

Erziehung zur Reinheit.

Ein hierin ungenügend erzogenes Kind wird in allen anderen Gebieten Lückenhaftigkeit beweisen.

Folgendes erlebte ich in einem Abteil zweiter Klasse in der Nähe von Aachen.

Ich saß in meinem Coupé und strickte. Da stieg eine Dame von etwa dreißig Jahren und mit ihr zwei reizende, sieben- bis neunjährige Kinder, Knabe und Mädchen, ein. Lebhaft, mitteilsam und beweglich, fingen sie ohne jede Scheu an, zu mir zu sprechen:

„Für wen strickst du diesen kleinen Strumpf", fragte der Knabe.

„Für meinen jüngsten Sohn, der etwas kleiner ist als du."

„So, hast du auch Kinder? Wie viele hat dir denn der Storch gebracht?"

„Ich habe vier Kinder, aber Gott schickte sie, der Storch hat sie nicht gebracht."

„Wirklich, ist das wahr?" fragte darauf das Mädchen, das älteste der Kinder, welches bis dahin nur zugehört hatte. „Wie komisch! Uns, Brüderchen und mich, hat der Storch gebracht. Und weißt du, ich habe einmal einen Storch gesehen, der kam auf die Erde und hatte ein Kindchen im Schnabel!"

Die Kleine drückte sich mit großer Bestimmtheit aus. Ich lächelte und antwortete, während ich weiterstrickte: „Das hast du wohl auf einem Bilde gesehen."

„Nein, ich habe es wirklich gesehen!" unterbrach sie ganz heftig ...

In diesem Augenblick rief die Dame die Kinder und hieß sie schleunigst aus meinem Abteil herausgehen. — — Mir wurde sofort klar, daß sie damit die Unterhaltung abbrechen wollte.

Einige Minuten später kam sie allein wieder herein und setzte sich mir gegenüber.

Ich sah sie an, und ermutigt durch ihren liebenswürdigen Ausdruck, sagte ich offen zu ihr: „Es wäre nicht nötig gewesen, Ihre kleinen Gefährten zu entfernen, ich hätte ihrer Harmlosigkeit nichts angetan, im Gegenteil. Was ihnen schadet und was ihr zukünftiges Glück sogar beeinträchtigen kann, sind die Märchen, die Sie sie lehrten."

„O, gnädige Frau," entgegnete sie, „es ist nicht meine Schuld. Ich bin nur die Lehrerin. Man macht mir Vorwürfe, wenn die Kinder verbotene Fragen stellen."

„Meinen Sie wohl, daß in fünf oder sechs Jahren Ihre älteste Schülerin noch fest glauben wird, daß sie einen Storch gesehen hat, der ein Kind auf die Erde brachte? Wird sie nicht verstehen, daß sie sich geirrt hat, oder gar, daß andere sie getäuscht haben? Kann sie, wenn

sie meint, hintergangen worden zu sein, nicht daraus arg=
wöhnen, es hänge gewiß etwas Unehrenvolles damit zusam=
men? Was werden Sie dann sagen?"

Die Erzieherin senkte den Kopf.

Nach einem Augenblick des Schweigens erwiderte sie
mit bewegter Stimme: „Wirklich, ich glaube, es wäre
am besten, den Kindern die Wahrheit zu sagen. Aber wie
sie ihnen sagen? Man tut es niemals. Alle nehmen an,
daß der Storch sie brächte, bis sie eines Tages, später..."

Der Zug hielt, sie nahm ihre Tasche und ihren Schirm.

Dann sagte sie noch schnell: „Ich selbst wäre glück=
licher gewesen, wenn man mich als Kind nicht belogen hätte
... Vielen Dank."

Sie drückte mir die Hand, stieg aus und verschwand.

„Wie soll man es ihnen sagen? Es ist so schwer, auf
gewisse kindliche Fragen zu antworten, ohne ihnen Ärgernis
zu geben. Man kommt in Gefahr, ihre Harmlosigkeit zu
schädigen oder sogar ihre Unschuld zu beflecken."

Du irrst dich ganz und gar, liebe Freundin, genau das
Gegenteil ist wahr.

Auf diesem Gebiete ist die Erziehung unserer Kinder
besonders leicht, und dazu trägt sie vortreffliche Früchte.
Für jede Mutter ist es wohl der Mühe wert, sie anzu=
greifen. Sie darf sich nicht derselben entziehen, ist doch
Erziehung die Vorbereitung für ein späteres Leben, in
welchem unsere Kinder unvermeidlich auch dieses Gebiet
kennen lernen werden. Ob sie reich oder arm, gebildet oder
ungebildet sind, ob sie sich verheiraten oder ledig bleiben,
früher oder später werden sich diese Fragen ihnen auf=
drängen und sie werden sie beantworten müssen.

Manche andere Seiten des Lebens finden im Laufe

der Entwicklung durch den Fortschritt der menschlichen Entdeckungen ihre Erledigung und Aufklärung, — — hier aber ist es anders. Das zu lösende Rätsel kehrt mit jedem neuen Geschlecht immer wieder; — — und wir sollten unseren Vielgeliebten überall Ratschläge und Lehren geben — — nur hierin nicht? — Es wäre unvorsichtig und unrecht, etwa wie wenn ein Feldherr seinen Soldaten, einem blutdürstigen Feinde gegenüber, Panzer gäbe, die den ganzen Körper, nur nicht das Herz schützen.

„Aber", werden einige Mütter sagen, „wie sollen wir denn antworten?"

Natürlich läßt sich, liebe Freundin, kein Katechismus in Fragen und Antworten darüber aufstellen. Eins schickt sich nicht für alle, Mütter wissen das; auf diesem Gebiete ist es ganz besonders so.

Ich will daher nur einige Fingerzeige geben.

Vor allem betrüge nie dein Kind! Sage ihm von klein auf nur die Wahrheit. Es soll dein Wort als maßgebend ansehen lernen. Es darf nicht dahin kommen, daß es von deiner mütterlichen Erklärung weg sich an verdorbene Kameraden wendet, denen es boshaftes Vergnügen macht, die herrliche Krone seiner jugendlichen Einfalt, den Widerschein der göttlichen Reinheit, in den Schmutz zu ziehen. Denn solches geschieht allerorts: was die Eltern beizeiten zu tun versäumen, wird auf andere, bedauerliche Art nachgeholt.

Es gilt also, daß zwischen Mutter und Kind völliges Vertrauen, Liebe, Offenherzigkeit und Zärtlichkeit herrscht. Läßt sich eine Mutter von Gott die Reinheit schenken, die sie für dieses heilige Amt erfleht, so wird ihr die nötige Geistesgegenwart zuteil, mit der sie dann über diese zarten Dinge einfach, klar und überzeugend zu reden lernt. Dann

schenkt Gott manchmal sogleich die Belohnung ihrer mut=
vollen Treue.

*Das wirklich Gute ist niemals eine Last,
sondern eine Befreiung.*

Als mein ältester kleiner Knabe sechs Jahre alt war, trat er eines Tages vor meine surrende Nähmaschine und fragte mich laut und bestimmt: „Woher kommen die kleinen Kinder, Mama? Gestern tranken wir doch Kaffee bei Frau N., und dort sagte man, der Storch brächte sie!"

Ich hielt die Maschine plötzlich an. Was sollte ich antworten? Dies Märchen bestätigen und das Kind, das ich auf dem Wege der Wahrheit zum Herrn zu führen hatte, belügen? Es wäre das erstemal gewesen. Er traute mir völlig und blindlings. Mußte ich, um seine Reinheit zu be= wahren, ihn betrügen? Oder war es richtig, seiner Frage auszuweichen und seine Gedanken durch irgendein Spiel davon abzulenken, mich innerlich mit der Antwort tröstend: „Ich werd's ihm später sagen, wenn er größer sein wird?" Das wäre leicht! Aber hier war eben der springende Punkt. Mein Sohn würde größer werden, und eines Tages müßte ich ihm doch antworten ... Wird es mit zehn oder mit zwölf Jahren leichter sein als mit sechs?

Alle diese Gedanken wirbelten in meinem armen Hirn herum, während zwei lichte Augen fest auf mich gerichtet blieben ......

O, welche Verantwortung, eine unsterbliche Seele leiten zu müssen!

Gott aber wachte über uns beiden. — „Ich werde es dir sofort sagen, mein Herzchen!"

Und ihn auf den Schoß nehmend, gab ich ihm ohne Ausflüchte und ohne zuviel Ernst, so natürlich, einfach und kindlich, als mir möglich war, Auskunft: „Du warst eines Tages viel kleiner und zarter als du heute bist. Und doch weißt du ja, daß, wenn es sehr kalt und regnerisch ist, ich dich auch jetzt nicht ausgehen lasse. Damals hat Gott schon um dich gewußt, und dich lieb gehabt, so, daß Er dir ein kleines weiches Plätzchen machte, eine warme Wiege, ganz nahe bei meinem Herzen. Dein Papa und ich wußten auch, daß du da seiest; und wir freuten uns darauf, dich einmal zu sehen! Schon damals schenkten wir dich Gott, damit du später für Ihn arbeiten solltest. Und als du dann in meine Arme kamst, nachdem ich viele Schmerzen ausgehalten hatte, o wie glücklich waren wir! Darum lieben wir uns so sehr, mein kleiner Schatz."

Niemals werde ich das Nachfolgende vergessen.

Zum ersten Male in seinem Leben warf er sich fast schluchzend in meine Arme, mit dem stürmischen Liebesausbruche: „Liebe, liebe, süße Mama . . .!" —

Wie froh war ich, meinen kleinen Knaben nicht betrogen zu haben!

Ich kann wahrheitsgemäß sagen, daß er von diesem Tage an bis heute voll Fürsorge, Zärtlichkeit und nie aufhörender Rücksicht gegen mich war. Später nahte ihm öfter die Unreinheit. Eines Tages rief ihn ein Kamerad: „André, André, denk dir . . . . ."

„Schweig still, ich weiß alles, was du mir erzählen willst, aber mit dir spreche ich nicht davon, nur mit Mama, und es interessiert mich durchaus nicht," antwortete André entschieden.

Es war wahr, die die Jugend so oft plagende böse Neugierde hatte eben nicht Zeit gehabt, in ihm ihren Stachel zu schärfen. Ich hatte ihm sehr früh schon gesagt:

„André, merke dir, daß du stets mich fragen sollst, wenn du etwas nicht begreifst."

Von Zeit zu Zeit erschien er also in voller Harmlosigkeit, überzeugt, daß er an die richtige Adresse kam, um eine befriedigende Erklärung zu erhalten. Und in der Tat, ich antwortete ihm in voller Aufrichtigkeit, weil ich mir sagte, daß, wenn ich's nicht täte, sein natürlicher Wissensdurst auf Abwege geraten würde.

Ich füge übrigens hinzu, daß Andrés Fragen selten mehr der ersten ähnlich wurden. Sie bezogen sich gewöhnlich auf Gewissensfälle und auf Schulschwierigkeiten. Unsere erste Unterhaltung hatte vorgebeugt. Seitdem genügte eine kurze Erklärung, ja ein einfaches Wort, wobei ich ihn nie erröten sah, um ihn durch die Gefahren zu steuern.

Denn je mehr er wuchs, desto mehr wurde ich mir über das mir bis dahin Unbewußte klar, daß es für einen Knaben in öffentlichen Erziehungsanstalten sehr schwer ist, rein zu bleiben. Die alten Klassiker schon enthalten gefährliche Klippen, und es finden sich leider Lehrer genug, die durch ein Lächeln darauf hinweisen; dort lauern zahllose Gefahren. Sind die Schüler einen Augenblick ohne Aufsicht, so werden manchmal unnennbare Sachen gesagt oder gesungen. Stopft sich ein Junge die Ohren zu, so stürzen drei oder vier Kameraden auf ihn, um ihm die Hand wegzureißen, damit er gezwungen werde zuzuhören. Wehe dann dem armen Knaben, der nicht fest gewappnet ist! Wehe aber auch den Eltern, die die Verteidigungswaffe der Aufrichtigkeit in Händen hatten und sie nicht benutzten, sondern sich soweit erniedrigten, ihren Sohn zu täuschen.

Man rede nicht von Umständen, wo der Zweck die Mittel heilige, nicht von Notlügen, d. h. von berechtigten Unwahrheiten! Es gibt keine solchen, Gott kann das Böse nicht segnen. Verblendete Eltern mögen sich selbst anklagen, wenn ihr Sohn nicht bei ihnen Hilfe sucht, um an den der Jugendzeit drohenden Abgründen vorbeiwandeln zu können, ohne zu fallen, und wenn er sie später der Mitschuld an seinem furchtbaren Schiffbruch bezichtigt.

Um ihn davor zu bewahren, bedarf es entweder der völligen Bekehrung zu Christo, unserem Heilande, oder zum mindesten eines starken, stahlfesten Charakters, wie er in der glücklichen Atmosphäre eines durch und durch gesunden Elternhauses erworben werden kann.

Welcher von beiden Eltern soll des Kindes manchmal heikle Fragen beantworten? — Der Reinere, sei er Vater oder Mutter, denn der andere, was auch sonst seine Gaben sein mögen, wird aus Unfähigkeit, Befangenheit oder im Gegenteil aus Roheit selten die für das unschuldige Kind rechten Worte finden.

Man sagt, daß die Heuchelei eine Anerkennung sei, welche das Laster der Tugend bringt, — aber, wird heutzutage der Tugend stets diese, wenn auch noch so magere Anerkennung zuteil? Geben sich die Verdorbenen die Mühe, ihre Verirrungen zu verbergen, wie ehedem?

Es gab eine Zeit, und sie liegt gar nicht weit hinter uns, wo die Wohlgesinnten sich sorgfältig vor jeder Anspielung auf gewisse zarte Gebiete hüteten. Weil unanständige Scherze es wagten, sich breitzumachen, bemühten sich die Besten, zu erscheinen, als kennten sie solche Fragen nicht. Alles, was irgendwie Beziehung darauf hatte, wurde ängstlich vermieden, und als das besterzogene Kind, sonderlich

Mädchen, galt dasjenige, welches nicht die geringste Ahnung davon hatte.

Hat man mit diesem Schweigesystem Erfolg gehabt? Haben wir damit ein gegen das Übel gewappnetes Geschlecht erzogen, junge Männer, die bereit sind, es zu bekämpfen, zu besiegen, zu vernichten, junge Mädchen, die ihres Wertes und ihrer Verantwortlichkeit bewußt, sich für die Wesen verpflichtet fühlen, welche sie dereinst zur Welt bringen sollen?

Vermag dieses allgemein geübte Verschweigen die Unreinen zu erneuern oder sie wenigstens zum Erröten und zur Scham über sich selbst zu bringen? Wurde es nicht manchmal zu einer geheimen Teilnahme an der Sünde?

Kann dies Nichtwissen vollends genügen, um den mit der Fortpflanzung verbundenen Handlungen den Charakter der Reinheit zurückzugeben, den sie nach Gottes Willen haben sollten, als Er sie uns zur Hervorbringung Ihm ebenbildlicher und für Zeit und Ewigkeit zu Mitarbeitern berufener Wesen auferlegte?

Konnte Er wollen, daß die hohen Gesetze, die Seine Weisheit für gut fand, uns unpassend erscheinen sollten? Liefert denn nicht gerade dies, einer falschen Scham gleiche Sprödetun den Feinden des Guten Waffen in die Hände?

Und gibt es nicht zwischen ängstlichem Verschweigen und verletzenden Äußerungen noch Raum für etwas anderes?

Was uns fehlt, ist jener der göttlichen Unterweisung entsprechende, edle, überzeugungsvolle Freimut, welcher das Böse beim rechten Namen nennt, der aber auch keins der großen Schöpfungswerke unter einem falschen Tugendmantel verdeckt.

Körper und Seele sind innig verbunden, einander gegenseitig, etwa im Verhältnis von Herr und Diener, beeinfluſſend. Einer von beiden muß herrſchen, welcher wird es ſein? Dieſe Frage muß der Jugend, inſonderheit der männlichen, ſchon früh zur Beantwortung vorgelegt werden.

Eine Unkenntnis, bis zur Stunde hingehalten, wo vielleicht in roher, tieriſcher Weiſe ſich die Wirklichkeit auf= drängt, genügt nicht, um die Jugend zu heiligen und ſie dem Guten zu erſchließen. Gegenüber den widerwärtigen Enthüllungen, welche ihr bevorſtehen, dürfen wir ſie nicht ungewappnet laſſen.

Könnte es übrigens gut und heilſam ſein, die Verant= wortlichkeit eines Menſchen dadurch zu vermindern, daß man ihn des zur Erfüllung der heiligſten Pflicht notwen= digen Verſtändniſſes beraubt?

Weil dieſe Fragen ſo wichtig ſind, müſſen ſie beizeiten, am rechten Orte, mit aller Achtung und Zartheit, aber auch mit der notwendigen Offenheit behandelt werden. Welches wirklich gültige Motiv dürfte Eltern den Mund verſchließen? Wenn es ſich darum handelt, den Herrn durch ein, ſeinen Geboten entſprechendes Leben zu verherrlichen, muß man dieſelben kennen zu lernen ſuchen, und ſie dann die lehren, von welchen, nach unſerem Tode, der weitere Fortſchritt im Reiche des Guten abhängt.

Es gibt eine Stunde im Leben, wo die Sittlichkeitsfragen die Hauptfragen ſind.

"Unſer Älteſter iſt ſoeben in die Schule eingetreten," klagte mir eines Tages eine reizende junge Frau, "wie bangt mir aber vor den böſen Einflüſſen, denen er dort be= gegnen wird! Er iſt ſo unſchuldig harmlos, unſer Schatz! Wie könnte ich ſie wohl etwas abwenden?"

„In der Tat," entgegnete ich, „böse Kameraden dürften seine Unwissenheit bald entdecken und ein häßliches Vergnügen darin finden, ihm die Dinge des Lebens, gefälscht und schmutzig entstellt, zu offenbaren. Keine Neugierde soll ihn dazu drängen, ihnen zuzuhören. Beugen Sie ihr also vor, sprechen Sie mit ihm, in ernster und heiliger Weise."

„Mit Paul über solche Dinge sprechen," rief Frau X., „unmöglich! ich müßte ja vor ihm erröten."

Ich war auf solche Antwort nicht vorbereitet, sie tat mir in der Seele weh. „Warum erröten," fragte ich, „sollten Sie sich etwa schämen, Ihren Sohn geboren zu haben? Ist er nicht ein königliches Geschenk desjenigen, der die Fortpflanzung der Menschheit, durch die Sein Reich auf Erden kommen soll, nimmermehr auf unanständige, unreine Art angeordnet haben könnte? Wenn irgend etwas Peinliches daran haftet, so kommt es davon, daß die Welt ihres Vaters Willen in den Kot gezogen hat. Wir aber, Seine Kinder und Diener, wir sollen Seine Gesetze für heilige ansehen und heilig halten. Bitten wir um Kraft dazu, so muß sie uns zuteil werden."

Ich schwieg und schaute sie an. Hatte sie verstanden? Sie sah etwas bleich aus, ihre Augen leuchteten unstet. Nach einer Minute seufzte sie tief und stieß mit Anstrengung hervor: „Mein Mann würde es nicht erlauben."

Paul ist heute erwachsen. Stets tadellos gekleidet schaut er um sich herum mit herausfordernden, sieghaften Blicken. Man merkt es, er beansprucht für sich das Recht, sich auszuleben. Zuerst genießen, das übrige kommt nach.

Armer Paul, während der entscheidenden Stunde seines Eintritts in die Welt, stand keine tapfere Mutter Schulter an Schulter neben ihm. Auch heute ist sie ihm keine Führerin. Er verspielt sein Kostbarstes, sie weiß es, die Un=

glückliche. Aber sie schweigt, denn Worte und Taten kämen zu spät. Sie hat es verscherzt.

Gewissen sozialen Wunden und Leiden können allein Frauen entgegentreten. Besserung kommt erst, wenn sie sich zusammen mit Gott für die Zerstörung des Bösen verbinden. —

Der Mensch ist ein verantwortungsvolles Geschöpf; er hat die Pflicht, einen tierischen Leib zu beherrschen. Sein Wert hängt von dieser Selbstbeherrschung ab.

Was würden wir Mütter empfinden, wenn unsre geliebten, reinen, zarten und lieblichen Töchter, denen wir unser Bestes gegeben haben, durch eine gewissenlose Gesellschaft den Versuchungen ausgesetzt, in großer Gefahr stünden, ihr Höchstes zu verlieren? Bis ins innerste Mark erzitternd, würden wir, um ihnen die Ehre zu retten, freudig unser eignes Leben opfern!

Unsre uns von Gott geschenkten Söhne aber dürften von vornherein dem Bösen überliefert werden? „Die Gesundheit des Ärmsten verlangt ja, daß man ein Auge zudrückt, wenn er über den Strang schlägt. Jugend muß doch austoben!" — Hört man solche ungeheuerliche Rede nicht manchmal aus dem Munde einer Mutter? . . .

Ist das etwa Übertreibung? Durchaus nicht. Nur ein Beispiel. Ich kenne einen jungen Mann, dem, während er studierte, sein sonst ernster und wohlgesinnter Vater den Rat gab, sich ein „Verhältnis" anzuschaffen oder falls ihm das nicht möglich wäre, gewisse Häuser in maßvoller Weise zu besuchen. Und dieser Vater gilt in der Welt als ausge=

machter Ehrenmann. Ist die Lehre von der doppelten Moral nicht die naturgemäße Folge solchen Verhaltens?

Die Behauptung, daß geschlechtliche Beziehungen zur Erhaltung der männlichen Gesundheit unumgänglich nötig seien, ist ein grundfalsches, unverschämtes, schandbares Dogma, das nur aus einer beschmutzten, gefälschten und bis auf den Grund verdorbenen Phantasie hervorgehen konnte. Es hat auch auf Erden mehr Schaden und Leid verursacht, als jemals jemand berechnen könnte.*) Und wir sollten solche Angriffe auf unsre Söhne gestatten, Angriffe, die tatsächlich der Schändung einer geliebten Tochter die Wage halten?

Hört doch auf, gegen sie alle ungerecht zu sein. Wenn wir sie lieben, müssen wir ihr Bestes, ihre Tugend, ihre volle Reinheit verlangen, bei Söhnen wie bei Töchtern.

Gott sei Dank, wir Mütter, die wir unsre Kinder unter einem treuen Herzen getragen haben, wir leben noch! Lange Jahre hindurch haben wir gekämpft, denn was ist Erziehung andres als ein fortwährender, heldenmütiger Kampf gegen das Böse und die Sünde? Und nun sollten wir den Fall unsrer Söhne als etwas Naturgemäßes hinnehmen? Diesen Fall, der zwischen ihnen und uns einen unüberbrückbaren Abgrund gräbt? Wir sollten denselben für notwendig, nützlich und unabwendbar halten?

Nein, wahrlich, so weit sind wir noch nicht. Auch unsere Söhne müssen uns furchtlos in die Augen sehen dürfen! Man hat uns zu lange belogen, indem man eine doppelte Moral predigte. Wir wissen heute, daß weder unser Gewissen, noch unser Gott, noch irgend etwas auf Erden dieselbe rechtfertigt.

Darum fort mit jeder ungeheiligten, unwissenden Mut=

---

*) Übrigens wird es jetzt allgemein von den Ärzten bekämpft.

terschaft! Verlangen wir von unsrem Gatten, daß er mit uns in einer heiligen und reinen Gemeinschaft lebe, weil die Zukunft derer, für die wir eines Tages werden Rechenschaft geben müssen, mit davon abhängt. Keinen Augenblick werden wir zulassen, daß eins unsrer Kinder, sei es Mädchen oder Knabe, sich schlecht aufführen müßte. Gott will ihre Reinheit, wir auch. Keinen Vertrag mit dem Bösen! Es sei mit der äußersten Energie verabscheut! Nur das Gute hat wahren Wert. Wir werden es erreichen und es wird bleiben bis in Ewigkeit.

Krankheit!

1. Warum?

> Unsere Kinder sollen nicht bloß den Weg zum Himmel, sondern den Weg „Gott zu dienen" betreten, das ist nicht ganz dasselbe.

Es ist alles anders geworden für den kleinen Peter.

Vor kaum einem Monat lief er noch frohgemut die Straße entlang. Seine runden Beinchen strampelten mit einem übermütigen Kraftbewußtsein, das die Augen seiner Mutter entzückte. Seine Hacken schlugen im Takt auf den gefrorenen Boden. Sein weites Kragenmäntelchen flatterte im Winde. „Mache es doch zu, du wirst dich erkälten", rief man ihm nach. Er machte aber erst recht tolle Sprünge. „Erkälten, was soll das heißen, sich erkälten?" fragte er

entrüstet. Kaum drehte er sich um, seine schnippische Nasen=
spitze schaute hoch in die Luft.

Beim Anblick dieser verächtlichen, drolligen, ein wenig
prahlerischen Miene brachen all die Seinen in herzliches
Lachen aus, und er selbst schüttelte sich; denn in der Fröh=
lichkeit war er ihnen allen über.

Peter liebte es, Streiche zu spielen; er neckte gern
Größere und suchte etwas darin, den Gassenjungen heraus=
zukehren. Seine herrischen Gelüste muteten nicht gerade
immer an, so dreist gebärdete er sich oft. Es wurde manch=
mal im väterlichen Heim über den Jüngsten geseufzt. Ja,
es kam sogar vor, daß die Dienstboten leise und bitter über
ihn klagten. Eines Abends, als Hermine, die dicke Köchin,
mit ihrer Geduld zu Ende war, vertraute sie dem Gärtner
ihren festen Entschluß an, ihrer gnädigen Frau zu kündigen,
„wegen dieses bösen Buben, der jeden Tag unerträglicher
wird", fügte sie grollend hinzu.

Heute quält Peter niemanden mehr. Er liegt in einem
breiten Bett, das nicht das seinige ist, wo er sich wohl be=
quemer ausstrecken kann, in welchem er aber doch keine
Ruhe findet. Denn Peterchen ist krank, o, so krank! Er
gleicht einem Pflänzchen, das jeden Tag etwas welker ge=
worden, schließlich dem Verblühen ganz nahe ist. Und das
Leben zögert, zurückzukommen. Vorgestern spielte er, ob=
wohl recht matt, noch mit seinen Soldaten auf einem runden
Tisch, den man dicht an seine Kissen gerückt hatte. Heute
abend denkt er nicht mehr an seine zinnernen Kriegsscharen.
Mama stellt sie für ihn auf, Schweizer und Preußen, zwei
wackere Bataillone, mit schönen, glänzenden, blauen und
goldenen Reitern, streitbare Fußtruppen und fünfzehn kleine
weiße Leinwandzelte, welche in der Mitte von einer dünnen
Stange gehalten werden.

Auf der Seite liegend, bleich und teilnahmlos, sieht

Peter zu. Er wundert sich still über die Ungeschicklichkeit seiner Mutter bei dieser einfachen Beschäftigung: Sonst konnte sie, verstand sie doch alles, er hatte es wenigstens immer gemeint.

Die mütterlichen Hände zittern nämlich so heftig, daß die schönen Soldaten umfallen, und daß Peterchen ungeduldig brummt. Er ahnt nicht, der kleine Kranke, was dies Spiel jenen Händen für Überwindung kostet, noch die heldenhaften Siege des angsterfüllten Herzens, welches Tag und Nacht an seinem Bettchen wacht.

Mama hat stets ein freundliches Lächeln auf den Lippen. Sie ist immer bereit, die Wünsche ihres Sohnes zu erfüllen, seine zahllosen oft wunderlichen Forderungen zu befriedigen . . . ist er doch launisch geworden in diesem großen Bett. Sie hält an seiner Seite aus, beständig dienstbereit, liebevoll, tröstend, zu allem willig, außer — die einzige Ausnahme — wenn sie es abschlägt, die Wünsche ihres Peters zu erhören, die im Widerspruch mit den Anordnungen des Arztes stehen. Ach, dieser Doktor . . . Er ist zur Stunde der unbestrittene Herr der Situation, der unumschränkte Gebieter, dem keiner zu widerstehen wagt.

Und hier erlebt Peterchen seine zweite Überraschung: Wie kommt es, daß Mama, sie, die stets die Anordnende war, jetzt die Gehorchende geworden ist? Und welche Fügsamkeit, welches demütige Aufnehmen der geringsten Vorschriften, welche sorgsame Ausführung all der Forderungen des bebrillten Alten, den Peter erst vor kurzem kennen lernte, und der in seinem Leben sonderbarerweise eine so schwerwiegende Rolle einnimmt. Wahrlich, das ist seltsam.

Mama kommt ihm vor, als ob sie gar nichts mehr zu sagen hätte, sie bestimmt nicht einmal mehr über die Zwiebäcke, welche im Schrank liegen. Denn, wenn er einen einzigen haben will, ja nur einen halben, bitte, bitte . . .

er, der früher Hände voll davon verzehrte... dann antwortet
sie: „Morgen, Schatz, werden wir den Doktor fragen, ob er
es erlauben will!..." und nichts, rein gar nichts vermag
sie zu erweichen.

Seine Mutter ist wie umgewandelt. Peter denkt es
heimlich für sich, ohne es in Worten ausdrücken zu können.

Außerdem sind noch viele Dinge für ihn ganz unerklär=
lich. Das Zimmer erscheint ihm fremd, überfüllt mit unbe=
kannten Gegenständen, die hastig herbeigebracht wurden, mit
Tischen, auf welchen seine Spiele, alte und neue (man hat
ihm diese Woche täglich welche gekauft), neben den Arznei=
flaschen und dem hohen Essigbehälter aus der Küche stehen.
Die Worte sogar haben eine ihm früher unbekannte Be=
deutung, eine Masse davon hatte er bisher niemals gehört.
„Senfpflaster, Einreibungen, Gurgelungen, Untersuchen und
Behorchen", lauter Ausdrücke, welche etwas Scheußliches
bedeuten. Wer hätte zum Beispiel erraten, daß dies ewige
Fiebermessen so unangenehm und ermüdend wäre? Und
diese abscheulichen Umschläge! Sie kleben, sie brennen greu=
lich, stechen und riechen so schlecht... Und täglich legt
man ihm welche auf...

Peter würde sich oft empören, wenn er die Kraft dazu
hätte. Aber sie versagt, er weiß es schon; so begnügt er sich,
unter seiner Decke versteckt, mit leisem Weinen, denn er
findet sein Schicksal sehr hart.

Armer kleiner Peter, er weiß nicht, daß Mama mit
aller Kraft an sich halten muß, um ihn nicht aufzunehmen,
um ihn nicht zärtlich an ihre treue Brust zu drücken, um ihn
nicht nach Herzenslust mit dem heißen und innigen Mit=
gefühl, das sie ganz erfüllt, zu überschütten.

Am Fußende des Bettes sitzend, horcht sie auf sein hasti=
ges, etwas pfeifendes Atmen. Und trotz der Stille, die in
der Stube herrscht, hat sie keine Lust zu schlafen, sie, die

doch fast kaum mehr schlummert. (Gott allein weiß, wo die Mütter Kräfte hernehmen in jenen Stunden.) Sie schüttelt sich nur, wie vor Kälte. Und ihre Lippen bewegen sich, tonlose Worte stammelnd: „Mein kleines, sonst so lebensvolles, lustiges Kind, der kräftigste unter all seinen Kameraden, der erste bei allen tollen Streichen, der Geschickteste beim Spiel, wie jämmerlich verändert ist er doch! Heute fährt er zusammen, wenn man nur eine Tür schließt, er, der sie fortwährend zugeknallt hat! Seine Gelenke sind steif, rot und geschwollen. Er stöhnt vor Ohrenschmerzen. Ein zweiter Arzt, der noch energischer ist, als der erste, mußte sogar geholt werden, um die Geschwulst aufzuschneiden... Schrecklicher Augenblick, folternde Erinnerung! Seine Mandeln, sein armer Rücken, was weiß ich, alles ist in Mitleidenschaft gezogen. Welcher Jammer, dieser kleine, schmerzverzogene Körper, dessen Kraft gebrochen wurde durch die unsichtbaren, nicht zu fassenden Mikroben, die wir gar nicht verjagen können."

Und Mutter seufzt so tief, daß es einem Ächzen gleicht.

Doch sie ist eine tapfere Frau, welche bemüht ist, sich nie gehen zu lassen, aus Furcht, die Ihrigen weich zu machen. Ihr Mann versichert sogar, daß etwas weniger Standhaftigkeit... doch davon kein Wort mehr...

Sie kämpft. Sie liefert eine entscheidende Schlacht in diesem Krieg der Mütter, den wir alle kennen und dessen Mühseligkeiten niemals aufhören. Zu dieser Stunde aber wankt ihr Mut, er sinkt, fast geht er unter in der verzweifelten Frage: „Warum, ach, warum muß mein Kind soviel leiden?..."

Warum? Weil es hienieden Erkenntnisse gibt, die für unser Glück und das des Nächsten unumgänglich notwendig sind, und zu denen man sonst nirgend kommt...

außer in der hohen und strengen Schule, welche „Leiden" heißt. Dein Sohn muß sie, wie die anderen alle, durchmachen, wenn du willst, daß er später edel, glücklich, mitleidig, dankbar und liebevoll wird. Denjenigen, denen es stets gut ging, fehlt oft für immer das Allerbeste. Und wieviel Elend folgt daraus! Die Früchte der Trübsal aber sind zahllos.

Glaubst du zum Beispiel, daß Peter jemals einen gewissen Nachmittag vergessen wird, wo das Thermometer unerwartet bis fast auf den Normalpunkt zurückgefallen war? Es war am Tage vor dem traurigen Rückfall, der alles wieder verdarb.

Am Fenster stehend untersuchtest du das Instrument genau, kaum konntest du deinen Augen trauen. Plötzlich bist du zusammengefahren, mit feuchten Augen hast du dich schnell herumgedreht, du warfst dich in die Arme des Familienvaters, der angstvoll wartete, und ... Du hast ihn innig umarmt und mehrmals herzlich geküßt, du, die du sonst sparsam mit Liebkosungen bist — etwas mehr davon würde weder Mann noch Kindern schaden, laß dir das beiläufig gesagt sein! —

Da hat Peter auf einmal die gegenseitige Liebe seiner Eltern verstehen gelernt. Mehr noch, er begriff nun, wie ihr ihn liebt, wie sehr ihr ihn liebt, vielleicht hat er sogar geahnt, warum ihr ihn liebt.

Früher hatte er schon einmal etwas von der Vergänglichkeit empfunden — in diesem Augenblick ist ihm noch Höheres offenbart worden, ein Schimmer von dem ungeheuren Werte des Lebens.

Ach, ich versichere dir, solche mit dem Stempel des Leidens — es ist der unvergänglichste — gezeichnete Erfahrungen sind niemals vergeblich. Sie sind köstlicher als die reichsten Schätze. Unsre Söhne brauchen sie, um den Adel ihres Berufs zu bewähren.

Und wenn Klein=Peter fortgehen müßte?

Ganz allein fortgehen, er, den man stets begleitete, fort bis in das ferne, geheimnisvolle Land, aus welchem man niemals zurückkehrt; dahin, wo unsre Vielgeliebten, eins nach dem andern, gingen, wo wir sie in großer Zahl wissen, während wir Zurückgebliebenen weinten, und nicht ver= stehen konnten...?

Nun, selbst dann würde der Schmerz nicht umsonst sein, er brächte seine goldenen Garben, seine gesegnete Ernte.

Klein=Peter fort? O, er wäre auch dann nicht fort; er bliebe immer und allezeit der Liebling des Hauses, der, den man erst mit brennenden Tränen und dann mit hoff= nungsvollem Lächeln nennt, während das Herz voll Liebe und Leid in ersticktem Schluchzen bebt... O, kleiner Peter, unser kleiner Peter, wenn du wüßtest!...

Aber du weißt es nicht. Auf deinen weißen Kissen lie= gend, vor Fieber und Schmerz keuchend, glaubst du fest an die Heilung. Du sagst: „Wenn ich wieder in die Schule gehen werde, muß mir Marcel sofort seinen roten Ball borgen, ich hatte ihn so gern."

Und während deine abgemagerten Fingerchen in die Luft greifen, drehst du den Kopf nach deiner Mutter und lachst ein wenig!

Schnell schaut sie auf, glücklich über deine Freude, welche übrigens nur ein vorübergehendes, schon verschwun= denes Aufflackern war. Denn während sich die Winkel deines armen, größer gewordenen, zuckenden Mundes ver= ziehen, flüsterst du schmerzerfüllt: „Ich habe solch Kopf= weh!"

Warte geduldig, kleines Peterchen! Und auch diejenigen, die jetzt für dich zittern, dürfen nicht müde werden. Erwarte den Tag, wo ein Mächtigerer entscheiden wird. Er weiß alles besser als wir. Er wird Sich nicht irren, besonders nicht, wenn diejenigen, die dich lieben, die Kraft hatten, Ihm da zu sagen: „Herr, laß ihn nur bei uns bleiben, wenn er Dir ganz gehört, Dir allein; wenn er Deinen heiligen Dienst für die Ewigkeit erfüllen wird. Sonst — nicht wahr? — würdest Du ihn in seinem zarten Alter zurückrufen ... und es wäre besser so, o Herr."

Er hört, der Allmächtige, solch demütige Gebete, weil Er Seine Lust daran hat. Er ist der gute Hirte, Er kennt Seine kleinen Lämmer und führt sie zu den fließenden Wassern.

Aber er wird hierbleiben, unser Peter, wir wollen es hoffen, es glauben, in Erwartung der baldigen Stunde, wo der Arzt, er, der für uns tapfer gestritten hat, unsere Hände drückt, daß sie weh tun, und dabei fröhlich ausruft: „Freuen Sie sich, er ist gerettet!"

Und an dem Tage, wo du zum ersten Male in die Schule zurückkehren wirst, dann bleibst du wohl, kleiner Peter, gerade bevor du das Tor eures Gartens öffnest, neben deiner Mutter unter der alten Linde eine Minute still, du schmiegst dich an ihre treue Brust und sagst ihr vielleicht sehr schnell und ganz leise, mit der falschen Scham der kleinen Knaben: „Mama, ich bin doch eigentlich froh, daß ich krank war, weil ich jetzt, wo ich gesund bin, weiß, daß der liebe Gott mich braucht."

An jenem Tage, kleiner Peter, hast du die höchste Weltweisheit erworben, denn wahrlich, ob du bei uns

bleibſt oder ob du nach den heiligen Vorhöfen entfliehſt, der Herr braucht dich.

Und das iſt das höchſte Glück!

2. Nochmals Warum?

Ein Leben, das nicht durch große Nöte gegangen iſt, iſt kein edles Leben. Für die erhabenſten Berufe iſt die Schule des Leidens notwendig.

Mama kniet neben einem Bettchen, ſie hat den Kopf tief in ihre zwei Hände vergraben. Sie kämpft gegen ihr eigenes trotziges Herz, das ſich über die dem Kinde drohende Lebensgefahr nicht beruhigen will. Sie kann ſich nicht entſchließen, es dem zurückzugeben, der es ihr vor zehn Jahren ſchenkte. Sie kann nicht ſagen: Dein Wille geſchehe!

Das Kind hat den Typhus, ſeit dieſem Nachmittag weiß es die beſtürzte Familie. Grauſiger Augenblick der, wo die Mutter, vor dem Telephon ſtehend, ganz klar folgende Worte vernahm: „Die Blutunterſuchung hat zweifellos die gefürchtete Krankheit ergeben."

Ach, dieſe Blutunterſuchung! Um ſie machen zu können, öffnete man geſtern mit ſcharfem Meſſer das ſchon ſo dünne, faſt durchſichtig gewordene Fingerchen, das man längere Zeit reiben und drücken mußte, um mit großer Mühe die Blutstropfenzahl zu erlangen, welche der Arzt für notwendig erachtete und die er in einem Fläſchchen auffing, während ſie langſam, wie widerwillig, unter dem kleinen blaſſen Nagel hervortröpfelten. Dieſes koſtbare

Blut! Noch eine jener Grausamkeiten, welche die Mutter gern „unnötige" nennen möchte . . .

Doch sie hält an sich, sie will nicht richten, sie will mutig sein. Jetzt ist Tapferkeit not, das weiß sie. Mehrere Male täglich dies brennende Körperchen in ein fast kaltes Bad tauchen, mit ansehen, wie seine Zähne klappern und ihn nicht erwärmen dürfen, dastehen, ohne eine Miene zu verziehen bei seinen Martern, nicht nur bei den unvermeidlichen, aus der Krankheit entspringenden, sondern viel mehr noch bei denen der Behandlung . . . was das alles für ein mütterliches Empfinden bedeutet, keiner wird es je beschreiben!

Krankheit! — es ist die Stunde der Abrechnung, diejenige, wo der Wert der gegebenen und empfangenen Erziehung sich herausstellen wird, die, wo es gilt, alle begangenen Fehler zu sühnen, wo die Mutter ernten wird, was sie gesät, Gutes oder Böses.

Strafe oder Belohnung — — was wird es sein? Ihr Sohn wird Vertrauen, Ergebung, Geduld, auch Willenskraft nötig haben. Hat sie es verstanden, ihn diese Tugenden zu lehren? Wird er sich bitter auflehnen in den schweren Augenblicken, die ihm sicher bevorstehen? Wird es in der verdunkelten Stube Geschrei, Klagen, verzweifelte Tränen geben? Wird er seine Mutter anherrschen: „Geh weg, ich will dich nicht mehr sehen, du hältst immer die Tasse schlecht"? Oder wird er im Gegenteil rührend geduldig sein, wie es die Kleinen manchmal mitten im Schmerz zu sein verstehen? Erhebender, aber auch erschütternder Anblick, bei dem man sich abwendet, um seine Tränen zu verbergen!

Krankheit! Noch andere Fragen steigen auf.

Wird die Mutter ihr Kind zu pflegen verstehen? Gewiß, wenn ein Herz von Liebe überströmt, wird der

Geist lebendig, erfindungsreich, man vollbringt Wunder ... manchmal! Aber kennt die Mutter all die kleinen Mittelchen, all die Handgriffe, welche den Schmerz zu lindern vermögen? Kennt sie sie gründlich? Versteht sie es, das Thermometer mit so leichter Hand anzulegen, daß das Kind nichts merkt? Kann sie die Stelle für die Umschläge geschickt wechseln? Ist sie mit allen Erleichterungsmitteln vertraut, auch mit dem genauen Aufbau der Kopfkissen? Kann sie das vor Fieber bebende Körperchen heben, ohne ihm weh zu tun, die Laken ändern, ohne das Bett zu erschüttern, ihre Stimme mildern, fröhlich und barmherzig, zärtlich und fest, sanft und entschieden zu gleicher Zeit sein?

Bestimmtheit ist im Zimmer eines kleinen Kranken notwendig, dazu gesunder Menschenverstand, Selbstbeherrschung, Geistesgegenwart, Ordnungssinn, Schnelligkeit, vor allem Ruhe der Nerven und was weiß ich weiter ... heller Kopf, warmes Herz, geübte Hände ... die beste Mutter ist nicht vollkommen genug, um eine tüchtige Krankenpflegerin zu sein, wenn sie das Erlernen dieser Dinge vernachlässigt hat.

O, daß die jungen Mädchen ihre Wichtigkeit ahnten, o, daß sie wüßten, wie solche Kenntnisse ihr Glück zu vermehren vermögen, sie würden alle vor ihrer Verheiratung bei kranken Kindern arbeiten, um die Krankenpflege aufs gründlichste zu erlernen!

Eine Mutter, welche Tränen zu trocknen versteht, nicht nur mit einem Kuß, sondern mit einer tatkräftigen Hilfe, wer könnte die genug preisen!

Ein kleines weiches Kissen, auf welches das arme Köpfchen sich lehnt während der zehn endlosen Minuten des schauervollen Bades, dazu bestimmt, das 41 Grad hohe Fieber herabzudrücken; eine geschickte Einrichtung zur Erleichterung der auf die schmerzhafte Stirn drückenden Eisblase;

ein kleines Tröpfchen schwarzen Kaffees, um die anwidernde Geschmacklosigkeit der ewigen Milch zu verdecken ... alle diese glücklichen Gedanken muß die Mutter haben und sie hernach mit Gemütsruhe und Entschlossenheit ausführen. Sie muß es, denn ihr Sohn wird sich später an alles erinnern. Er wird sie darum mehr lieben, er wird ihr darum eine unversiegliche Dankbarkeit bewahren.

Diese qualvollen Tage und Monate sind eine Zeit der Aussaat, wo jeder Beweis der Güte und der wirkungsvollen Barmherzigkeit tief in deines Kindes Seele dringt. Eines Tages wird er deiner kühlen Hand, deiner tröstenden Worte und der tausend kleinen Liebesdienste gedenken, mit welchen du ihn erquicktest. Ein neues Band ist zwischen euch geknüpft.

Krankheit! Beklage nicht zu sehr dein armes Kind. Sei friedevoll, sei stark. Sei versichert, daß diese harte Schule ihn bereichern, daß sie sein irdisches und auch sein ewiges Glück vermehren kann. Gewiß geschieht das, wenn du es zu wollen verstehst, und wenn du verdienst, daß das strahlende Versprechen: „Denen, die Gott dienen, müssen alle Dinge zum Besten dienen" auch für dich zur Wirklichkeit werde.

Die Kunst des Leidens bedeutet Großes; bedauernswert die, welche sie nicht frühzeitig erlernten. Es gibt selbstsüchtige Wesen, die teilnahmlos vor dem Leiden die Augen verschließen, sie gehen dahin und ziehen ihre Umgebung mit hinab. Wäre es dir lieb, daß dein Sohn, deine Tochter einer unsterblichen Seele Schaden brächte? Nein, du kannst nicht wollen, daß er gefühllos, unbarmherzig und unfähig zu trösten werde! Er soll niemals aus Unwissenheit oder Herzenstrockenheit mit dem Weinenden zu weinen sich weigern. Besser dann, er würde abgerufen, solange er noch süß und lieb ist! — — — Gestern abend fühltest du das plötzlich und rieſſt zu Dem, welcher heilen oder ſterben laſſen kann: „Ach Herr, lieber gäbe ich ihn Dir zurück, als daß ich ſehen müßte, wie er in der Selbſtſucht verloren ginge."

Da plötzlich war es dir, als ob eine Stimme von oben zu dir ſpräche: „Sei getroſt, laß dir an Meiner Gnade genügen."

Und dein Herz ward ſtill.

Ja, geſegnete Krankheit, die dein Kind mit Liebe erfüllen, die ihm himmliſche Gaben offenbaren, die ihn des einzigen wahren Vaterlands, der ewigen Gemeinſchaft mit Gott, gewiß machen wird. Geſegnet auch das Kind, welches ſeit dem Morgen ſeines Lebens, von der Kleinlichkeit losgelöſt, durch das Leiden lernt, dem barmherzigen Vater ſeine Hände entgegenzuſtrecken!

Warte alſo, geſchlagene Mutter, es iſt der Mühe wert, du ſollſt mit Lobliedern ernten. Warte! All das Glück deiner Zukunft hängt vielleicht grade heute von deinem Glauben, von deinem Verhalten, von deiner fröhlichen und ausdauernden Ergebung ab. Ich weiß wohl, daß dein Kreuz ſchwer iſt, daß dein Herz vor Angſt und Mitleid bricht, daß deine Kräfte verſagen, daß dein ganzes Weſen bis ins Mark erſchüttert iſt um des verzweifelten Ringens willen. Aber das Ziel iſt ſehr hoch. Gedenke an des Herrn Wort: „Dieſe Krankheit iſt nicht zum Tode, ſie iſt zur Ehre Gottes."

Darum „ſei fröhlich in Hoffnung, geduldig in Trübſal, halte an am Gebet" ...

Die Liebe ist stärker als der Tod.

Der Tod lehrt uns, das Leben achten.

Vor einigen Jahren trug man binnen wenigen Wochen aus der Tür eines Pfarrhauses fünf Särge, die der zwei, vier, neun und elf Jahr alten Söhne des Geistlichen und den seiner Gattin, einer kaum dreißigjährigen Frau. Von dieser Familie blieb in dieser Welt nur noch ein kleines, ein paar Wochen altes Mädchen und der arme Vater zurück. Welche herzzerreißende Wunden!

Und doch, zwei Wochen darauf, bestieg der Vereinsamte von neuem seine Kanzel. Als Text hatte er die Worte des Apostels Paulus erwählt: „Freut euch in dem Herrn, ich sage euch, freut euch. Eure Lindigkeit lasset kund werden allen Menschen. Der Herr ist nahe."

Seine Zuhörerschaft, von der herzlichsten Teilnahme ergriffen, war tief bewegt. Ihr Seelsorger hatte durch die Gnade seines Heilands einen glorreichen Sieg über die Macht des Todes und über die Schauer des Grabes davongetragen. „In den dunkelsten Stunden", sprach er, „habe ich die Stimme des Herrn vernommen: ‚Folge Mir nach, sei stark und treu.' Und obwohl mein äußerlicher Mensch erbebte und mein Herz gebrochen war, darf ich sagen, daß mein Heiland mir niemals näher kam, wie in dieser Zeit. Niemals habe ich Seine Kraft in meiner Schwachheit so mächtig gefühlt, als in den Stunden, wo meine sterbenden Söhne mir einer nach dem andern ihre schon kalt werdenden Hände entgegenstreckten, oder in dem

Augenblick, wo ich Abschied nehmen mußte von ihrer Mutter, meinem höchsten irdischen Besitz. Ja, der Herr war nahe."

Ist das nicht ein schlagendes Beispiel von dem, was Er für uns sein will, dieser mächtige Herr, wenn wir neben einer Totenbahre weinen? Ist es nicht Seine erbarmungsreiche Hand, welche, um unsere Tränen zu trocknen, den Himmel öffnet und uns etwas von der für die Abscheidenden bereiteten Herrlichkeit erblicken läßt?

Für trauernde Eltern ist es der einzig wahre Trost, ihr kleines Kind in den Armen des guten Hirten zu wissen. Möchten sie es sich nur recht klar machen, daß die Liebe, welche es zurückrief, genau dieselbe ist wie die, die es schenkte. Gott entzieht es uns nur für eine Weile. Er beraubt nicht für immer.

Wie viele zum Himmel gegangene Kinder werden für ihre Eltern die Quelle unversiegbarer Segnungen! Welch geheimnisvoller Magnet, der uns zum wahren Vaterlande zieht, dieses vom himmlischen Gärtner in die obere Heimat verpflanzte junge Leben!

Ich habe eine Mutter gekannt, die ihr einziges Kind, einen schönen, vielgeliebten kleinen Knaben, durch einen Unglücksfall verlor. Zuerst war sie wie vernichtet unter diesem Schlage. Sie gehörte einer weltlichen, ungläubigen Familie an; der Gedanke, daß ihr Kind ihr von Gott nur geborgt wäre, hatte sie niemals berührt. „Existierte er denn, dieser Gott? Die Fabel von einer Auferstehung, von einem neuen Leben, von einer Ewigkeit — — — welch seltsamer Wahn!"

Während vieler Jahre war dies ihr Standpunkt gewesen.

Aber als das Kind sie verlassen hatte, da kam es wie eine langsame Offenbarung über sie. Ihr Sohn war gestorben, nie wieder sollte er ihr Herz erfreuen, nie wieder würde er ihr entgegenspringen, zärtlich, voll Leben, mit seinen hübschen kindlichen Gebärden und seinen sonnigen Augen. Es war zu Ende ... Warum aber — wenn er in das Nichts zurückgetreten, aus dem vielleicht ein Zufall oder ein unbewußter Wellenschlag der Materie ihn vor einigen Jahren ans Ufer des Lebens geworfen hatte — warum schwieg heute das Herz der Mutter nicht? Wozu denn eine Erinnerung, ein verblaßtes Bild noch weiter lieben? Die ausgetretenen kleinen Schuhe, in denen so oft die Füßchen zu ihr herangetrippelt waren, oder der große bunte Hampelmann, über den ihr lustiges Büblein so herzlich lachte — — — alles das konnte es doch nicht sein. Gaukelspiele, Schattenbilder! „Schweig still, mein Herz, das Kind ist nicht mehr."

Und doch wuchs im Gegenteil heute ihre Liebe ins Unermeßliche hinein.

Da kam endlich über sie ein ihre Seele erleuchtendes, verklärendes Licht.

„Weil ich es immer noch liebe," sagte sie sich, „so muß es irgendwo weiterleben, mein inniggeliebtes Kind."

Und dieser Gedanke, von der Ausdauer ihres mütterlichen Herzens ihr beständig nahe gebracht, wurde der sie höhertreibende Hebel. Zuletzt kam sie bis zum Herzen des lebendigen Gottes, und nicht nur sie allein, sondern auch der ihr viel später geschenkte zweite Sohn.

Und jene andere Mutter, eine sehr alte Frau, die fünfzig Jahre früher ihrem Heilande ein kleines Kind zurückgegeben hatte! Während eines halben Jahrhunderts war das Band mit ihm ebenso innig geblieben, wie am ersten Tage; es wirkte auf ihr Leben wie Himmelsluft und machte sie und die Ihrigen reich an ewigen Gütern.

Nein, nein, unsere dahingegangenen Kinder sind nicht

verloren. Könnten wir die Fülle, die Unermeßlichkeit der göttlichen Liebe verstehen, so würden wir uns besser in unseren Trauertagen an das Wort Christi halten: „Was Ich tue, weißt du jetzt nicht, du wirst es aber hernach erfahren."

Könnten wir etwas ahnen von der vollkommenen Seligkeit des Jenseits, so würden wir nicht so viele Tränen hier auf Erden über diejenigen vergießen, welche triumphierend den vollen Frieden erreichten.

Die ersten Christen begruben ihre Toten unter den Strahlen der Morgensonne, sie hatten ihre Häupter mit Blumen bekränzt und sangen Loblieder, denn sie waren sich ihres Vorrechts bewußt geworden, im Himmel einen Schatz zu besitzen.

Jawohl, unsere Toten, besonders unsere toten Kinder, bereichern uns für das Ziel, sowie für den Wandel durch diese Welt. Es sind starke Bande, die uns an unser oberes Vaterland binden. Wieviel Mitleid, Teilnahme und zarte Liebe für alle Weinenden haben die väterlichen und mütterlichen Herzen durch solches Leiden gelernt! Ohne die Taufe der Schmerzen erreichen Seelen niemals die volle Reife ihrer Entwicklung. Augustin hat gesagt: „Ein einziges der Kinder unseres himmlischen Vaters hat sündlos gelebt, aber keiner von uns könnte Gottes Kind werden, würde er schmerzlos leben."

Wir haben für unseren Heiland zu arbeiten. Um dazu fähig zu werden, müssen wir mit Ihm leiden; erst dann wird unser zerbrochenes Herz das Werkzeug Seines Willens und die Stätte werden können, wo Seine Liebe Wohnung macht, und von wo aus sie wie ein Gnadentau in die Seelen dringt.

Du, weinende Mutter, weine ohne Bitterkeit!

Du hast dein Kind nicht verloren. Gott hatte es dir

gegeben, Er hat es zurückgenommen, aber ohne dich des
Segens zu berauben, den Er mit ihm geschenkt hatte. Im
Gegenteil, er will denselben durch Seine Gnade und über=
reiche Liebe verzehnfachen. Du hast dein Kind nicht ver=
gessen, es wäre unmöglich. Die zarte Rosenknospe konnte
hier nicht völlig aufgehen und ihre anmutigen Versprechun=
gen erfüllen. Jetzt aber steht sie aufgeblüht, inmitten des
königlichen Gartens, in einer herrlichen Schönheit, wie sie
sie niemals auf Erden erreicht haben würde. Ihr süßer
Duft senkt sich herab auf das heimgesuchte Mutterherz, und
vermehrt in ihm die Sehnsucht nach dem wahren Vaterlande.

Möge beim letzten Wiedersehen, zu welchem uns alle
zuvor heimgegangenen einladen, keiner von uns fehlen!

Mitten unter Schmerzen wandeln wir, erfüllt von der
Liebe des himmlischen Vaters und der durch Seine Gnade
selig Gewordenen, den ewigen Wohnungen entgegen!

Fahrt hin, ihr Sorgen, Dornen, Lasten, Leiden! —
Unser Ziel ist vor uns, es kommt immer näher. Ein letztes
Schluchzen, eine letzte Anstrengung, und unseres himmlischen
Vaters Arme tun sich auf. Die Krone, der Friede, die
Ewigkeit sind erreicht!

Zusammenfassung.

Wenn das, was ich sage, jemanden ärgert, so möge er darum die Unreinheit des menschlichen Herzens anklagen.
Augustin.

Das Kind soll erwünscht oder wenigstens angenommen werden in einem Geiste freudiger Zustimmung zum göttlichen Willen.

Trage es unter der Weihe für den Herrn, bringe es zur Welt für Ihn; erziehe es nicht für dich, auch nicht für es selbst, sondern für seine Nächsten und für den Dienst am Reiche Gottes.

Behandle es so, daß es volles Vertrauen zu dir habe und daß seine erste kindliche Liebe eine bleibende werde.

Wenig Strenge, viel gute Laune, Fröhlichkeit und etwas Nachsicht. Von Furcht soll keine Spur zwischen euch sein. Alles, was deines Kindes Würde vermindert, sei es deine unehrerbietige Behandlung, deine ungeschickten Strafen, vermindert auch seinen Wert.

Die Atmosphäre des Hauses muß von Wahrheit, Freiheit und Liebe durchdrungen sein, auf diese Atmosphäre kommt viel an, oder sogar das meiste. Wenn der Familienhimmel bewölkt ist, an solchen, den Müttern wohlbekannten

Tagen, wo nichts recht gehen will, frage dich, ob dein eigen
Herz heiter blieb. Im anderen Falle suche die Schwierig=
keiten bei dir selber und besiege sie. Hast du vollen inner=
lichen Frieden, dann beeinflussest du dein Kind zum Guten.

Wenn es dir eine Frage vorlegt, antworte ihm mit
Offenheit. Ermutige es, sie alle an dich zu richten. Un=
gestillte Neugierde kann mit ihrer Qual zu bösen Schritten
verführen.

Laß es verstehen, daß gewisse Dinge besonders ernst
und als Familiengeheimnisse zu betrachten sind. Es wird
dies mit klugem, den Erzieher überraschendem Verständnis
erfassen.

Nimm ihm beim Eintritt in die Schule das Versprechen
ab, es dir mitzuteilen, wenn Böses ihm nahen sollte. Ihm
breit auseinanderzusetzen, was damit gemeint ist, vermei=
dest du aber, denn ein sehr sicherer Instinkt wird das in
seinem Heim glückliche Kind leiten, weil in diesem Falle
eine vorbeugende Erziehung, selbst da, wo wir es nicht
ahnen, bereits vollbracht worden ist.

Wenn dein Kind nach Hause kommt, frage es: „Hast
du deiner Mama nichts zu erzählen? Was hat's heute
gegeben? Gefallen dir alle deine Kameraden?"

Gewöhne es an äußerste Sauberkeit, flöße ihm Ekel
vor allem Widerlichen ein, bilde bei ihm Geschmack und
Instinkt. Ziehe niemals gewisse kleine natürliche Bedürf=
nisse ins Lächerliche. Umgekehrt übertreibe die Heimlich=
tuerei nicht, du könntest dadurch leicht die Harmlosigkeit
zugrunde richten, die auf Jahrzehnte einen Nimbus um das
kindliche Gemüt ausbreiten soll.

Dulde niemals den leisesten zweifelhaften Scherz; für
zarte, empfindsame, leicht verletzbare Kinder sind sie ver=
hängnisvoll.

Überwache deines Kindes Lektüre; es soll kein Buch lesen, ohne es dir vorher gezeigt zu haben.

Warne es vor den Bildern in den Zeitungskiosken, vor den illustrierten Postkarten in den Schaufenstern und vor sonstigen häßlichen Abbildungen.

Flöße ihm aufrichtige Achtung vor seinen Schwestern und vor der Frau im allgemeinen ein. Laß vor ihm niemanden, wer es auch sei, von einer Frau reden, als ob sie ein untergeordnetes Wesen wäre.

Lebe mit deinem Ehemann in tiefem Frieden und in voller Freiheit. Gestatte — um der Kinder willen — nicht, daß zwischen euch vom „Befehlen" oder „Verbieten" die Rede sei. Dergleichen Dinge kennt man nicht, wo das Glück regiert.

Ungesunde eheliche Beziehungen wirken auf die heranwachsenden Geschöpfe verderblich. Wenn am häuslichen Herd sich irgend etwas Unreines oder Ungehöriges einschleicht, wenn ein geheimer Bann darauf liegt, muß Böses daraus hervorgehen. Der Wert junger Menschen hängt vor allem von dem Werte der ehelichen Gemeinschaft, durch die sie geschaffen wurden, ab.

Stelle deinem Sohn dasselbe Ideal wie deiner Tochter vor die Augen und laß ihn fühlen, daß du auf seine Tugend genau so rechnest, wie auf die seiner Schwester. Schildere ihm dieselbe als etwas ganz Natürliches, Selbstverständliches und leicht zu Erreichendes.

Bezeuge ihm Vertrauen, laß ihn merken, daß du nicht an ihm zweifelst, spotte nie über sein linkisches Wesen, versäume nie, ihn glücklich zu machen; er soll fühlen, wie sehr man sich freut, ihn zu besitzen. Verweigere ihm keine berechtigten Vergnügungen, besonders solche nicht, die ihn an den elterlichen Herd fesseln; interessiere dich für das,

was ihn interessiert, Briefmarken-, Pflanzen-, Münzen-
sammlungen, usw. Verschaffe ihm unterhaltende Beschäftigungen.

Deiner Kinder Ernährung sei einfach — wenig Fleisch,
viel Milchspeisen und Gemüse — gar keine geistigen Getränke. Präge ihnen Abscheu vor dem Alkohol ein. Früh
aufstehen, früh zu Bett gehen, körperliche Übungen und
Sport, Ausflüge, kalte Bäder, hartes Bett, wenige Decken.
Ein leichtes, bequemes Leben ist durchaus nicht zu empfehlen,
wohl aber ein glückliches!

Halte deinen Sohn nicht vom Verkehr mit jungen
Mädchen ab; daß derselbe aber so einfach und so wohltuend
ungezwungen wie möglich sei, ist deine Sache und deine
Verantwortung.

Laß ihn nicht aus dem Elternhause fortziehen, ohne
ihn vor Versuchungen gewarnt zu haben. Zeige ihm die
Schwere und die verderblichen Folgen eines Fehltritts. Die
ernsten geheimen Gefahren, die das Glück so vieler bedrohen,
erheischen aller Erzieher Wachsamkeit und Belehrungen.
Ohne dieselben geht es nicht. Sind Eltern in diesem Punkt
weise, freimütig und fürsorglich gewesen, so dürfen sie hoffen,
daß es um das Wohl ihrer Knaben, zumal auch derer, die
außerhalb des Hauses weilen müssen, gut stehen wird. Erhält ein Kind durch geheiligte Eltern zu rechter Zeit die
Ratschläge und Belehrungen, die es für sein sittliches Leben
braucht, so bleiben ihm viele Schmerzen und Prüfungen
erspart. Es wird dadurch glücklicher.

Jede Mutter muß es wissen, daß es für einen jungen
Mann kein Mittel gibt, sogenannte „Bedürfnisse" unge-
straft zu befriedigen; sie sind nichts weiter als Verirrungen,
solange die Ehe ihnen nicht Berechtigung verleiht.

Gibt er sich käuflichen Liebesgenüssen hin, so bedroht

er seine Gesundheit, sowie die seiner zukünftigen Frau und Kinder. Die polizeiliche Regelung des Lasters ist sowohl unter den wissenschaftlichen wie unter allen anderen Gesichtspunkten einfach ein Betrug, der um so verderblicher wirkt, als er mit verlockenden aber lügnerischen Garantien umgeben wird.

Geht er zu einer verheirateten Frau, so untergräbt er durch schmachvollen Ehebruch die Familie, die Grundlage aller Zivilisation und Moral.

Verführt er ein junges Mädchen, so vergiftet er eine Existenz, vielleicht auch eine Seele, er bricht ein Herz, er verurteilt eine Unglückliche zum Fall. Er gibt vielleicht das Leben einem Kinde, welches mit dem Makel der Schande behaftet, unter fremden Menschen erzogen, von einer Arbeiterin oder Bäuerin genährt, wahrscheinlich dazu lebt, um an anderen die Sünde seines Vaters zu rächen.

Gibt er sich geheimen widernatürlichen Lastern hin, so entwürdigt und befleckt er sich, wird falsch, feig, grausam und verdorben. Er geht verloren.

Ich wiederhole es: Es gibt für deinen Sohn keine geschlechtlichen Übertretungen, welche ehrbar oder unschuldig sein könnten. Merke es dir, alle zu dem Zwecke erfundenen Systeme vernichten das Höchste in ihm.

Bilde also sein Gewissen und laß ihm in jedem weiblichen Wesen, selbst wenn es der Versuchung unterlegen und herabgekommen ist, seinen Nächsten sehen. Erwecke in ihm den Trieb der Würde, der Gerechtigkeit, des Mitleides!

Wenn er gefallen ist, kann nur die Gnade Jesu Christi, unter Tränen brennender Reue erbeten, ihn von seinem Schmutz wieder reinwaschen.

Aber selbst dann werden die Gewissensbisse nicht fehlen.

Handelt sich's um eine Tochter, so erziehe sie für die Arbeit und für einen pflichtmäßigen Beruf, lehre sie, den Leichtsinn zu fürchten und sich verantwortlich zu fühlen für die Unglücklichen. Gib ihr eine gediegene Erziehung, zeige ihr die guten Seiten einer berechtigten Frauenbewegung, interessiere sie für soziale Fragen und verhindere sie, in jedem jungen Manne mit einem hübschen Schnurrbart einen Helden zu sehen. Erlaube niemals, daß sie um Liebe oder um zukünftiger Heirat willen geneckt werde. Kurz, bewahre sie vor jenem mittelmäßigen und unnützen Leben, in oder außerhalb der Ehe, das unberechenbares Elend verursacht. Sie soll ihrer eigenen Würde, ihrer Rechte, vor allem aber ihrer Pflichten und ihrer Verantwortlichkeit bewußt sein und durch ihre Tätigkeit und ihre Reinheit einen vollwertigen Ehemann verdienen.

Verlange dies für sie, wenn ein Bewerber um ihre Hand anhält, indem du dich bei ihm selber über seine Vergangenheit erkundigst; niemals braucht man seine Mutter so sehr, als im Augenblick, wo die Liebe an die Herzensschwelle tritt.

Sollte es leider aber geschehen, daß sie ihre Zuneigung einem Manne schenkte, der nicht fleckenlos oder dessen Leben nicht durch das Blut Jesu Christi gereinigt worden — dann bleibt dir nur eins zu tun übrig: Kläre sie über alles, was die Ehe betrifft, auf, zeige ihr die Gefahr, welche sie für sich und ihre zukünftigen Kinder läuft. Und dann, laß sie frei, denn wir haben nicht das Recht, unsere Überzeugung aufzuzwängen, selbst nicht unsrer Tochter, wenn dieselbe zu einer wirklich sittlichen Reife gelangt ist. Auch Gott verdrängt den Willen Seiner Geschöpfe nicht durch den Seinigen. Er verwertet ihn aber bei der Erziehung des Menschenherzen zum Guten.

Endlich aber und vor allem anderen sollen wir uns selber heiligen, indem wir uns rückhaltlos dem Dienste unfers Heilandes Chriftus weihen mitfamt den Kindern, die Er uns gab. Halbchriftinnen zu fein, die mit dem einen Auge zum Himmel und mit dem anderen zur Erde fchielen, folche Unentfchiedenheit ift für unfre Kinder verhängnisvoll!

Vorwärts denn, ohne Zaudern und Schwanken, bis zum Tode, dem Herrn entgegen, der unfre Seligkeit ebenfo wie die unfrer Vielgeliebten will!